Studien zu Industriemotiven in der Malerei der Romantiker

von

Sung-Kook Park

Tectum Verlag
Marburg 2004

Park, Sung-Kook:
Studien zu Industriemotiven in der Malerei der Romantiker
/ von Sung-Kook Park
- Marburg : Tectum Verlag, 2004
Zugl.: Witten/Herdecke, Univ. Diss. 2004
ISBN 978-3-8288-8727-5

Tectum Verlag
Marburg 2004

Inhaltsverzeichnis

Seite

1. Einleitung 5

2. Forschungsstand 11

3. Einfluß der Industriellen Revolution auf die Zeit der Romantik 16

3.1. Gesellschaftliche Veränderungen durch die Industrielle Revolution im 19. Jahrhundert 16

3.1.1. Entwicklung in England 17

3.1.2. Entwicklung der Industrie und sozialer Wandel in Deutschland 19

3.2. Einfluß der Industrialisierung auf die englische Malerei – Zeitgenössische Kritik 23

3.2.1. Einfluß auf die englische Malerei 23

3.2.2. Zeitgenössische Kritiker der Industrialisierung 29

4. Industriemotive und -darstellungen in der europäischen Romantik 33

4.1. Europäische Vorläufer 34

4.2. Erste industrielle Darstellungen in der Romantik 37

5. Industriebilder der deutschen Romantik 40

5.1. Ikonographie der deutschen Industriebilder 40

5.2. Wandlung der Industriebilder (Auf dem Weg zum Realismus) 45

5.2.1. Landschaft mit Fabrik 45

5.2.2. Fabrik in Landschaft 47

5.2.3. Fabrikveduten 51

5.2.4. Sozialkritische Darstellungen 54

5.2.5. Innere der Arbeitsstätten und die Darstellung von Arbeitern 56

5.3. Zum Verhältnis von Landschaft und Industrie in den Darstellungen – Veränderung der Landschaft durch die Industrie 58

6. Industrielle Darstellungen in der Natur 62

6.1. Positive Betrachtung der Industriebilder der Romantiker – Verherrlichung bzw. Überhöhung der Industrie 62

6.2. Negative Aspekte der Industriebilder als Symbol der Naturbeherrschung durch Industrie und Technik (Symbol der Naturbedrohung) 66

6.3. Harmonie bzw. Versöhnung zwischen Natur und Industrie durch die Technik 74

6.3.1. Kristallpalast 74
6.3.2. Gesellschaftlich bedingte Versöhnung 79

7. Zeitgenössische Rezeption 82

8. Industriebilder – Industriedarstellungen auf dem Wege zum Realismus 86

8.1. Entstehung des Konflikts zwischen Tradition und sozialer Realität 86

8.2. Soziale Situation der Arbeiter in den Darstellungen der Romantiker 90

8.3. Darstellung der Arbeiter und der Arbeitssituationen in Bildern von Menzel besonders unter Betrachtung des Eisenwalzwerks (Auseinandersetzung der Malerei mit der Umwelt und der Technik) 97

9. Schlußfolgerung 107

10. Literaturverzeichnis 113

11. Abbildungsverzeichnis 131

1. Einleitung

„Das 19. Jahrhundert vollstreckte die Zivilisierung der Natur, die de Buffon als göttlichen Auftrag gemeint hatte, auf der Ebene der Ökonomie und der Industrialisierung des Transports. Die tatsächlichen Veränderungen der Landschaft, ihre illusionäre Versetzung in die Großstädte und die Durcheilung der Landschaft im Reisen entsprechen einander. Die Vollstreckung der industriellen Umwandlung der Natur in Landschaft[1], ihr Transport und die geradlinige Durcheilung entheben die Landschaftsmalerei des Jahrhunderts der erfreuenden Harmlosigkeit.“[2]
Der adlige Naturforscher de Buffon betrachtete den unvereinbaren Widerspruch zwischen Natur und Zivilisation nicht als fatale Folge der Zivilisation, da er die unkultivierte Natur als „scheußlich und bösartig“ schilderte. Auch sah er die Umwandlung der Natur als „göttlich gerechtfertigten Auftrag“ an.[3]
Im Gegensatz zu de Buffons Ansicht[4], daß die unkultivierte Natur unnütz sei, vertraten viele seiner Zeitgenossen, u.a. Salomon Gessner[5], Jean-Jacques Rousseau und teilweise auch Denis Diderot[6], eine gegensätzliche Meinung. Sie beklagten die Entfernung des Menschen von der Natur, die Feindseligkeit der Zivilisation gegenüber der unberührten Landschaft. Die Natur erschien ihnen als das verlorengegangene Gute.[7]
Laut Braun-Feldweg war das Verhältnis der Menschen zu ihrer Umwelt so passiv geworden, daß sie nicht daran dachten, ihre Umgebung zu gestalten oder aktiv zu verändern. Sie fanden sich mit dem Bestehenden bzw. dem Neu-Entstehenden ab und paß-

---

[1] Der Begriff der Landschaft ist laut Seifert „ein städtischer Begriff und ein romantischer dazu“. Die Landschaft wurde mit den Augen der Maler, Dichter und Musiker gesehen. Vgl. Hans Freyer, Landschaft und Geschichte, in: Bayerische Akademie der schönen Künste (Hrsg.), Mensch und Landschaft im technischen Zeitalter, Oldenburg/München, 1966, S. 74.
[2] Oskar Bätschmann, Entfernung der Natur – Landschaftsmalerei 1750-1920, Köln, 1989, S. 8.
[3] Vgl. ebd., S. 7-8.
[4] „Er beschrieb sie als Schutthaufen, als Bereich vegetabiler Ruinen, erfüllt von Fäulnis, totem Wasser, stinkenden Wasserpflanzen und verkrüppelten Bäumen. Diese Natur sei für Menschen heimtückisch und gefährlich. Gegen ihre Wüstheit und physische wie moralische Verfallenheit haben sie als eingesetzte Eigentümer und Herren über die ganze Erde eine ständige Veränderung, Verbesserung und Eroberung auszuführen. Sie sollen die unnützen, die schmarotzenden Pflanzen ausrotten, die Sümpfe trockenlegen, Kanäle graben, Wiesen und Äcker anlegen und Ordnung und Eintracht unter den lebenden Geschöpfen erzwingen. Der Auftrag ist nicht nur historisch. Der Gegensatz zwischen der scheußlichen und der nützlichen kultivierten Natur bestehe immer, weil die Natur stets zur Zerstörung und zum Verderben treibe. Für Buffon rechfertigt sich die Herrschaft nur durch die beständige Eroberung. Die derart veränderte, nützlich gemachte Natur wird als schön bewundert. Buffon sieht die Unterwerfung der wüsten Natur als Gewinn nicht nur von Nützlichkeit, sondern auch von Anmut und Leben.“ Ebd., S. 21-22.
[5] Gessner beklagte 1757 die entstandene Distanz als „unglykliche Entfernung von der Natur“ und damit den durch die Zivilisation geschaffenen Abstand zwischen Mensch und Natur. Vgl. ebd., S. 7.
[6] Diderot behauptete 1767, daß Landschaftsbilder nur von Stadtmenschen in die Salons gehängt würden, um den Naturverlust zu kompensieren. Vgl. ebd., S. 8.
[7] Vgl. ebd. S. 7, Nobert Wolf, Malerei der Romantik, Köln, 1999, S. 16.

ten sich an. Dichter und Maler projizierten die trostlose Realität in ihre Werke und entschärften sie so.[8]
Die gewaltigen Umwälzungen, die später als industrielle Revolution[9] bezeichnet wurden und die auf alle sozialen und gesellschaftlichen Gebiete großen Einfluß ausübten und vor allem im naturwissenschaftlich-technischen Bereich rasante Fortschritte bewirkten, schlugen sich auch allmählich in der Kunst[10] nieder.[11]
Die beginnende Industrialisierung[12] drängte die Landschaft nach und nach in den Hintergrund.[13]
In Deutschland begann der Industrialisierungsprozeß, der das Agrarland in wenigen Jahrzehnten in ein Industrieland verwandelte, relativ spät im Vergleich mit den anderen europäischen Staaten. Die Landbevölkerung strömte in die Industriezentren und Großstädte, was wiederum eine Vielzahl schwer bzw. teilweise unlösbarer sozialer Probleme nach sich zog. Ursprüngliche Lebensformen, Normen, Anschauungen, die über Jahrhunderte entstanden waren, waren nicht mehr gültig. Diese radikalen Veränderungen des Alltags und der äußeren Lebensbedingungen, die sich aufgrund der technisch-industriellen Revolution ergaben, führten zu extremer geistiger Desorientierung.[14]
In dieser Zeit gravierender gesellschaftlicher Umbrüche entstand die Romantik. Unter Romantik ist dabei eine universale, sowohl eine nationalhistorische als auch eine

---

[8] Vgl. Wilhelm Braun-Feldweg, Industrial Design heute: Umwelt aus der Fabrik, Reinbek bei Hamburg, 1966, S. 11.

[9] Der industriellen Revolution folgten eine Vielzahl gesellschaftlicher und sozialer Probleme. Vgl. Rolf Fritz (2), Hrsg., Das Bild der deutschen Industrie 1800-1850, Ausstellung veranstaltet mit Unterstützung des Bundesverbandes der Deutschen Industrie e.V., Schloß Cappenberg, 15. Mai - 20. Juli 1958, S. II .

[10] Erste Tafelbilder mit industriellen Darstellungen tauchten bereits im zweiten Drittel des 16. Jahrhunderts in der Flandrischen und Antwerpener Schule (z.B. Lucas van Valckenborch *Gebirgslandschaft mit Hüttenwerk* [1570; Abb.1]) auf. Allerdings sind derartige Darstellungen sehr selten. Erst mit der beginnenden industriellen Revolution treten sie vermehrt, zunächst in England, Schweden und Frankreich, später auch in Deutschland, auf. Vgl. Wolfgang Braunfels, Industrielle Frühzeit im Gemälde. Erzbergbau und Eisenhütte in der europäischen Malerei 1500 bis 1850, Düsseldorf, 1957, S. 5; 10.

[11] Vgl. Karl Ludwig Schneider, Die alte und die neue Zeit. Bauwerke als Sinnbilder des Epochengegensatzes in Texten von Wilhelm Raabe, Max Kretzer und Stefan George, in: Tilmann Buddensieg und Henning Rogge (Hrsg.), Die Nützlichen Künste, Berlin, 1981,
S. 67, Industriebilder aus Westfalen: Gemälde, Aquarell, Handzeichnungen, Druckgrafik 1800 – 1960, Ausstellungskatalog, Westfälisches Landesmuseum für Kunst und Kulturgeschichte, Münster, 1979, S.9. Vgl. auch Franz Michael Ress, Bauten, Denkmäler und Stiftungen deutscher Eisenhüttenleute, Düsseldorf, 1960, S.XVI, Hans Pfannmüller, Abschied von der Kathedrale, Kunst zwischen Religion und Technik, Wien/Müchen, 1966, S. 5.

[12] Der Industrialisierungsprozeß führte einerseits zu einem Boom der Technik, andererseits auch zur Entwicklung eines Industrieproletariats. Vgl. Wolfgang Schadewaldt, Natur, Technik, Kunst, Berlin, 1958, S. 10.

[13] Vgl. Michel Pierre, Die Industrialisierung, Schwäbisch Gmünd, 1992, S. 7.

[14] Vgl. K. L. Schneider, S. 67-68. Vgl. auch Erich Welter, Der Weg der deutschen Industrie, Frankfurt a. M., 1943, S. 137.

künstlerische, Strömung in ganz Europa zu verstehen. Sie bildet eine Übergangsperiode zwischen Feudalismus und Kapitalismus.
Die Technik eines symbolischen Vergleichs bzw. einer Gegenüberstellung des vorindustriellen und des industriellen Zeitalters, insbesonders von Bauwerken, wurde sowohl in Literatur[15] als auch in den Malerei[16] des 19. Jahrhunderts benutzt.[17]

Die Künstler der Romantik sahen in der Natur den Ausdruck des Göttlichen, das Sinnbild Gottes. Gott offenbart sich den Menschen durch die Natur. Die Natur war zudem auch Seelenspiegel und Stimmungsträger. Durch sie wurden insbesondere auch die subjektiven Gefühle und Befindlichkeiten der Maler ausgedrückt. Es kam zur Überhöhung des Profanen – alles bekam einen höheren Sinn.
Der Mensch selbst war nur der Betrachter der Natur, in Kontemplation mit der Natur. Er ist in stummen Dialog in die Natur versunken – symbolisiert durch einsam dargestellte Personen oder innig verbundene Paare in Rückenansicht. Durch diese Einsamkeit in der Natur erkennt der Mensch Gott und wird eins mit ihm.

Die Künstler dieser Strömung besaßen somit eine ganz besondere Beziehung zur Natur. Ihre Malerei wurde nahezu vollkommen von der Landschaft und deren Darstellung beherrscht.[18] Sie wollten nicht nur die landschaftliche Schönheit in ihren Kunstwerken darstellen, sondern auch auf die enge Beziehung zwischen Mensch und Natur hinweisen. Umso mehr müssen sie die industrielle Entwicklung und der aus ihr resultierende massive und radikale Eingriff in die Natur, der Raubbau an ihr sowie die beginnende Umweltzerstörung entsetzt haben. Sie müssen daher die industrielle Revolution und ihre gesellschaftlichen und sozialen Umwälzungen als Entweihung des von Gott Geschaffenen, als Entweihung des heiligen Natur verstanden haben. Vermutlich griffen gerade deshalb die wichtigsten Vertreter der deutschen romantischen Landschaftsmalerei dieses Thema auf.
„Die Künstler dieser Epoche haben sich daher schon früh mit den landschaftsprägenden Erscheinungsformen des beginnenden Industrialismus auseinandersetzen[19] müs-

---

[15] Ein besonders aufschlußreicher Text ist hierfür bspw. der Roman von Wilhelm Raabe *Pfisters Mühle*, der 1883/84 geschrieben wurde. In seinem Roman beschreibt er die Umweltzerstörung durch die sich entwickelnde Industrie, das Problem der Verseuchung und Verunreinigung der Flüsse durch Industrieabwässer und die drohende Entwicklung der Naturzerstörung. Eine nahegelegene Zuckerfabrik verseucht mit ihren Abwässern das Mühlwasser. Vgl. K. L. Schneider, S. 67.

[16] 1834 malte Alfred Rethel dieses widersprüchliche Nebeneinander von moderner Technik und vorindustriellen Lebensformen in seinem Bild *Die Harkortsche Farbik auf Burg Wetter*. Vgl. ebd. S. 68.

[17] Vgl. ebd., S. 67-68.

[18] Vgl. Fritz Berg, Einleitung, in: Rolf Fritz (Hrsg.), Das Bild der deutschen Industrie 1800-1850, Ausstellung veranstaltet mit Unterstützung des Bundesverbandes der Deutschen Industrie e.V., 15. Mai - 20. Juli 1958, Schloß Cappenberg, 1958, ohne Seite. Vgl. auch Utz Haltern, Landschaft und Geschichte, in: Das malerische und romantische Westfalen, Westfälisches Landesmuseum für Kunst und Kulturgeschichte, Münster, 1974, S. 200.

[19] Max Weber spricht in diesem Zusammenhang über die „Entzauberung“ der Welt und der Kunst durch die Industrie und die Moderne. Vgl. Odo Marquard, Zur Bedeutung der Theorie des Unbewussten für eine Theorie der nicht mehr schönen Kunst, in: Hans Robert Jauß (Hrsg.) Die nicht mehr schönen Künste, München, 1968, S. 379.

sen: Die Einführung der Maschinenarbeit und die rationelle Ausnutzung der Energiequellen bedingten eine Konzentration der bis dahin weitgehend handwerklich-dezentralisierten Arbeitsstätten zu größeren Einheiten. Die große Zeit der ,Fabrik' war gekommen, die mehr als die von der ,Manufaktur' her bekannte räumliche Zusammenfassung von Arbeitplätzen, vielmehr die von der neuen Technik geforderte sinnvolle Zuordnung von Maschinenarbeit und Menschenarbeit darstellte."[20]

Die Industriebilder der Romantik symbolisieren die immerwährende Auseinandersetzung der Künstler mit der Natur, der sich entwickelnden und in die Natur eindringenden Industrie. Die Maler der Romantik empfanden diese Polarität[21] sehr stark.[22] An dieser Stelle stellt sich nun die Frage, wie diese Polarität bewertet[23] wurde: Wurde die beginnende Industrialisierung und ihr Eindringen in die Landschaft positiv oder negativ bewertet?[24]

C.D. Friedrich, Blechen und Rethel waren die ersten Künstler, die die beginnende Frühindustrialisierung aufgriffen und sich mit ihren Folgen bildlich auseinandersetzten. Während Friedrich und Blechen in der *Glashütte in Döhlen* bzw. im *Walzwerk bei Neustadt-Eberswalde* das gestörte Verhältnis zwischen Mensch und Natur und damit die Zerstörung der ganzheitlichen Lebensform thematisierte, stellte Rethel den Gegensatz der beiden Gesellschaftsordnungen (Feudalismus versus Kapitalismus) dar.[25]

Mit der Zeit entwickelten sich aus den anfänglich kombinierten Industrie-Landschafts-Darstellungen realistische Industrie- und Arbeitsszenen, bei denen nun häufig die arbeitenden Menschen und ihre sozialen Probleme im Mittelpunkt standen. So verdeutlichen Menzels Industriebilder und seine zahlreichen Studien zu ihnen die Problematik der industriellen Produktion durch die Veranschaulichung der Schichtarbeit und der harten Arbeitsbedingungen.[26] Insbesondere im *Eisenwalzwerk* wird Menzels sozialkri-

---

Laut Wilhelm-Kästner sei das Verhältnis zwischen Technik und Kunst sehr spröde gewesen, entstanden durch die allgemeine kulturelle Entwicklung des 19. Jahrhunderts. So wurde die auftretende Technik unter dem Gesichtspunkt der romantischen Schönheitsauffassung und der Stellung der Kunst als kunstwidrig empfunden. Vgl. K. Wilhelm-Kästner, Einführung, in: Folkwang-Museum (Hrsg.), Kunst und Technik, Ausstellung anläßlich der Tagung des Vereins Deutscher Ingenieure, 8. Juni bis 22. Juli 1928, Folkwang-Museum Essen, 1928, S. 9.

[20] F. Berg, ohne Seite.

[21] Laut Berg hätten die Künstler der Romantik diese Polarität bejaht und „in ihren zahlreichen Darstellungen des Industriebaues nicht als Fremdkörper, sondern als Akzent ihres Landschaftsbildes aufgefaßt". Vgl. ebd.

[22] Vgl. ebd.

[23] Die industriellen Darstellungen aus der Zeit der Romantik wurden zumeist nicht genauer analysiert, sondern dienten in Wissenschaft, Technik und Kunstgeschichte nur der Illustration oder Auflockerung. Erst in letzter Zeit stieg das Interesse an sozialwissenschaftlichen und historischen Darstellungen. Vgl. Hans-Luidiger Dienel, Bilder der Technik, Industriegemälde im Deutschen Museum, in: Kultur und Technik Heft 2, 1995, S. 29.

[24] Vgl. R. Fritz (2), ohne Seite.

[25] Vgl. auch Peter-Klaus Schuster (Hrsg.), Carl Blechen. Zwischen Romantik und Realismus, München, 1990, Katalogteil, S. 276.

[26] Vgl. Hans Joachim Neidhardt, Deutsche Malerei des 19. Jahrhunderts, 1.Aufl., Leipzig, 1990, S. 48, Konrad Kaiser (3), Adolf Menzel, in: Der Frühe Realismus in Deutschland. 1800-1850, Gemälde und

tische Einstellung an den unmenschlichen Arbeitsbedingungen der neu entstandenen Industrieanlagen deutlich.
Auch die Eisenbahn wurde rasch zum Symbol des Fortschritts – und tauchte daher bald in der Malerei auf. In Deutschland war Menzel der erste, der dieses Thema aufgriff und es kritisch umsetzte.[27]
In Gesellschaft und Kunst wurde der Abstand zwischen Natur und Mensch immer deutlicher, aber es war nicht nur Entfernung des Menschen von der Natur, sondern das Mißtrauen und die Feindseligkeit der „Zivilisation" ihr gegenüber, die viele Künstler der damaligen Zeit als besonders abstoßend empfanden.[28] Diese Abneigung gegenüber der Industrialisierung zeigte sich sowohl in der sich entwickelnden Arbeiterbewegung als auch in den Werken sozialkritisch eingestellter Künstler, wie bspw. denen von Hübner, Achenbach und Hasenclever.
Die vorliegende Arbeit behandelt Industriedarstellungen und -motive in der Zeit der Romantik.
Einleitend werden die englischen Industriebilder als Hinweise auf die industrielle Entwicklung betrachtet und als Vorstufen für die deutschen romantischen Industriebilder untersucht.
Grundlage dieser Arbeit soll die Systematisierung deutscher Industriebilder zur Zeit der Romantik, insbesondere aber deren Bewertung bilden. Zur Umsetzung war dazu zunächst die Erfassung dieser Bilder notwendig. Dabei sollen insbesondere auf die positiven und negativen Aspekte der Industrialisierung und deren Einfluß auf die wichtigsten Maler der deutschen Romantik (Friedrich, Blechen, Menzel, Rethel), die industrielle Darstellungen in ihre Bilder aufnahmen, eingegangen werden.

Dazu muß zunächst festgehalten werden, daß es in Deutschland keine reinen Industriemaler – wie bspw. in England, Belgien oder Schweden – gab. Das deutsche Industriebild war ein Teil der Landschaftsmalerei, d.h. es gab keine professionellen Industriemaler, obwohl eine derartige Entwicklung möglich gewesen wäre, wie der belgische Maler Défrance und besonders die schwedischen Künstler Pehr Hilleström d. Ä., Gustaf Silverstrahle und Elias Martin zeigen. Allerdings nahm jeder

---

Zeichnungen aus der Sammlung Schäfer, Nürnberg, 1967, S. 109/113, Marie Ursula Riemann-Reyher (3), Moderne Cyklopen – 100 Jahre „Eisenwalzwerk" von Adolph Menzel, Ausstellung der Staatliche Museen zu Berlin von März bis Mai 1976, Berlin, S. 8

[27] Ludwig Grote, Einleitung, in: Forschung und Technik in der Kunst, Ausstellung des Kunstvereins Ludwighafen (Hrsg.), 1. April bis 31. Mai 1965, Ludwighafen am Rhein, 1965, ohne Seite.

[28] Vgl. O. Bätschmann, S. 7.

bedeutende romantische Maler das Thema der Industrialisierung zumindest einmal in seine Kunst auf und bearbeitete es (wie bspw. Blechen, Friedrich, Menzel, Rethel, Gilly, Gärtner, Schütz, Biermann, Schirmer und Faber).[29]

[29] Vgl. R. Fritz (2), S. II., Rolf Fritz (3), Das deutsche Industriebild 1800-1850, in: Tradition, 1957, S. 334.

2. Forschungsstand

Der wichtigste Beitrag zur Beeinflussung der Kunst durch die industrielle Revolution, der gleichzeitig auch den gedanklichen Anstoß für meine Arbeit gab, entstand 1968 durch Francis D. Klingender (deutsche Übersetzung 1974). In seinem Buch systematisiert er englische Industriebilder und industrielle Darstellungen und vermittelt gleichzeitig die gedanklichen und idellen Hintergründe sowie Veränderungen, die diesen Bildern zugrundelagen.
Monika Wagner baut 1979 in ihrem Werk *Die Industrielandschaft in der englischen Malerei* auf seinen Gedanken auf und analysiert die entstandenen Industriebilder anhand der Landschaftsveränderungen in verschiedenen Gebieten Englands. Beispielhaft greift sie dazu einige bekannte englische Künstler und deren Werke auf.

Bereits zwischen 1952 und 1965 entstanden fünf Bücher mit kurzen Einführungen von Wilhelm Salewski, in denen er die im Werkverzeichnis aufgenommenen deutschen industriellen Darstellungen anhand ihrer europäischen Vorläufer/Vorbilder, insbesondere Léonard Défrance und Pehr Hilleström, untersucht. Außerdem stellt er den Zusammenhang zwischen Kunst, Industrie und industriellen Darstellungen her.

Ähnlich gehen später Klaus Schrenk (1975) und Karl Janke / Monika Wagner (1976) vor. Auch sie greifen zunächst europäische Vorläufer, hier jedoch insbesondere François Bonhomme, auf und gehen dann auf dessen Vorbildwirkungen bzgl. später entstandener industrieller Darstellungen ein.
Schrenk greift dabei besonders Industriedarstellungen der Mitte des 19. Jahrhunderts sowie Aspekte ihres gesellschaftlichen Charakters auf.
Janke/Wagner gehen hingegen auf das Verhältnis von Arbeiter und Maschinerie im Industriebild ein und stellen gleichzeitig die Verbindung der Werke Bonhommés mit Menzels *Eisenwalzwerk* her.
Dieser Zusammenhang wird von Klaus Türk (1990; insbesonders aber 2000) erneut aufgenommen und analysiert. Er vergleicht dabei inhaltlich Bonhommés Werke von der Schwerindustrie mit Menzels Industriebildern. Weiterhin geht Türk (1990; 2000) aber auch auf die Vorbildwirkung von Léonard Défrance und Pehr Hilleström auf die industriellen Darstellungen der deutschen Romantiker ein.

Die Betrachtung sowohl der englischen Entwicklung als auch die der anderen europäischen Vorläufer/Vorbilder ist besonders deshalb von großem Interesse, um der bislang mangelhaften Bewertung der Motive der deutschen Romantiker gerecht zu werden. So begann Deutschlands industrielle Entwicklung rund 100 Jahre später als im restlichen Westeuropa. Deutsche Künstler und Techniker führten aber bereits zuvor u.a. Bildungsreisen nach Großbritannien durch, um die technischen Neuheiten zu studieren und sich von ihnen inspirieren zu lassen (z.B. Schinkel).
Weiterhin bestand auch ein intensiver Kontakt zwischen den europäischen Künstlern: Viele deutsche Romantiker führten Studienreisen nach Italien durch (z.B. Blechen

1828/29) oder besuchten die Weltausstellung 1855 in Paris und somit auch die Pariser Salons (z.B. Menzel).

Trotz aller Untersuchungen zu Vorläufern/Vorbildern deutscher industrieller Darstellungen zur Zeit der Romantik gibt es bis zum derzeitigen Zeitpunkt keine theoretischen Untersuchungen bzgl. der Erforschung und Beurteilung der Industriebilder in der Malerei der deutschen Romantik. Bislang existieren nur einige wichtige Arbeiten zur Systematisierung und Typologisierung dieser Gemäldetyps.

Die erste Arbeit bzgl. deutscher Industriebilder entstand 1929 durch Agnes Waldstein. Sie griff die gewaltigen Umwälzungen der beginnenden Industrialisierung auf und stellte dann beispielhaft einige der bedeutendsten deutschen Industriebilder zur Zeit der Romantik (Menzel, Blechen, Schütz, Hummel) dar.

Ein Jahr später (1930) entstand die erste systematische Arbeit zum Industriemotiv in der deutschen Malerei des 19. und 20. Jahrhunderts durch Hedwig Schmücker. Sie nahm dabei die Entwicklung der industriellen Darstellungen (Friedrich, Schütz, Blechen) auf. Besonders ausführlich geht die Autorin auf Menzels *Eisenwalzwerk* sowie seinen Vergleich mit Blechens Gemälden ein.

Erst zwischen 1956 und 1958 rückte die Thematik des deutschen Industriebildes durch Rolf Fritz wieder ins wissenschaftliche Interesse. In dieser Zeit verfaßte er fünf Artikel, wobei sein wichtigster Beitrag *Das deutsche Industriebild 1800-1850* war. In ihm bearbeitete er kurz die wichtigsten europäischen Vorläufer der deutschen romantischen Industriedarstellungen sowie beispielhaft einige deutsche Romantiker (Friedrich, Rethel, Zick), die industrielle Darstellungen in ihre Gemälde aufnahmen.

1973 entstand die erste Typologie der deutschen Industriebilder durch Karin Gafert. Sie unterteilte die industriellen Darstellungen dabei in fünf Typen[30]. Außerdem beschäftigte sie sich mit den Vorläufern und Vorbildern der landschaftsgebundenen Darstellungen, Menzels *Eisenwalzwerk* sowie mit der sozialen Folge in Kunst und Literatur des 19. Jahrhunderts.

Zwei Jahre später (1975) entstand Klaus Schrenks Artikel zu industriellen Darstellungen in der Mitte des 19. Jahrhunderts sowie ihres gesellschaftlichen Charakters. Er griff dabei Gaferts Typologie der Industriemotive auf und führte einen 6. Typ industrieller Darstellung (*Industriellenporträts*) sowie zwei weitere Unterscheidungsmerkmale (Innen- und Außenansichten industrieller Produktionsstätten) ein. Weiterhin stellte Schrenk den Zusammenhang zwischen den europäischen Vorläufern und den industriellen Darstellungen deutscher Romantiker her. 1979 verfaßte Ute Ricke-Immel einen Artikel über die Düsseldorfer Genremalerei, in dem sie Gaferts 3. Typ *Milieu- und Genrebilder über soziale Situation* aufgriff. Weiterhin analysierte sie die Werke Hübners und Hasenclevers unter sozialkritischen Aspekten.

[30] Typ 1: Landschaftsgebundenes Industriebild; Typ 2: Detailgetreue technische Deskriptionen; Typ 3: Genrebilder verarmter Proletarier; Typ 4: Aggressiv karikaturhafte Darstellungen; Typ 5: Allegorisierungen und Glorifizierungen von Industrie und Arbeit

Ein Jahr später (1980) veröffentlichte Sigrid-Jutta Motz eine systematische Arbeit über Fabrikdarstellungen in der deutschen Malerei von 1800 bis 1850. Sie unterteilt dabei Fabrikansichten in sieben Typen[31], die teilweise mit Gaferts Typologie übereinstimmen, aber auch Schrenks Klassifizierung mit einbezieht. Sozialkritische Darstellungen und aggressiv-anklagende Darstellungen werden von ihr nicht aufgegriffen. Motz untersucht auch ausführlich den Einfluß des Auftraggebertums auf derartige Darstellungen, die Unterschiede zwischen Werken mit und ohne Aufftraggeber sowie das Verhältnis zwischen Arbeiter und Maschinerie.
1981 analysiert Christoph Bertsch in einem Artikel das Industriebild in der ersten Hälfte des 19. Jahrhunderts am Beispiel von Johann Kaspar Rick. Bertsch vergleicht Ricks Gemälde mit Gemälden von Schlickum, Blechen, Rethel sowie Porträtdarstellungen von Krevel bzgl. der Darstellungsweise verschiedener Industriebildertypen.
1987 entstand Christiane Hoffmeisters Dissertation zur Theorie und Genesis des Industriemotives in der deutschen Malerei und Graphik. Die Autorin griff darin insbesondere den Begriff der Industrie als Gegenstand in der Kunst, die Besonderheiten und Formen des Industriemotivs (Innen- und Außenansichten) auf.
Bereits 1965, 1967 und 1977 schrieb Hoffmeister kleinere Artikel über die Industriemotive in der Kunst.
Der umfassendste Überblick über industrielle Darstellungen in der Kunst stammt von Klaus Türk aus dem Jahr 2000. Türk geht dabei auf die Entstehung des Industriemotivs, insbesondere die europäischen Vorläufer und erste europäische Darstellungen ein. Weiterhin gibt Türk einen guten Überblick über die deutschen Industriedarstellungen zur Zeit der Romantik sowie deren zeitliche Entwicklung.

Weiterhin existiert eine große Anzahl von Artikeln und Büchern, die spezifische thematische oder typologische Aspekte industrieller Darstellungen zur Zeit der Romantik aufgriffen. Beispielhaft seien hier nur Hanna Gagel 1979 (Düsseldorfer Malerschule und sozialkritische Darstellungen), *Die nützlichen Künste* 1981 (Beiträge zum Kristallpalast) oder Christoph Bertsch 1994 (Industriellenporträts und allegorische Überhöhungen) genannt.
Außerdem gibt es zahlreiche Artikel, die einzelne industrielle Darstellungen deutscher Romantiker (bspw. von Friedrich, Blechen, Schütz, Rethel oder Menzel) analysieren und diese teilweise miteinander vergleichen (häufig Blechen und Rethel).
Neben der oben geschilderten thematischen und typologischen Problematik gestaltet es sich auch schwierig, eine zeitliche Eingrenzung dieser industriellen Darstellungen und Industriebilder vorzunehmen, da diese nur sporadisch auftraten und auch ihre Motive keine einheitliche Entwicklung besitzen. So existieren bestimmte Motive sowohl am Anfang als auch am Ende der Zeit der Romantik.

[31] Typ 1: Fabrik in Landschaft; Typ 2: Landschaft mit Fabrik; Typ 3: Stadtansicht mit Fabrik; Typ 4: Teilansicht einer Fabrik; Typ 5: Fabrik als einziger Bildinhalt; Typ 6: Innere der Fabrikgebäude; Typ 7: Porträt vor einer Fabrik

In der Arbeit werde ich die Untersuchungszeit der deutschen Industriemotive von 1800 bis 1860 eingrenzen, wobei das *Eisenwalzwerk* (1875) von Menzel und seine Parallelen mit einbezogen werden, da Menzel als letzter deutscher Romantiker in der kunsthistorischen Literatur und Forschung bezeichnet wird und er einen sehr wichtigen Beitrag bzgl. industrieller und sozialkritischer Darstellungen in der Malerei geleistet hat.

Laut Herding gab es für die seltenen Industriedarstellungen zu Beginn der industriellen Revolution und die Abwehrhaltung[32] der Künstler, die industriellen Darstellungen in ihre Werke aufzunehmen, fünf Ursachen: erstens lag die industrielle Welt fern, d.h. frühe Fabrikanlagen benötigten Wasser als Antriebskraft und waren daher in abgelegenen Flußtälern[33] gebaut worden. Nach der Einführung der Dampfmaschinen als Antriebskraft wurden die Fabriken in gesonderten Vierteln, die teilweise zu Industriestädten anwuchsen, gebaut. Diese Viertel befanden sich aufgrund ihrer Lärm- und Schmutzbelästigung sowie ihrer sozialen Sprengkraft am Stadtrand, den Künstlern fehlte der Zugang. Zweitens bot die unternehmerische Auftragskunst wenig künstlerischen Spielraum. „Fabrik- und Produktionsveduten, Industrieallegorien- und Unternehmerporträts wurden fast ausschließlich von privaten Firmenbesitzern bestellt."[34] Drittens waren die Bedingungen für eine Industrie- und Arbeiterkultur fast nicht vorhanden. Für die Darstellungen von Arbeit und Arbeitern im Industriebild fehlte die ideelle und finanzielle Motivation[35].

[32] Laut Herding bliebe die Abwehrhaltung fast aller Künstler gegen die Auseinandersetzung aber erstaunlich. So sei es unvorstellbar, daß diese neue Realität keinen Einfluß bzw. gar keine ästhetische Faszination ausgeübt haben sollten. „Tatsächlich war dies in der allerersten Phase der modernen Industrialisierung anders, weil damals, am Ende des 18. Jahrhunderts, die Konfrontation zwischen Natur und Industrie vor Augen stand, die Industrie als großartig-schauerlicher Gegensatz zur erhabenen Natur erlebt wurde, vor allem in England. (...) Für die Abwehrhaltung, die um die Jahrhundertmitte in England, Frankreich und wenig später in Deutschland um sich griff," gibt es eine ganze Reihe von Gründen (siehe oben). So lag – wie oben beschrieben – die Welt der Industrie weit entfernt, d.h. zumeist in öden und/oder gefährlichen Gebieten. Außerdem waren die Fabrikbesitzer „allenfalls an exakten und zugleich repäsentativen Darstellungen" ihrer Fabrikanlagen interessiert, so daß es kaum künstlerischen Freiraum gab. Nur wenige eigenwillige Künstler wie Fran+ois Bonhommé, Paul Meyerheim oder Adolph von Menzel hatten freie Hand. Stattdessen wurden zumeist großindustrielle Arbeitsbedingungen und Fabrikanlagen, häufig allegorisch verklärt oder mythisch überhöht, dargestellt. Vgl. Klaus Herding (3), Industrie als ‚zweite Schöpfung', in: Sabine Beneke und Hans Ottomeyer (Hrsg.), Die zweite Schöpfung. Bilder der industriellen Welt vom 18. Jahrhundert bis in die Gegenwart, Berlin, 2002, S. 11.

[33] Vgl. Sigrid-Jutta Motz, Fabrikdarstellungen in der deutschen Malerei von 1800 bis 1850, Frankfurt/a.M., 1980, S. 3.

[34] Klaus Herding (1), Industriebild und Moderne. Zur künstlerischen Bewältigung der Technik im Übergang zur Großmaschinerie (1830-1890), in: Helmut Pfeiffer, et al. (Hrsg.), Art Social und Art Industriel, München, 1987, S. 429. Vgl. auch, K. Herding (3), S. 11.

[35] Ausnahmen bilden Agitationsdrucke und -bilder der Revolution von 1848/49. Vgl. K. Herding (1), S. 430.

Viertens war das Gegenbild des Bürgers die Natur, nicht die Industrie. „Den Kritikern bot das Industriebild wenig Perspektive (...) Kennern und Sammlern war“ es „weder poetisch noch bedeutsam genug“[36].
Fünftens waren für die Darstellung von Maschinen und Industrieanlagen die graphischen Medien ausreichend.[37]

Die Entstehung und Entwicklung der verschiedenen Industriemotive ist somit nur durch die industrielle und gesellschaftliche Entwicklung und die umwälzenden Veränderungen jener Zeit verstehbar und bewertbar.

---

[36] Ebd., S. 432.
[37] Die damals entstandenen industriellen Darstellungen waren fast ausschließlich Druckgraphiken (Holzstich, Steindruck, Stahlstich). Vgl. ebd., S. 433-434; 428-436.

3. Einfluß der industriellen Revolution auf die Zeit der Romantik

3.1. Gesellschaftliche Veränderungen durch die industrielle Revolution im 19. Jahrhundert

Der englische Sozialreformer Arnold Toynbee (1852-1883) gebrauchte erstmals den Begriff *Industrielle Revolution*[38], um damit die umwälzenden Veränderungen, die die gesellschaftliche Struktur, die Kultur und die politischen Gegebenheiten erfaßte, zu beschreiben, die seit Anbruch der Industrialisierung[39] und der Errichtung von Fabriken im 18. Jahrhundert zutage traten.[40]

„Die vor dem bestehende städtische Ordnung zerbrach, die bisherigen Lebensformen lösten sich auf. Aus Bauern und Handwerkern wurden Industriearbeiter, die großen Menschenballungen der Industriestädte entstanden. Und als Folge von konzentrierter wirtschaftlicher Macht einerseits und sozialem Elend (...) andererseits entstand der Sozialismus als Theorie und politische Bewegung."[41]

Die industrielle Revolution ist somit die Phase der Industrialisierung in Europa und Nordamerika, die mit den bahnbrechenden Erfindungen der Dampfmaschine, der Spinnmaschine und des mechanischen Webstuhls Ende des 18. Jahrhunderts begann. In Deutschland zeigten sich ihre ersten Wirkungen in der ersten Hälfte des 19. Jahrhunderts. Das schneller werdende Tempo, das zu einer totalen Veränderung in allen Lebensbereichen führte, vollzog die Umwandlung der bisherigen Agrar- in die Industriegesellschaft. Massenfabriken ersetzten handwerkliche Tätigkeiten, der rasche Ausbau eines Eisenbahnnetzes und die beginnende Dampfschiffahrt revolutionierten außerdem das Verkehrswesen. Ein lohnender, umfangreicher Gütertransport wurde möglich. Der Eisenbahnbau führte ebenfalls durch einen schnellen Ausbau der Bahnverbindungen zu einem raschen Anstieg der Eisen- und Stahlindustrie, entsprechend dazu entwickelte sich auch der Bergbau.

Diese rasche Industrialisierung verursachte aber auch große gesellschaftliche Veränderungen. Ganze Bevölkerungsschichten wurden aus ihren jahrhundertealten Lebenskrei-

---

[38] Als „Industrielle Revolution" bzw. der Beginn der Industrialisierung wird zumeist die Periode bezeichnet, die bspw. in England zwischen 1780 und 1800, in Frankreich zwischen 1830 und 1860 und in Deutschland zwischen 1850 und 1873 stattfand. Vgl. Wolfram Fischer (2), Ökonomische und soziologische Aspekte der frühen Industrialisierung, in: Wolfram Fischer (Hrsg.), Wirtschafts- und sozialgeschichtliche Probleme der frühen Industrialisierung, Berlin, 1968, S. 6.

[39] Unter Industrialisierung versteht man die „Revolution der Produktionsverhältnisse", eine „Kette wirtschaftlich wirksamer technischer Neuerungen", die zur „Schaffung neuer Produktionsverfahren" führten. Sie ist in diesem Zusammenhang ein „spezifischer Vorgang in der Geschichte von Technik und Gewerbe, ausgelöst von Erfindungen in der britischen Eisen-, Textil- und Maschinenherstellung". Vgl. ebd. S. 3-4.

[40] Vgl. auch W. Braun-Feldweg, S. 12.

[41] Ebd.

sen und -bindungen herausgerissen, entwurzelt und in Armut und Not gestürzt.[42] Die Diskrepanz zwischen wirtschaftlichem Aufschwung und den krassen sozialen Mißständen beeinflußte wiederum Kunst und Kultur.[43]
Insbesondere „sensible Beobachter, Künstler[44] vor allem, sahen im wirtschaftlich-technischen Zeitgeschehen nicht nur Gefahren für die Gesellschaftsordnung, sondern für die Kultur überhaupt." So schrieb bspw. Goethe an Eckermann: „Das überhandnehmende Maschinenwesen quält und ängstigt mich, es wälzt sich heran wie ein Gewitter, langsam, langsam, aber es hat seine Richtung genommen, es wird kommen und treffen."[45]

3.1.1. Entwicklung in England

In der zweiten Hälfte des 18. Jahrhunderts begann in England die industrielle Revolution[46] und führte dort zu einem entscheidenden wirtschaftlichen und gesellschaftlichen Wandel.[47]
„Die wirtschaftliche Umwandlung Englands fiel zeitlich mit der Unabhängigkeitsbewegung in den amerikanischen Kolonien und dem Entstehen des Nationalstaates in der Französischen Revolution zusammen."[48]
Coalbrookdale wurde einerseits zum Ausgangspunkt[49] der industriellen Entwicklung in England, nachdem man dort Kohle und Eisenerz nebeneinander gefunden hatte, an-

---

[42] Vgl. Francis D. Klingender, Kunst und Industrielle Revolution, Dresden, 1974, S. 13-46, Helmut M. Müller, Schlaglichter der Weltgeschichte, Bonn, 1992, S. 304-306, Helmut M. Müller, Schlaglichter der deutschen Geschichte, 2., akt. u. erw. Aufl., Bonn, 1990, S. 166-168, Wolfgang Hütt (1), Düsseldorfer Malerschule. 1819-1869, 1.Aufl., Leipzig, 1995, S. 160-161, Agnete von Specht (Hrsg.), Streik - Realität und Mythos, Berlin, 1992, S. 9-11, Klaus Eiler (Hrsg.), Hessen im Zeitalter der industriellen Revolution, Text- und Bilddokumente aus hessischen Archiven beschreiben Hessens Weg in die Industriegesellschaft während des 19. Jhs., 1.Aufl., Frankfurt/a.M., 1984, S. 243-245.
[43] Vgl. W. Hütt (1), S. 160-161.
[44] Auch der Architekt, Maler und Schriftsteller Le Corbusier (Charles Eduard Jeanneret; 1887-1965) äußerte sich zu diesem Problem: „Zweifellos, die erste Ära des Maschinenzeitalters hat Chaos verbreitet (...) Wo wir hinblicken: Mißgestalt, dumpfe Häßlichkeit, Zerstörung der Armut, des Lächelns (...)." W. Braun-Feldweg, S. 13.
[45] Ebd., S. 12.
[46] Vgl. Christine Hoffmeister (1), Francis D. Klingender: Kunst und industrielle Revolution, Weimarer Beiträge, Heft 6, 1977, S. 175.
[47] Vgl. Christoph Bertsch (1), Das Industriebild in der Malerei der ersten Hälfte des 19. Jahrhunderts am Beispiel eines Gemäldes von J.K. Rick, in: Alte und moderne Kunst, 26. Jg., 1981, S. 29.
[48] Reinhard Bendix, Modernisierung und soziale Gleichheit, in: Wirtschafts- und sozialgeschichtliche Probleme der frühen Industrialisierung, Berlin, 1968, S. 179. Vgl. auch Michael Stürmer, Höfische Kultur in Alteuropa: Ihr Erbe an die Industrie-Wirtschaft, in: Tilmann Buddensieg und Henning Rogge (Hrsg.), Die nützlichen Künste, Berlin, 1981, S. 42.
[49] Insbesondere da dort auch Abraham Darby das Problem, Eisenerz – statt wie bisher mit Holzkohle – nun mit Koks zu schmelzen, löste. Vgl. F.D. Klingender, S. 78.
Coalbrookdale wurde bereits zu Beginn des 18. Jahrhunderts zum wichtigsten Zentrum der englischen Eisenindustrie. Vgl. Monika Wagner, Industrielandschaft in der englischen Malerei, Frankfurt/M., Bern, Las Vegas, 1979, S. 19.

dererseits löste es aber auch als Industriezentrum eine große Anziehungskraft auf die Künstler der englischen Landschaftmalerei[50] (z.B. *Harraton Hall und die Kohleverladeplätze am Wear-Fluß* [1860; Abb.2]) aus und wurde so zum künstlerischen Objekt[51]. Diese Faszination entstand insbesondere durch den Umstand, „daß das modernste und eindrucksvollste industrielle Unternehmen jener Zeit in einer außergewöhnlich romantischen Landschaft lag". Coalbrookdale (z.B. Francis Vivares: *Eine Ansicht der Oberen Werke in Coalbrookdale in der Grafschaft Salop* [Abb.3]) wurde somit „zum Versuchsfeld für das Studium der neuen Beziehung[52] zwischen Mensch und Natur, welche die Großindustrie geschaffen hatte".[53]

Laut Wagner gab der Entwicklungsstand der Industrie in Coalbrookdale einen Vorgeschmack auf den sich anbahnenden Konflikt[54] zwischen ästhetischem Urteil und zweckmäßiger Nutzung.[55]

Der Hauptfaktor dieser alles beherrschenden und beeinflussenden Umwälzung war dabei die Entwicklung der Technik und ihr maschineller Einsatz[56]. Sie gewann „beherrschenden Einfluß auf das ganze Leben und Schaffen der Menschen". Mit der

---

[50] Diese außergewöhnliche Anziehung reichte von den ersten Anfängen bis zu einer Gipfelpunkt der englischen Schule der Landschaftsmalerei. Vgl. F.D. Klingender, S. 78-79.
Von dieser Faszination zeugt auch das oben erwähnte Gemälde.

[51] Laut Wagner führte der Kontrast zwischen Industrie und Naturlandschaft zu der faszinierten Anziehung. Vgl. M. Wagner, S. 21.

[52] Die ersten Ansichten von Coalbrookdale waren zwei Umrißstiche von Francis Vivares (1709-1780) nach Thomas Smith und George Perry und erschienen 1758: *Eine Ansicht der Oberen Werke in Coalbrookdale in der Grafschaft Salop* und *Südwestansicht von Coalbrookdale und der umliegenden Gegend.* Vgl. F.D. Klingender, S. 79, M. Wagner, S. 19.

[53] Vgl. F.D. Klingender, S. 78-79. Vgl auch M. Wagner, S. 21.

[54] Es gibt zahlreiche Hinweise auf die zeitgenössische Kritik an der Naturzerstörung durch die Industrie. So zeige sich bspw. bei George Robertson (1788; Abb.3-4) „wie ‚durch den dicken Qualm aus Hochofen und Maschinenhaus (...) die einst grünen Berghänge verwelkt und verdorrt' sind", was einer „apokalyptischen Vision" gleichkäme. So stoße um 1800 die Errichtung von acht großen Kupferhütten bei Swansea auf heftige Kritik. Im weiteren Verlauf jedoch verflüchtigte sich diese kritische Einstellung aber stückchenweise, wie bspw. Turners *New Castle am Tyne* (1823; Abb.12) beweise. Zwar könne die Einzeldarstellung der Industrielandschaft „als bedrohliche Veränderung der Natur erscheinen", aber in diesem Zusammenhang überwiege die Würdigung der industriellen Leistungen. Vgl. Klaus Herding (2), Notiz zur Industriekritik: Die Zerstörung der Natur, in: Kritische Berichte, 8 (Heft 1/2), Gießen, 1980, S. 11-13.

[55] Vgl. M. Wagner, S. 21.

[56] Die daraus resultierende Entwicklung der Technik und die Industrialisierung erfaßten alle Wirtschaftsbereiche: die Textilindustrie, den Bergbau und die Hüttenindustrie, die Kohleförderung, die Eisen- und Stahlproduktion, den Maschinenbau und das Verkehrssystem (mit Kanal- und Brückenbau, Dampfschiffahrt und Eisenbahn). Vgl. Wolfram Fischer (1), Wirtschaft und Gesellschaft im Zeitalter der Industrialisierung, Göttingen, 1972, S. 17-24; 24-27; 30-31; 31-34; 34-37; 38-51.
So erschloß erst die industrielle Revolution „eine vollkommen andere Welt neuer und unberührter Energiequellen wie Kohle, Erdöl, Elektrizität und das Atom, die mittels verschiedener Mechanismen genutzt werden konnten". Carlo M. Cipolla, Einleitung, in: Knut Borchardt, Die industrielle Revolution in Deutschland, München, 1972, S. 7.

„epochemachenden Erfindung der Dampfmaschine[57]" trat „die Technik ihren Siegeszug" im 19. Jahrhundert an.[58]
Das Aufkommen der Eisenbahn[59], Mitte des 19. Jahrhunderts, führte die bereits begonnene Umwälzung mit „Naturgewalt" weiter.[60]
Diese krassen Umwälzungen führten auch zu gravierenden wirtschaftlichen, kulturellen, sozialen und politischen Auswirkungen. Daraus resultierten Unterschiede zwischen den neu entstandenen Klassen und damit den Lebensformen der Bourgeoisie und des Proletariats. Diese Unterschiede[61] manifestierten sich sowohl in ihrer ökonomischen als auch in ihrer politischen Position.[62]
Die Ursachen dafür liegen in der frühen, besonders schnellen und gewaltsamen Industrialisierung, in dem extremen Grad an Ausbeutung menschlicher Arbeitskraft durch die besitzenden Klassen, in der plötzlichen Zerstörung der früheren ländlichen Lebensformen.[63]

3.1.2. Entwicklung der Industrie und sozialer Wandel in Deutschland

In der ersten Hälfte des 19. Jahrhunderts war Deutschland[64] ein reiner Agrarstaat, „zersplittert in -zig Territorien, die alle kleine Wirtschaftseinheiten bildeten". Es existierte

---

[57] Die Erfindungen der Dampf- und der Spinnmaschine schufen die ersten technischen Grundlagen für die Industrialisierung. Vgl. R. Bendix, S. 179.

[58] Vgl. Hedwig Schmücker, Das Industriemotiv in der deutschen Malerei des 19. und 20. Jahrhunderts, Emsdetten, 1930, S. 4. Vgl. auch C.M. Cipolla, S. 7, W. Fischer (2), S. 27-30, Wilhelm Salewski (4), Mitteldeutsche Eisenwerke in alter Zeit, Essen, 1965, S. 3.

[59] Diese Umwälzung setzte sich „nicht sofort und schlagartig" durch. „Dazu nahm allein schon die Bereitstellung des technischen Apparates einen viel zu langen Zeitraum in Anspruch. Nachdem jedoch die technischen Voraussetzungen einmal geschaffen waren, hat sich der Ablauf der durch die Eisenbahnen ausgelösten Umwälzung rasch beschleunigt, und zwar in dem gleichen Zeitmaß, in dem die einzelnen Eisenbahnstrecken in den Ländern und dann über Ländergrenzen hinweg auf dem Kontinent zu einem lückenlosen Netz zusammenwuchsen."
Die Eisenbahn und ihre Schienennetze beeinflußten neben dem Handel und der Entwicklung einzelner Wirtschaftsvorgänge auch das künstlerische Schaffen jener Epoche. Laut Kurze war es dabei unerheblich, ob die Künstler den „Eisenbahnen aufgeschlossen als einen entscheidenden Fortschritt der Technik (...) begrüßten oder ob sie sie (...) ohne Einschränkung verwarfen", keinesfalls konnten sie sich der „unerläßlichen Auseinandersetzung" mit ihnen völlig entziehen". Vgl. Johannes Kurze, Die Eisenbahn in der Kunst, in: Die Eisenbahnen in der Kunst, Bonn, 1958, S. 4-5.

[60] Vgl. ebd., S. 4.

[61] Die Veränderungen in der sozialen und politischen Ordnung zeigten sich, noch bevor sämtliche Auswirkungen der industriellen Revolution erkannt wurden. Vgl. R. Bendix, S. 180.

[62] Vgl. Neue Gesellschaft für bildene Kunst (Hrsg.), Englische Arbeiterkunst, Ausstellungskatalog, Berlin, 1977, S. 48. Vgl. auch C.M. Cipolla, S. 8, W. Fischer (2), S. 14-15.

[63] Vgl. Englische Arbeiterkunst, S. 48.

[64] Bereits Ende des 18. Jahrhunderts zeigten sich aber auch in Deutschland erste Ansätze der Industrialisierung. So entstanden in geringem zeitlichen Abstand zu England eine mechanische Baumwollspinnerei in Ratingen bei Düsseldorf (1784), ein Koksofen in Oberschlesien (1792) sowie einige nachgebaute Newcomen- und Watt-Dampfmaschinen. Vgl. Knut Borchardt, Die Industrielle Revolution in

kein funktionierendes Verkehrssystem. Die deutsche Textilindustrie arbeitete mit so veralteten Produktionsmethoden, daß sie der englischen Konkurrenz komplett unterlegen war.[65] „Der sich langsam entwickelnden Schwerindustrie fehlte das Kapital; die Verwendung von Holzkohle bei der Eisengewinnung bis Anfang der dreißiger Jahre trug“ ebenfalls nicht dazu bei, die Wettbewerbsfähigkeit zu steigern.[66]
Zwei Komponenten prägen die industrielle Entwicklung in Deutschland: erstens die geographische und historische Situation[67] des Landes und zweitens die industrielle Entwicklung in England, die zu einer Herausforderung[68] für die deutsche Entwicklung wurde.[69]
In der zweiten Hälfte des 19. Jahrhunderts[70] entwickelten sich in Deutschland[71] die neuen kapitalistischen Produktionsverhältnisse trotz der bestehenden feudalabsolutistischen Verhältnisse und der Kleinstaaterei. Insbesondere im Rheinland[72] entwickelten

---

Deutschland, München, 1972, S. 22. Vgl. auch Horst Mönnich, Aufbruch ins Revier. Aufbruch nach Europa, München, 1971, S. 41.

[65] Vgl. Rolf Brockschmidt, Expansion und Depession, Die industrielle Entwicklung in Belgien und Deutschland von 1830-1914, in: Ruhrfestspiele Recklingshausen (Hrsg.), Aus Schacht und Hütte. Ein Jahrhundert Industriearbeit im Bild 1830-1930, Ausstellungskatalog, Recklingshausen, 1980, S. 6. Vgl. auch Alexander Gerschentoren, Vorbedingung der europäische Industrialisierung, in: Wolfram Fischer (2) (Hrsg.), Wirtschafts- und sozialgeschichtliche Probleme der frühen Industrialisierung, Berlin, 1968, S. 22.

[66] Vgl. R. Brockschmidt, S. 6. Vgl. auch Wilhelm Salewski (5), Mitteldeutsche Eisenwerke in alter Zeit, Essen, 1965, S. 3, Willy Strzelewicz, Industrialisierung und Demokratisierung der modernen Gesellschaft, Hannover, 1958, S. 21-36.

[67] Bis zum 19. Jahrhundert bildete Deutschland „keine territoriale Einheit mit einem natürlichen politischen Zentrum. Seine Teile – durch Gebirge und das Flußsystem gegliedert – hatten häufig engere Verbindungen zu außerdeutschen Regionen als untereinander entwickelt.“ Vgl. K. Borchardt, S. 30. Außerdem wurde Deutschland durch seine „geographische Lage im Zentrum Europas und seine politische Zersplitterung“ in zahlreiche politische Konflikte verwickelt. „Häufig spielten sich zerstörerische Kriege auf seinem Territorium ab.“ Vgl. ebd. S. 31.

[68] Laut Borchardt sei die Industrialisierung Deutschlands „eine abgeleitete, keine autochthone Entwicklung“. Das Gefälle „zwischen Deutschland und England sei“ von größtem Einfluß auf den Prozeß in Deutschland gewesen. Es gab eine Fülle kostenlos verfügbarer oder billiger Informationen. Deutsche Kaufleute, Beamte, Gelehrte und Künstler reisten nach England und studierten dort die Neuerungen. Aber auch aus Frankreich, Belgien und der Schweiz wurden Informationen bezogen. Der deutsche Eigenbeitrag sei bis zur Mitte des 19. Jahrhunderts relativ gering gewesen. Vgl. ebd., S. 28-29.

[69] Vgl. ebd., S. 28.

[70] In der zweiten Hälfte des 19. Jahrhunderts kam es zu einem Umbau des Staats-, Gesellschafts- und Wirtschaftsgefüges. Preußen hatte in der Reformzeit die wesentlichen Grundsteine dazu gelegt. Vgl. Rudolf Rübberdt, Geschichte der Industrialisierung. Wirtschaft und Gesellschaft auf dem Weg in unsere Zeit, München, 1972, S. 139. Vgl. auch W. Strzelewicz, S. 22

[71] In Deutschland begann somit die industrielle Revolution ca. 100 Jahre später als in England. Vgl. Eberhardt G. Neumann, Einführung, in: Vereinigung westfälischer Museen (Hrsg.), Industrie-Architektur in Westfalen. Zeugen der Technikgeschichte, Ausstellungskatalog, Münster, 1975, S. 5.

[72] Aufgrund der zunehmenden Kohleschürfungen mittels Schrägstollenverfahren an der Ruhr wurde mit der Kanalisierung des Flusses unter König Friedrich II. begonnen.

sich die neuen wirtschaftlichen Strukturen sehr rasch[73], da sich dort das seit den Napoleonischen Kriegen geltende fortschrittliche Recht sehr günstig auswirkte.[74]
„Die Rheinprovinz wurde zur wirtschaftlichen Basis des preußischen Liberalismus, dessen maßgebende ideologische Grundlage das Erbe der Aufklärung und der französischen Revolution war. Die engen wirtschaftlichen Verbindungen der rheinischen Kaufleute[75] zu Industriellen in Belgien und Frankreich führten auch zu geistigen Beziehungen mit diesen Ländern, nicht zuletzt mit England."[76]
Laut Jacobeit war dabei die „ursprüngliche Triebkraft" dieser Entwicklung[77] die Fabrik, in der „die mit Wasser und Dampf betriebene Maschinerie die Handarbeit mehr und mehr verdrängte. Sie machte den Zunftgesellen, der sich von seinem Gewerbe nicht mehr ernähren konnte, zum Proletarier und riß Massen von landarmen oder land-

---

„Nachdem Westfalen 1815 preußische Provinz geworden war, baute man systematisch die Verkehrswege aus", u.a. auch die Ruhrschleusen (1846).
„Die Übernahme der englischen Dampfmaschine und ihr Nachbau 1821, erstmals durch Friedrich Harkort in Wetter, bewirkten einen explosiven Umbruch in den verschiedenen Produktionszweigen, die nun auch von finanziell potenten Unternehmern aus der Bürgerschicht geleitet wurden."
Im Bergbau führte man den senkrechten Tiefbau ein. Auch das Textilgewerbe des Münsterlandes und des Ravenberger Landes entwickelte sich – nach Einführung der Dampfmaschine (1842) und des mechanischen Webstuhls – rasant. Vgl. E.G. Neumann, S. 5. Vgl. auch Rolf Fritz (4), Hrsg., Das Ruhrgebiet vor hundert Jahren. Gesicht einer Landschaft, Dortmund, 1956, S. I, Wilhelm Salewski (1), Alte Eisenwerke in Schlesien und Mähren, Essen, 1962, S. 14-15.
In Sachsen wurde die industrielle Revolution bereits 1800 durch Einführung englischer Spinnmaschinen in der gleichzeitig erbauten Maschinenspinnerei der Gebrüder Bernhard eingeleitet. Vgl. Manfred Tunn, Anbruch des Industriezeitalters, in: Helmut Bock (Hrsg.), Unzeit des Biedermeiers, Köln, 1986, S. 130.

[73] Da Deutschland auf die zahlreichen Erfahrungen der Industrialisierungsprozesse der anderen europäischen Staaten zurückgreifen konnte, sei eine verspätete, aber rasche industrielle Entwicklung, insbesondere da die bereits fortgeschrittene Technik übernommen und Irrwege der Pioniere" vermieden werden konnten, möglich gewesen. Vgl. K. Borchardt, S. 29.

[74] Vgl. Wolfgang Hütt (2), Der kritische Realismus und die Anfänge der proletarischen Kunst in Deutschland, in: Wissenschaftliche Zeitschrift der Universität Halle, 1985, S. 185. Vgl. auch Wolfgang Freiherr von Löhneysen, Kunst und Kunstgeschmack von der Reichsgründung bis zur Jahrhundertwende, in: Hans Joachim Schoeps (Hrsg.), Zeitgeist im Wandel. Das Wilhelminische Zeitalter, Stuttgart, 1967, S. 87, W. Salewski (1), S. 14, Bernd Weyergraf und Volkmar Braunbehrens, Deutsche Bourgeosie, ökonomisches Wachstum und Industrielle Revolution, in: Neue Gesellschaft für bildende Kunst (Hrsg.), Kunst der bürgerlichen Revolution 1830-1848/49, Berlin, 1972, S. 159-160.

[75] Vor allem die jüngere Generation der Liberalen, die „unter dem Einfluß des Junghegelianismus stand, war aufnahmebereit für die Ideen französischer Sozialisten. Aus diesem Kreis ging die später von MARX redigierte ‚Rheinische Zeitung' hervor, welche die fortschrittlichen Kräfte um sich sammelte und auf das geistige Leben des Rheinlandes großen Einfluß ausübte." W. Hütt (2), S. 185.

[76] W. Hütt (2), S.185. Vgl. auch R. Fritz (4), S. I.

[77] Laut Löhneysen erwuchs aus den alten Ordnungen das Neue. So nutzten die Technik und ihre Erscheinungsformen – Eisenbahnen, Brücken, Tunnel, Dampfmaschinen – nach Auffassung des 19. Jahrhunderts die natürlichen Kräfte. Vgl. W. v. Löhneysen, S. 87-88.

losen Menschen in ihren Sog."[78] Es entstanden neue Schichten[79], ältere schrumpften, ihre gegenseitige Zuordnung veränderte sich, ihr Selbstverständnis und das Prestige, das sie bei anderen genossen, wandelte sich. Die gesellschaftliche Schichtung[80] veränderte sich durch die Industrialisierung tiefgreifend.[81]
Seit 1845 kam es aufgrund der Entwicklung und des Einsatzes der mobilen Dampfmaschine[82], der Lokomotive, zu einer sprunghaften Entwicklung des Verkehrswesens.[83] Diese „einzigartige Erfindung" veränderte das Leben vieler Menschen komplett und beschleunigte die industrielle Revolution.[84] Laut Plöse war die Lokomotive die „sichtbare Gestalt der Industrielle Revolution, die die gewohnten Maße von Raum und Zeit, das überkommene Leben und Denken Schritt für Schritt außer Kraft setzte".[85]

In der Zeit von 1873 bis 1895 begann in Deutschland die Phase der Hochindustrialisierung, in der sich das Kaiserreich zu einem mächtigen Industriestaat[86] entwickelte. Andererseits begann gleichzeitig „eine Zeit lang anhaltender Wachstumsstörungen[87]" in der Industrie und in der Landwirtschaft.[88]
Im gesamten 19. Jahrhundert kam es auch zu einem Umbruch in Kunst und Kultur – eine einheitliche geistige und künstlerische Linie gab es nicht.[89]
Die „wachsende Industrialisierung, Handel und Kapital" wurden zu einem Lehrbetrieb[90] der Künstlerschaft und führten sogar zu ihrer offenen Spaltung.[91]

---

[78] Wolfgang Jacobeit, Fabrikmenschen. Vom Anfang neuer Lebensweise, in: Helmut Bock (Hrsg.), Unzeit des Biedermeiers, Köln, 1986, S. 194. Vgl. auch W. Fischer (2), S. 4-5, Karin Gafert, Die soziale Frage in Literatur und Kunst des 19. Jahrhunderts, Kronberg/Ts., 1973, S. 9-10, Veit Valentin, Über Kunst, Künstler und Kunstwerke, Frankfurt a.M., 1889, S. 77.

[79] „Im Zuge der Industrialisierung und Technisierung in fast allen Wirtschaftszweigen hatten immer mehr Angehörige des Kleingewerbes, Handwerker und verarmte Bauern ihre angestammten, noch relativ selbständigen Arbeitsbereiche aufgeben müssen und waren seitdem gezwungen, in erster Linie als Fabrikarbeiter ihre ‚Ware Arbeitskraft' gegen Lohn zu verkaufen." Vgl. K. Gafert, S. 9-10. Vgl. auch R. Rübberdt, S. 147, V. Valentin, S. 77.

[80] Die Klassenspaltung wurde immer tiefer zwischen den beiden übrigbleibenden Schichten, dem Proletariat und der Bourgeoisie. Vgl. W. Fischer (2), S. 15.

[81] Vgl. W. Fischer (2), S. 14-15. Vgl. auch Tilmann Buddensieg (2), Von der Industriemythologie zur „Kunst in der Produktion", in: Jahresring 78-79, Vorwurf Industrie, Stuttgart, 1978, S. 46.

[82] Ein Beispiel ist der Bau der ersten Eisenbahnstrecke von Köln nach Minden über Dortmund und Hamm. Vgl. E. G. Neumann, S. 5.

[83] Vgl. E.G. Neumann, S. 5. Vgl. auch B. Weyergraf und V. Braunbehrens, S. 162-165.

[84] Vgl. Renate Plöse, Die erste deutsche Eisenbahn. Umsturz von Raum und Zeit, in: Helmut Bock (Hrsg.), Unzeit des Biedermeier, Köln, 1986, S. 167.

[85] R. Plöse, S. 173.

[86] In dieser Zeit holte Deutschland seinen Rückstand zur westeuropäischen Industrieproduktion auf. Vgl. K. Gafert, S. 8.

[87] In dieser Zeit kam es zu drei großen Depressionsphasen: 1873-79, 1882-86 und 1890-95. Vgl. R. Brockschmidt, S. 8.

[88] Vgl. R. Brockschmidt , S. 8, Vgl. auch K. Gafert, S. 8.

[89] Vgl. Agnes Waldstein, Das Industriebild. Vom Werden einer neuen Kunst, Berlin, 1929, S. 10.

Obwohl die industrielle Revolution in Deutschland ein halbes Jahrhundert später als in England begann, reagierten die Künste „schon auf ihre Anzeichen, bevor sie endlich zum Durchbruch kam".[92]
Die bildende Kunst[93] griff alle Themen der Industrialisierung – Technik, Industrie und Fabrikarbeit – in ihren Motivgruppen[94] auf.[95]

3.2. Einfluß der Industrialisierung auf die englische Malerei – Zeitgenössische Kritik

3.2.1. Einfluß auf die englische Malerei

In England fielen die ersten industriellen Darstellungen mit dem Auftreten der ersten Industrieanlagen im landschaftlichen Kontext zusammen. Endpunkt dieser Darstellungen war die Phase um 1830, „als die Verbannung des Industriemotivs in der nichtauftragsgebundenen Landschaft" einsetzte. Stattdessen übernahm die Industrievedute die Funktion, das industrielle Bürgertum zu repräsentieren. Ein neuer „Typ der Industrielandschaft" entstand aufgrund Turners „umfassender Thematisierung des Kultur-Natur-Komplexes".[96]
„In dem relativ kurzen Zeitraum von ca. fünfzig Jahren" entwickelte „sich aus der am aristokratischen Großgrundbesitz orientierten Darstellungsform ein bürgerliches Landschaftsbild, das schließlich vom industriellen Bürgertum für seine Zwecke vereinnahmt" wurde.[97]

---

[90] Die Künstlerstadt Düsseldorf verwandelte sich immer mehr zur Fabrikstadt. Vgl. Dietrich Bieber und Ekkehard Mai, Gebhardt und Janssen – Religiöse und Monumentalmalerei im späten 19. Jahrhundert, in: Wend von Kalnein (Hrsg.), Die Düsseldorfer Malerschule, Düsseldorf, 1979, S. 165.
[91] Vgl. ebd.
[92] Ch. Hoffmeister (1), S. 179.
[93] In der Literatur und Dichtung wurde zumeist nur das Elend der Leidenden dargestellt. Vgl. A. Waldstein, S. 10.
[94] „Die Fähigkeit, durch repräsentative Darstellung des arbeitenden Menschen schöpferische Arbeit auch dann über sehr lange Zeiträume zu symbolisieren, wenn sich die Produktivkräfte längst über den dargestellten Stand hinaus entwickelt hatten, konnte das Schmiedemotiv nur bewahren, weil in ihm das Verhältnis von Arbeitenden und Produktionsmittel noch unproblematisch war. Die Verarbeitung eines der gesellschaftlich wichtigsten Rohstoffe, des Eisens, gehörte zu den hochqualifizierten Arbeiten. Daher steht der arbeitende Mensch als Hauptproduktivkraft in diesen Schmiedebildern im Vordergrund. Der Schmied wurde zum Symbol der Arbeiterklasse." Karl Janke und Monika Wagner, Das Verhältnis von Arbeiter und Maschinerie im Industriebild, Rekonstruktion einer Bilderfolge zur Schwerindustrie von François Bonhomme, in: Kritische Berichte, Jahrgang 4., Heft 5/6, Gießen, 1976, S. 15.
[95] Vgl. A. Waldstein, S. 10, Vgl. auch T. Buddensieg (2), S. 46, Wolfgang Schwarze, Romantische Reise durch den historischen Deutschen Osten, Wuppertal, 1975, S. 7-8.
[96] Vgl. M. Wagner, S. 10.
[97] Ebd., S. 11.

Ende des 18. Jahrhunderts besaßen große Industrie-Komplexe bzw. -Unternehmen[98] Industriezentren wie Coalbrookdale eine große Anziehungskraft auf englische Künstler der Landschaftsmalerei.[99] Das war, wie vorne bereits erwähnt, besonders dem Umstand zu verdanken, daß sich diese modernen und eindrucksvollen industriellen Unternehmen häufig in sehr idyllischen Lagen befanden (Abb.2). So wurde vor allem Coalbrookdale für Studien der neuen Beziehung zwischen Mensch und Natur benutzt, welche durch die Großindustrie entstanden war.[100] Während am Beginn der industriellen Entwicklung besonders die positiven Aspekte der neuen Beziehung gesehen wurden, veränderte sich diese Sichtweise sehr bald. Bereits 1776 schrieb Arthur Young seinen ungeschminkten Eindruck über Coalbrookdale nieder: „Coalbrookdale ist ein sehr romantischer Fleck, (...). Zu schön in der Tat, als daß dieses Tal mit jener Vielfalt von Schrecken in Einklang stehen könnte, welche die Kunstfertigkeit der Menschen im Talgrund hingebreitet hat (...).“[101] Ähnlich wie Young empfand auch George Robertson den Gegensatz zwischen der Schönheit des Tales und den darin enthaltenen Schrecken als Mißklang zwischen Wald- und Industrielandschaft. Diesen drückt er in seiner Coalbrookdale-Serie aus, die er in zwei Gruppen von je drei Bildern teilt, von denen die eine die Schönheiten (Abb.4), die andere die Schrecken des Tals (Abb.5) wiedergibt. Die drei Schreckensbilder und die nach ihnen entstandenen Stiche gelten als Vorläufer einer apokalyptischen Auffassung der Industrie[102], die fortan häufig sichtbar wurde. Sie gipfelte in John Martins Illustrationen zu Miltons *Verlorenem Paradies* (Abb. 7-9) und zur Bibel, in denen er seine Gefühle ausdrückte, die die zeitgenössische Industrie-Umwelt-Beziehung in ihm auslöste.[103]

In diesem Zusammenhang muß auch Philippe Jacques de Loutherbourgs negativ zu bewertendes Gemälde *Eisenwerke in Coalbrookdale* (1805; Abb.10)[104] erwähnt werden.

In ihm ist das Eisenwerk von Coalbrookdale dargestellt, daß qualmend und rauchend die idyllische Landschaft verschandelt. Die aus zwei Schornsteinen entweichenden rötlich-schmutzigen Rauchwolken vernebeln die ganze Umgebung des Werkes und verdecken so – scheinbar undurchdringlich – die sich im Hintergrund befindliche Natur. Am Ufer des Flusses liegen Abfallprodukte der Industrialisierung (defekte

[98] Zu ihnen gehören u.a. die Coalbrookdale- und die Sunderland-Brücke, das Äduadukt in Barton, das große Marple-Äquadukt bei Cheshire oder die Parys-Kupfergruben auf Anglesea. Vgl. F.D. Klingender, S. 83-85.

[99] Vgl. ebd., S. 83.

[100] Frühste Ansichten von Coalbrookdale erschienen 1758; 2 Umrißstiche von Francis Vivares (Abb.3) nach Thomas Smith und George Perry; Vgl. F.D. Klingender, S. 78-79. Vgl. auch M. Wagner, S.19.

[101] F.D. Klingender, S. 80.

[102] Ein weiteres Beispiel für die Schrecken der Industrie ist John Martins Gemälde *Das Eisenbergwerk in Dannemora* (1809; Abb.6), Vgl. ebd., Abbildungsverzeichnis

[103] Vgl. ebd., S. 80-81.

[104] Dieses Gemälde entstand nur vier Jahre nach Loutherbourgs positiv wirkender Darstellung *Coalbrookdale in der Nacht* (1801; Abb.11).

Maschinenteile) und verstärken so den Eindruck der beginnenden Umweltzerstörung. Der von Gußstücken gesäumte Weg im Vordergrund ist nahezu kahl und graslos. Nur selten wagen vereinzelte Pflanzen das schmutzige Grau des industriellen Staubes zu durchbrechen. Der gesamte Hintergrund erscheint grau und düster, die Vegitation schwarz und dreckig. Loutherbourg hat hier dieselben dunklen Farbtöne verwendet wie bei den Schrotteilen im vorderen Bildteil. Der sich im Vordergrund gemächlich fortbewegende Reiter steht, als Verkörperung der alten Zeit, im Gegensatz zur Darstellung der neuen Zeit, des Walzwerkes. Nur in seiner Umgebung befinden sich noch grüne Flecken. Je näher man jedoch dem Walzwerk kommt, desto mehr verändert sich die Farbgebung. Das ohnehin spärliche Grün verschwindet mehr und mehr, verdrängt von schmutzigen grauen bis schwarzen Tönen. Die neue Zeit ist mit Verschmutzung und Zerstörung angebrochen.

In der Zeit nach 1798 vollzog sich in der Stimmung der englischen Intellektuellen ein sichtbarer Umschwung. Besonders in der Literatur jener Zeit werden die ambivalente Haltung und die Hoffnungslosigkeit deutlich.[105] Der Bund zwischen Wissenschaft und Kunst, entstanden gegen Ende des 18. Jahrhunderts, basierte zunächst auf der gemeinsamen Grundlage des Humanismus. Nachdem aber die politische Ökonomie die humanistische Sichtweise verwarf, zerbrach die Verbindung zwischen Kunst und Wissenschaft wieder. Denn die von der Wissenschaft nun zugrundegelegte Malthussche Theorie[106] war mit den Anschauungen der Künstler ebenso unvereinbar wie mit denen der Arbeiter.[107] Selbst die politisch verfeindeten Dichterlager protestierten einhellig gegen eine derartige Sichtweise und schilderten in ihren Dichtungen die Schattenseiten der Industrialisierung.[108]

Es gab aber auch positive industrielle Darstellungen: Diese entwarfen ein Bild der industriellen Revolution als eine wohltätige Mischung von Vergangenheit und Gegenwart, von idyllischer Betrachtung und industrieller Leistung, von dem Überfluß im Verein mit der Macht. Diese Aspekte sind vermutlich am besten in Turners Aquarell von *New Castle am Tyne*[109] (Abb.12) zusammengefaßt. Seine Haltung gegenüber Bildern[110] mit Industrielandschaften spiegelt sich auch in einer Tagebuchstelle von Ford

---

[105] F.D. Klingender, S. 97.

[106] Malthus legte dar, daß Laster und Elend das ewige Schicksal des Großteils der Menschheit sei und bleibe.

[107] Vgl. F.D. Klingender, S. 100-101.

[108] Vgl. ebd., S. 101-105.

[109] Die anfängliche Protestbewegung und heftige Kritik der Künstler gegenüber der Landschaftszerstörung durch die Industrie verstärkte sich im 19. Jahrhundert nicht, sondern schien sich eher zu verflüchtigen. Als ein Beispiel kann Turners *New Castle am Tyne* gelten, in dem „trotz der arsenhaltigen (!) Abgase der dargestellten Fabrik eine ‚optimistische Sicht der Industrialisierung' " dargestellt wird. „Zwar könnte in einer Einzeldarstellung die Industrielandschaft als bedrohliche Veränderung der Natur erscheinen, aber im größeren Zusammenhang überwiegt doch die entschiedene Würdigung der zivilisatorischen Leistungen des Bürgertums. Die Malerei beginnt – wohl gerade wegen dieser Ambivalenz – das Thema zunehmend zu vermeiden". Vgl. K. Herding (2), S. 12-13.

[110] Beispiele für Turners Haltung sind: *Staffa, Fingals-Höhle*, 1832 (Abb.13), *Regen, Dampf und Geschwindigkeit – die große Westeisenbahn*, 1844 (Abb.14). Vgl. Michael Bockemühl, J.M.W. Turner.

Madox Brown (1856) wieder: „der Fluß und seine malerische Brücke bieten (...) mitsamt der Kirche und einem hohen Fabrikschornstein einen Anblick, wie Turner ihn oft, sich selbst und anderen zur Freunde, im Bilde festgehalten hat – das alte England und neue England vereint". Seine Meinung wich somit grundsätzlich von der Kunstauffassung der viktorianischen Zeit ab.[111]
Auch Joseph Wright of Derby (1734-97) nahm sowohl die technischen als auch die gesellschaftlichen Neuerungen und Veränderungen[112] in England in seine Kunst auf und fand in ihnen Stoff für seine malerischen Intentionen.[113] So sind Wrights Arbeiten eng mit der Wissenschaft und der Industrie verknüpft.[114] Zu seinen acht Bildern, die er 1771 zur Ausstellung *Society of Artists* schickte, gehörte u.a. auch *Die Schmiedewerkstatt* (Abb.15) sowie eine kleine Fassung derselben „von außen gesehen". Im folgenden Jahr stellte er eine weitere *Schmiedewerkstatt, Eine Mondscheinlandschaft* und *Eine Eisenhütte* (Abb.16) aus, 1773 *Maschinenarbeiter an den Ufern des Derwent* und *Eisenhütte, von außen gesehen.*[115]
Laut Hoffmeister war Wright ein wichtiger Repräsentant des technischen, wissenschaftlichen und wirtschaftlichen Fortschritts in England.[116]
In seiner Zeit hatten Fabrikanten, Wissenschaftler und Techniker[117] sowohl arbeitsmäßig als auch gesellschaftlich viel engeren Kontakt[118] als später im 19. Jahrhundert: „Sie heirateten, feierten miteinander, führten endlose Diskussionen, experimentierten gemeinsam und schlossen sich zu neuen Unternehmungen zusammen."[119]

1775-1851 – Die Welt des Lichtes und der Farbe, Köln, 1991, S. 2/39. Vgl. Eberhard Roters, Malerei des 19. Jahrhunderts. Themen und Motive, Bd. I., Köln, 1998, S. 405.
Beide Gemälde sind die ersten Schlüsselbilder zur Revolution des Dampfes. Dem Phänomen des Dampfschiffes widmet Turner bereits 1825/30 erstmals seine Aufmerksamkeit (*Dampfschiff und Lichtschiff*). In zahlreichen Dampfschiffbildern und dem Eisenbahnbild stellte Turner die neue Mobilität des Fahrens und Sehens sowie die innere Triebkraft der Maschine dar. Vgl. Wolfgang Häuser, The fallcies of Hope – Turners Kunst und die Revolutionen seiner Epoche, in: David B. Brown und Klaus A. Schröder (Hrsg.), J.M.W. Turner, München/New York, 1997, S. 80-83.
Nach Häuser ist das Gemälde *Regen, Dampf und Geschwindigkeit – die große Westeisenbahn* (1844; Abb.13) Turners zweites „Schlüsselbild zur Revolution des Dampfes". Vgl. ebd., S. 82.

[111] Vgl. F.D. Klingender, S. 92.

[112] Diese umfassenden Veränderungen wurden zum Anstoß der erstmalig 1844/45 als „Industrielle Revolution" bezeichneten Umwälzungen. Vgl. Christine Hoffmeister (7), Europäische Industriegemälde zwischen Rokoko und Romantik, in: Klaus Türk (1) (Hrsg.), Arbeit und Industrie in der bildenden Kunst. Beiträge eines interdisziplinären Symposiums, Stuttgart, 1997, S. 28.

[113] Vgl. ebd.

[114] Vgl. F.D. Klingender, S. 56.

[115] Vgl. F.D. Klingender, S. 56, Margot Th. Brandlhuber, Die Wissenschaft vom „Eisernen Zeitalter" – Léonard Defrance, Pehr Hilleström d. Ä und Joseph Wright of Derby, in: Sabine Beneke und Hans Ottomeyer (Hrsg.), Die zweite Schöpfung. Bilder der industriellen Welt vom 18. Jahrhundert bis in die Gegenwart, Berlin, 2002, S. 58-59.

[116] Vgl. Ch. Hoffmeister (7), S. 28.

[117] Die Techniker waren als neue Berufsgruppe hinzugekommen. Vgl. ebd.

[118] In dieser Zeit wurde auch die *Lunar Society* vom Birmingham und Black Country gegründet. Diese war eine dieser Vereinigungen von Wissenschaft und Fabrikation. Vgl. ebd.

[119] Ebd.

Wright kannte die Stimmungen und Probleme der erfolgreichen und phantasievollen Erfinder und Forscher[120], ihre Realitäten und Projekte. Er malte sie in Bildnissen und Gruppenbildnissen, in Arbeitsdarstellungen, Industriedarstellungen und -landschaften.[121]
Laut Hoffmeister brachte Wright „in den Verhaltensweisen der Dargestellten die Begeisterung seines Jahrhunderts für die wissenschaftliche Forschung und die Ahnung ihrer praktischen Nutzbarkeit zum Ausdruck".[122]
Neu für die Kunst war eine ästhetische Anschauung der von der Industrie veränderten Natur.[123]
Arkwright's[124] 1771 gegründete Baumwollfabrik in Cromford erwies sich als „bahnbrechendes Fabriksystem" und Wright's romantische Ansicht (*Arkwrights Baumwollspinnerei* [ca. 1773; Abb.17]) von ihr wurde eine der ersten Landschaftsdarstellungen von der modernen Industrie in der Geschichte der Kunst und Malerei.[125] 1789 stellte Wright erstmals Gemälde[126], die dieses neue Thema darstellten, in der *Royal Academy* in London aus. Vermutlich gibt es mindestens drei Gemäldeversionen der Baumwollmaschinenfabrik in Cromford, eine von ihnen bei Tag.
Laut Hoffmeister seien der Anblick der in seiner Heimat Derby emporwachsenden Fabrikbauten, die naturwissenschaftlichen Erfolge seiner Freunde und das eigene praktische wie theoretische Interesse an den Problemen des Lichts, des natürlichen wie des künstlichen, die günstigen Umstände gewesen, „die Wright zum Wegbreiter des bürgerlichen Industriebildes zum Künstler und Künder der von England ausgehenden Industriellen Revolution werden ließen".[127]
Wright war auch ein Liebhaber der Eisenfeuer, die er in einer Reihe von Interieurs darstellte. Seine beiden berühmtesten Gemälde sind dabei – die eingangs erwähnten – *An Iron Forge* (*Eine Eisenschmiede*; Abb.16) und *A Blacksmith's Shop* (*Werkstatt eines Schmiedes,* auch als *Die Schmiedewerkstatt* benannt; Abb.15)[128], die beide 1771/72 entstanden.[129]

---

[120] Wright stand der *Lunar Society* nahe und porträtierte etliche ihrer Mitglieder. Vgl. Ch. Hoffmeister (1), S. 176, Ch. Hoffmeister (7), S. 28, M. Th. Brandlhuber, S. 59.
[121] Vgl. Ch. Hoffmeister (7), S. 28, M. Th. Brandlhuber, S. 59.
[122] Ch. Hoffmeister (7), S. 29.
[123] Vgl. ebd.
[124] Arkwright war Barbier in Preston und der Erfinder der ersten Spinnmaschine. Vgl. ebd.
[125] Vgl. Ch. Hoffmeister (1), S. 176, Ch. Hoffmeister (7), S. 29.
[126] Laut Hoffmeister widersprechen sich die Literaturangaben zur Entstehungsgeschichte und den Besitzern dieser Gemälde. Vgl. Ch. Hoffmeister (7), S. 29.
[127] Ebd., S. 29-30.
[128] Menzels *Eisenwalzwerk* (Abb.18) besitzt eine ähnliche Bildkonzeption wie Wrights Gemälde *Die Schmiedewerkstatt* (Abb.15), fraglich bleibt allerdings, ob Menzel Wrights Gemälde kannte.
[129] Vgl. Wilhelm Salewski (2.I.), Das Eisen in der Kunst (3 Bildmappen mit Begleittexten), Mappe I, Düsseldorf, 1958, S. 13, Wilhelm Salewski (2.II.), Das Eisen in der Kunst (3 Bildmappen mit Begleittexten), Mappe II, Düsseldorf, 1958, S. 11.

In diesem Zusammenhang ist auch William Bell Scott's Fresko *Eisen und Kohle* (1861; Abb.21) zu erwähnen, obwohl die Industriedarstellung im Hintergrund von untergeordneter Bedeutung ist.[130]
Im frühen 19. Jahrhundert, insbesondere ab 1830, wurden auch Eisenbahn-Darstellungen in die englische und die deutsche[131] Kunst aufgenommen. Diese spiegelten sowohl Erschütterungen als auch Erwartungen der damaligen Zeit wider.[132]
Die ursprüngliche Funktion dieser Bilder bestand dabei in der Schilderung des neuartigen Gegenstandes, zumeist mit graphischen Mitteln in Kupfer-, Stahlstich, Lithographie (oder Fotografie). Hauptziel war hierbei nicht die künstlerische Umsetzung, sondern die realistische Darstellung. „Diese ursprüngliche Funktion des Berichtbildes und der genauen Vedute bleibt auch später noch oft spürbar. So bleibt oft die Genauigkeit des Details und des Milieus, denn immer noch ist die Eisenbahn ein Gegenstand, der sachlich interessant ist."[133]
Im Wandel des Landschaftsbildes im frühen 19. Jahrhundert änderten sich auch die Eisenbahndarstellungen. Sie wurden als romantischer Bildgegenstand zum Vordergrundmotiv. „Die romantische Landschaft wurde von den Künstlern erfunden und komponiert, (...), mit dem Ziele, eine bestimmte Stimmung", das Heroische, Idyllische oder Schreckliche, wiederzugeben. Im Laufe der Zeit entwickelten sich großformatige Landschaftsbilder, die u.a. auch den Stellenwert der Eisenbahn künstlerisch umsetzten.[134]
Ein schönes Beispiel, das die Eisenbahn idealistisch verschönert und pathetisch steigert, ist Turners Gemälde *Regen, Dampf und Geschwindigkeit – die große Westeisenbahn* (1843; Abb.14).[135] Turner stellte „in seinem Bild die Lokomotive mit angezündetem Scheinwerfer aus der Bildmitte nach rechts über eine Brücke aus Dunst und Licht in den Vordergrund" fahrend dar.[136]

---

[130] M. Hielscher, S. 12.
[131] In Deutschland stammt die erste gemalte Darstellung *Eisenbahn bei Nacht* (*Nächtliche Fahrt der „Adler"*; Abb.19) 1835 von J. Baumhauer. Vgl. Sabine Beneke und Hans Ottomeyer, Die zweite Schöpfung. Bilder der industriellen Welt vom 18. Jahrhundert bis in die Gegenwart, Berlin, 2002, S. 195.
[132] Vgl. Günter Bandmann, Die Eisenbahn in der Kunst, Bonn, 1958, S. 7.
[133] Ebd.
[134] Vgl. ebd.
[135] Vgl. G. Bandmann, S. 8, Meike Hielscher, Umweltbilder aus dem „Schwarzen Land" , in: Ruhrspiele Recklingshausen (Hrsg.), Aus Schacht und Hütte. Ein Jahrhundert Industrie im Bild 1830-1930, Ausstellungskatalog, Recklingshausen, 1980, S. 12, Ernst Schmacke, Gemälde als Dokumente der Zeitgeschichte, in: Ernst Schmacke (Hrsg.), Industriebilder. Gemälde einer Epoche, Münster, 1994, S. 28. Vgl. auch Manchester City Art Gallery (Hrsg), Art and the Industrial Revolution, London, 1968, S. 31.
[136] Vgl. O. Bätschmann, S. 99. Vgl. auch Steven Parrisien, Bahnhöfe der Welt. Eine Architektur- und Kulturgeschichte, aus dem Englischen von Martin Rometsch, München, 1997, S.46, Manchester City Art Gallery (Hrsg), S. 31.

Turner malte „seine berühmte Eisenbahn[137] unter Verzicht auf Personendarstellungen, doch wird mit diesem Bild weniger eine Industriedarstellung geliefert, als daß der Begeisterung für das Elementare Ausdruck verliehen wird.“[138]

3.2.2. Zeitgenössische Kritiker der Industrialisierung

Die industrielle Revolution prägte auf vielfältigste Weise den technischen, ökonomischen, sozialen und geistigen Bereich, die gesamte System- und Zeitenwende. Die Technik nahm dabei einen Doppelcharakter an. Sie war sowohl ein Mittel zur Produktion von mehr Gütern als auch zur Steigerung der Mehrwertproduktion für den Eigentümer.[139]

„Daraus erklärt sich die Doppelgesichtigkeit ihrer sozialen Wirkungen[140], ihre Januskopfigkeit.“ Sie brachte „Wohlstand für die Reichen und Armut für die Armen“.[141]

---

[137] Nur ca. vier Jahre später malte Adoph von Menzel seine *Berlin-Potsdamer Eisenbahn* (1847; Abb.20). Laut Bätschmann sei es jedoch wenig wahrscheinlich, daß er sich dabei auf Turners 1844 in der Londoner *Royal Academy* ausgestelltes Gemälde bezog. So sei Menzels Auffassung „meilenweit“ von der Turners entfernt. Vgl. O. Bätschmann, S. 99-100.

[138] M. Hielscher, S. 12. Vgl. auch Dietmar Guderian, Der Arbeitsprozeß und der Mensch im Arbeitsprozeß – vom Beginn der Industrialisierung bis zur Gegenwart, in: Dietmar Guderian (Hrsg.), Technik und Kunst, Düsseldorf, 1994, S. 263.

[139] Vgl. M. Tunn, S.136. Vgl.auch Christoph Bertsch (2), Industrielle Revolution in der Bildenden Kunst des 19. Jahrhunderts, in: Dietmar Guderian (Hrsg.), Technik und Kunst, Düsseldorf, 1994, S. 233-234, Peter Hielscher, „Vom vollkommenen Ausdruck des Elends zum Bezwinger der Welt“. Anmerkung zur Darstellung des Arbeiters im 19. Jahrhunderts, in: Ruhrspiele Recklingshausen (Hrsg.), Aus Schacht und Hütte. Ein Jahrhundert Industrie im Bild 1830-1930, Ausstellungskatalog, Recklingshausen, 1980, S. 34.

[140] So gab es bald „eine sehr große Anzahl Menschen, welche der Überzeugung leben, die Erfindung der Maschinen und deren Verwendung in den verschiedenartigen Fabriken sei ein unerhörtes Unglück für das gesamte Menschengeschlecht. Seit man sich ihrer bediene, nehme Armut, Elend, Hunger, Kummer und Verbrechen unter den niedrigen Ständen des Volkes auf eine wahrhaft entsetzenerregende und staatsgefährliche Weise überhand!“ M. Tunn, S. 136: Zitat aus Ernst Willkomms Roman *Weiße Sklaven und die Leiden des Volkes* (1845).

Karl Leberecht Immermann, preußischer Landgerichtsrat und Schriftsteller, nahm die historischen Prozesse und Ideen des französischen Philosophen und utopischen Sozialisten Saint-Simon in seinem Roman *Die Epigonen* auf. Außerdem besaß er Kontakte zu fortschrittlichen Schriftstellern (z.B. Heinrich Heine, Ludwig Börne, Karl Gutzkow, Heinrich Laube), dennoch blieb seine Haltung zwiespältig. Er nahm zwar zur Kenntnis, daß die feudalen Lebensformen überlebt waren und sprach sich für eine Veränderung der gesellschaftlichen Verhältnisse aus, aber er stemmte sich gegen die Ausweitung der Industrie und die damit verbundenen sozialen Umschichtungen. Ihm schwebte eine politisch-soziale Utopie – „die Rückbesinnung auf die scheinbar noch gesunden, historisch gewachsenen Lebensbeziehungen des Volkes“ vor. Immermanns Roman wurde „im Bewußtsein einer ganz anderen Zeitsituation geschrieben“. Der „ganze Kampf alter und neuer Zeit“ wurde dargestellt. Er erzählt die Geschichte zweier Familien, eines adligen Grundbesitzers und eines Industriellen. Sein Held wird von einem tiefen Widerwillen gegen „die Folgeerscheinungen der kapitalistischen Industrialisierung, die Verwahrlosung der Sitten, die seelische und körperliche Verkrüppelung der aus der Landwirtschaft in die Fabriken gegangenen Bevölkerung“ erfaßt.

Ende des 18. Jahrhunderts drangen technische Entwicklung, Industrialisierung und Massenproduktion auch in die Themen von Grafik und Malerei ein.[142]
„Die aufklärerischen Hoffnungen auf eine ‚Nova Atlantis' (Bacon) durch die Entwicklung der Produktivkräfte, die noch bis ins ausgehende 18. Jahrhundert vertretende Auffassung der Befreiung der Menschheit von den unwürdigen Arbeiten durch die Maschine, waren einer Wirklichkeit gewichen, in der sich die Trennung der Menschheit in zwei neue Lager vollzog. Die Kritik an der entfremdeten Arbeit, der Ausbeutung und Verelendung hatte sich in der Literatur mit Blake, Shelly und Wordsworth schon seit der Jahrhundertwende zu artikulieren begonnen. Allmählich verbreiteten sich auch Lieder und Balladen gegen Verelendung und Ausbeutung, womit sich eine Kunstform entwickelte, die der unterdrückte Teil der Bevölkerung selbst schuf und gebrauchte, d.h., der eine Solidarisierung erlaubte.[143]
Dagegen schien die offizielle, sich an das bürgerliche Publikum wendende Malerei, sofern sie zur Industrialisierung und ihren Folgen kritisch eingestellt war, die mit dem Motivkomplex der Naturveränderung zusammenhängenden Themen im Landschaftsbild[144] zu meiden.
Ein Beispiel für die Vermeidung industrieller Attribute im Landschaftsbild ist Johann Kaspar Ricks (1829-1888) Gemälde *Spinnerei Juchen der Textilwerke Herrburger und Rhomberg* (1850; Abb.22): So fehlen hier einerseits jegliche Industrieattribute, andererseits stehen die Staffagefiguren im Vordergrund in keinerlei Beziehung zur Fabrik. „Die natürliche Ordnung der Landschaft wird durch die Industrialisierung nicht gestört, ja das Gegenteil ist der Fall: Industrie und umgebende Landschaft werden zu einer neuen Einheit gebracht.“ [145] Das Gemälde stellt eine idyllische Atmosphäre dar.

Im Gegensatz zu Heinrich Heine und Georg Weerth 10 Jahre später sieht Immermann in den ausgebeuteten Arbeitern „nicht die Antagonisten“ der bürgerlichen Fabrikanten, sondern Opfer eines seelenlosen mechanisierten Arbeitsprozesses. Vgl. Werner Feudel, Vom Unbehagen der Zeitgenossen, in: Helmut Bock (Hrsg.), Unzeit des Biedermeiers, Köln, 1986, S. 136-140. Vgl auch Volker Neuhaus, Zur Darstellung von Industrie und Technik in der deutschen Literatur, in: Tilmann Buddensieg und Henning Rogge (Hrsg.), Die Nützlichen Künste, Berlin, 1981, S. 228-230.

[141] M. Tunn, S. 136.

[142] Vgl. Ch. Bertsch (2), S. 233.

[143] Vgl. M. Wagner, S. 93.

[144] Laut Salzmann war die „malerische Vergegenwärtigung der neuzeitlichen Industrie und Technik“ anfangs noch stark mit dem Stil und der Tradition der bis dahin üblichen Landschaftsmalerei verbunden. Die Distanz gegenüber den neuartigen Umwelterscheinungen zeige sich auch daran, daß derartige Motive sehr selten und nur kleinformatig dargestellt wurden. So sei den Malern der mit der Industrialisierung verbundene Um- und Aufbruch noch nicht bewußt gewesen. „Industriemotive und Menschen aus der industriellen Arbeitswelt erschienen daher den meisten Malern nicht als darstellungswürdig und blieben auf die sogenannte Genremalerei beschränkt“. Ausnahmen dieser Zeit seien herausragende Maler wie Carl Blechen und Alfred Rethel gewesen. Vgl. Siegfried Salzmann (1), Industrialisierung in der Malerei des 19. Jahrhunderts, in: Ernst Schmacke (Hrsg.), Industriebilder. Gemälde einer Epoche, Münster, 1994, S. 9. Vgl. auch E. Schmacke, S. 26.

[145] Ch. Bertsch (2), S. 239-240.

Ein weiteres Beispiel dieser Art ist auch M. Jehlys *Spinnerei Brunnental* (1831; Abb.23).[146]

Unbearbeitete Natur wurde zum positiven Gegenbild eines durch entfremdete Arbeit geknechteten Lebens. Kritik, wie etwa die John Martins, bewegte sich als Gesellschaftskritik auf der Basis christlicher Moral (Vgl. auch Carlyle) und äußerte sich als apokalyptische Vision – Gott straft die Menschen in ihrem maßlosen Bestreben, die Natur zu beherrschen, mit der Zerstörung ihrer Kultur – in komplexen, zum Teil allegorischen Gesellschaftsbildern."[147]

Nur in der Karikatur[148], einem bürgerlichen Genre, wurden die bedrohlichen Auswirkungen der Industrialisierung und das gestörte Naturverhältnis dargestellt.[149]

Die wachsende Verarmung des Volkes durch die zunehmende Proletarisierung führte aber auch zu den sozialen Bemühungen des Frühliberalismus[150]. „Folge dieser sozialen Bestrebungen war die ständige Vermehrung der sozialkritisch gefärbten Tendenzen[151] in der Tagespresse und in viel gelesenen Zeitschriften".[152]

Obwohl die soziale Bewegung und der kritische Realismus dieser Zeit gut bürgerlich waren, gelangten am Ende dieser Periode dennoch „tiefere Erkenntnisse vom Wesen der herrschenden gesellschaftlichen Verhältnisse" in die Kunst. Insbesondere Hasenclevers Werk vermittelt die Ursachen der Not und Verelendung des vierten Standes und schuf erstmals eine positive Darstellung des Proletariats.[153]

„Die Vermittler zwischen der demokratischen Bewegung innerhalb des liberalen Bürgertums und der bildenden Kunst waren zwei Persönlichkeiten (...): Heinrich Püttmann und Wolfgang Müller von Königswinter." Beide gehörten dem *Bund der Kommunisten* an und arbeiteten eng mit Friedrich Engels zusammen. Wolfgang Müller, Arzt, Dichter und Kunstkritiker war mit vielen Düsseldorfer Malern eng befreundet. „Sowohl durch seine Kritik als auch durch seine politischen Dichtungen, nicht zuletzt durch persönlichen Umgang, drängte er die Maler zur Beobachtung der sozialen Verhältnisse."

Die sozialkritische bürgerliche Düsseldorfer Malerei „begann mit einfachen Darstellungen der enterbten Glieder der Gesellschaft, mit rührseligen Schilderungen von Räubern, Bettlern, Wilderern und Schmugglern".

---

[146] Vgl. ebd., S. 240.

[147] M. Wagner, S. 93. Vgl. auch Ch. Bertsch (2), S. 238-241, W. Braun-Feldweg, S. 11, Christine Hoffmeister (2), Industrie als Gegenstand der Kunst, Teil I und II, in: Bildende Kunst, Berlin, 1965, S. 130-131, H. Schmücker, S. 6.

[148] So stellte bspw. Cruikshanks in seinen Karikaturen die Trinkwasserverseuchung durch die Industrie dar. Vgl. M. Wagner, S. 94.

[149] Vgl. ebd., S. 93.

[150] Führende Fabrikanten der liberalen Bewegung drängten zu Gesetzesreformen und gründeten Einrichtungen, die das Ziel hatten, einer Politisierung des Proletariats vorzubeugen. Vgl. W. Hütt (2), S. 185.

[151] Besonders der philosophische Sozialismus der Junghegelianer gewann zunehmend Einfluß auf die Düsseldorfer Künstler. Vgl. ebd., S. 186.

[152] Ebd., S. 185.

[153] Vgl. ebd., S. 186.

Eins der ersten wichtigsten Hauptwerke war Wilhelm Heines (1813-1839) *Gottesdienst in der Zuchthauskirche* (Abb.24). Neben Heine behandelten auch viele andere Düsseldorfer Maler diese soziale Thematik, u.a. Adolf Richter (1816-1852), F.A. Körner (1815-1850) und Karl Hübner (1814-1879).
Obwohl Hübner erst 1837 nach Düsseldorf kam, wurde er nach seinem ersten erfolgreichen Gemälde (*Die schlesischen Weber* [1844; Abb.25]) zum Oberhaupt der Gruppe. Seine Tendenzbilder beschäftigten sich mit den sozialen und politischen Problemen der damaligen Zeit.
Höhepunkt des bereits von der proletarischen Bewegung getragenen Realismus stellt Johann Peter Hasenclevers (1810-1853) Gemälde *Ein Magistrat aus den Jahre 1848* (Abb.26), das frei von jeglicher sozialer Rührseligkeit ist, dar. „Es ist die erste Darstellung des Klassenkampfes in der deutschen Kunst.“ [154]

[154] Vgl. W. Hütt (2), S.186-187. Vgl. auch Hanna Gagel, Die Düsseldorfer Malerschule in der politischen Situation des Vormärz und 1848, in: Wend von Kalnein (Hrsg.), Die Düsseldorfer Malerschule, Ausstellungskatalog, Düsseldorf, 1979, S. 73-74.

4. Industriemotive und -darstellungen in der europäischen Romantik

Im 19. Jahrhundert kam es aufgrund der sich entwickelnden Industrie und den daraus resultierenden revolutionären Umwälzungen zu umfassenden geistigen und kulturellen Veränderungen. Diese Veränderungen schlugen sich insbesondere in der deutschen Malerei und den Bildmotiven der Romantiker nieder.[155]
Bildhafte Auseinandersetzungen mit menschlicher Arbeit und deren Einfluß auf die Natur sind bereits in früheren Jahrhunderten[156] nachweisbar.[157] Aber „der unruhige Atem des politischen Lebens, die Umwälzungen der Industrie reißen die Malergeneration mit in ihren Bann“[158].
So entstanden Industriebilder bereits in der zweiten Hälfte des 18. Jahrhunderts in England als eigenes Genre (Vgl. 3.2.1). In Deutschland wurden insbesondere nach 1830 ebenfalls einige Industriebilder[159] gemalt.[160]
Die tiefgreifenden Veränderungen, die sich durch die industrielle Revolution ergaben, bestimmen auch das qualitativ Neue in der Malerei und führen zu einer neuen Kategorie, dem Industriemotiv.
Diese Industriedarstellungen[161] sind teilweise nur vor dem Hintergrund der tiefgreifenden gesellschaftlichen Veränderungen, die mit dem Aufstieg des Bürgertums als ökonomische beherrschende Kraft und dem Niedergang des Feudaladels gekoppelt sind, begreifbar.[162]

---

[155] Vgl. Biermann, Einleitung, in: Galerie Arnold (Hrsg.), Stätten der Arbeit, Ausstellungskatalog, Dresden, 1972, S. 4, K. Gafert, S. 104, Malerei als Ausdruck und Überwindung der Technischen Welt. Veranlaßt durch Bilder von Gustav Deppe und Galerie Seide (Hrsg.), Zeichnungen von Günter Drehbuch, in: Schriften der Galerie Seide, Nr. 4, Hannover, 1959, ohne Seitenangabe, Kulturwille (Hrsg.), Die Arbeit in der Bildenden Kunst, Themenheft Nr. 8, Leipzig, 1925, S. 154, R. Lange, Einführung, in: Städtisches Museum Gelsenkirchen (Hrsg.), Bilder der Industrie und Arbeitswelt, Gelsenkirchen, 1985, S. 1, H. Schmücker, S. 2.
[156] Die Vorläufer des Industriebildes, das sich Mitte des 19. Jahrhunderts entwickelte, finden sich insbesondere in Frankreich (Bonhommé), Belgien (Défrance) und in Schweden (Hilleström). Vgl. Klaus Türk (2) (Hrsg.), Bilder der Arbeit. Malerei-Graphik-Skulptur. Universität Trier/Bundesanstalt für Arbeitsschutz, Ausstellungskatalog, Trier/Dortmund, 1990, S. 15.
[157] Vgl. K. Gafert, S. 104-105 und Klaus Schrenk, Industriedarstellungen in der Mitte des 19. Jahrhunderts und Aspekte ihres gesellschaftlichen Charakter, in: Kritische Berichte, Heft 5/6, Gießen, 1975, S. 13.
[158] Kulturwille, S. 154.
[159] Bekannt wurden Caspar David Friedrichs *Glashütte in Döhlen im Plauenschen Grund* (um 1800; Abb.27), Carl Blechens *Walzwerk bei Neustadt-Eberswalde* (um 1834; Abb.28), Alfred Rethels *Harkortsche Farbrik auf Burg Wetter* (1834; Abb.29), Adolf von Menzels *Berlin-Potsdamer-Bahn* (1847; Abb.20) und *Eisenwalzwerk* (1872/73; Abb.18). Vgl. H.-L. Dienel, S. 29.
[160] Vgl. Biermann, S. 4, H.-L. Dienel, S. 29.
[161] Die entstehende Industrie als Bildmotiv wurde insbesondere in Westfalen ab 1820 in die Malerei aufgenommen. Anfangs wurde sie als Teil der Landschaft betrachtet. Erst später rückten Einzeldarstellungen von Fabriken, Bergwerken und Arbeitsstätten in den Mittelpunkt. Vgl. Siegfried Kessemeier (2), Industrie im Bild, in: Industriebilder aus Westfalen, Münster, 1979, S. 9-10.
[162] Vgl. K. Schrenk, S. 13.

Die geringe Anzahl gemalter Industriebilder wird durch die Einstellung der romantischen Künstler deutlich, die „der Fabrik nur eine ‚niedere Realität' " zugestanden und sich „in historisierende Darstellungen" flüchteten.[163]

4.1. Europäische Vorläufer (Défrance; Hilleström, Bonhommé)

Die Entstehung des Genres *Industriebild*[164] umfaßt die Periode vom Ende des 18. Jahrhunderts bis ca. 1875, danach kam es zu einem sprunghaften Anstieg industrieller Darstellungen. Eine „Hoch-Zeit" erreichte es um 1900, als die Fabrik zum Phänomen der Landschaft wird. Nur wenige Künstler[165] nahmen unmittelbar am Produktionsprozeß teil, um diesen künstlerisch umzusetzen. Zunächst interessierte nur das Spektakel der visuellen Erlebbarkeit der Produktion. Hitze, Feuer, Rauch, Maschinerie und schwitzende Körper wurden bildhaft umgesetzt.[166]
Mit der fortschreitenden industriellen Umwälzung veränderte sich auch die Einstellung der Künstler[167] zur Industrialisierung, d.h. die Industrie und ihre Auswirkungen flossen in Malerei und Literatur ein und wurden zunächst sehr positiv[168] gewertet, sogar überhöht dargestellt.[169] So fände sich noch nach der Jahrhundertmitte „ein Naturverhältnis, in dem der Stolz über die Aneignung der Natur ihre Darstellung begründet".[170]
Zu den ersten industriellen Darstellungen gehören Gemälde von Léonard Défrance (1735-1805) aus Lüttich vom Ende des 18. Jahrhunderts und vom schwedischen Hofmaler Pehr Hilleström (1732-1816).[171]

---

[163] Vgl. H.-L. Dienel, S. 29.

[164] Spinnen und Weben als textile Tätigkeiten traten schon immer als Bildmotiv in der Kunst auf. Sie waren einerseits stark mit alten Ideologien verknüpft, andererseits verdeutlichen sie auch die gesellschaftliche Geschlechterdifferenz. Frauen, die nähten, spannen oder strickten, galten als Symbol für Fleiß und Tugend und wurden bspw. auf Miniaturen von Boccaccio Mitte des 15. Jahrhunderts, Bildern von v. Heemskerck sowie in Werken von Uhde, Liebermann und Segantini im 19. Jahrhundert dargestellt. Vgl. K. Türk (2), S. 15.

[165] Zu den ersten Künstlern, die die Fortschritte der industriellen Revolution aufnahmen, gehörte u.a. Joseph Wright of Derby. Vgl. F.D. Klingender, S. 56.

[166] Vgl. Klaus Türk (4), Bilder der Arbeiter, Eine ikonographische Anthologie, Wiesbaden, 2000, S. 155.

[167] Laut Wagner entstand ca. 1830 eine neue Phase bzw. ein neuer Typ der Industrielandschaft, eingeleitet durch Turners „umfassender Thematisierung des Kultur-Natur-Komplexes". Vgl. M. Wagner, S. 10.

[168] Die ersten positiven industriellen Darstellungen entstanden in Schweden durch Pehr Hilleström (u.a. *Besuch in einem Hammerwerk deutscher Art* [1781, Abb.30]; *Ankerschmiede von Söderfors* [1782], *Festmahl in Grube* [1788]) und in England durch Philipp Jacques de Loutherbourg (*Coalbrookdale in der Nacht* [1801]). Vgl. K. Türk (4), S.156; 158. Vgl. auch F.D. Klingender, S.61-62; S.85ff.

[169] Vgl. F.D. Klingender, S. 78.

[170] Vgl. M. Wagner, S. 19.

[171] Vgl. F.D. Klingender, S. 61-62, W. Salewski, (2.I.), S. 13, W. Salewski (2.II.), S. 7, Eduard Trier (2), Der Bergbau in der Kunst. Entstehung des Industriemotivs, Essen, 1958, S. 328, K. Türk (4), S. 156.

Défrance malte vor allem Innenansichten verschiedener Manufakturen und eisenverarbeitender Betriebe sowie Bergwerksdarstellungen.[172]

Die meisten dieser frühen Darstellungen waren Auftragswerke der Fabrikeigentümer. Trotzdem stellte Défrance Arbeitsprozesse und soziale Bedingungen[173] dar.[174] So existieren u.a. Bilder mit Kinderarbeit (z.B. *Besuch in einer Tabakmanufaktur* [ca. 1780; Abb.31]) in einer Tabakfabrik und Frauenarbeit (z.B. *Die Steinkohlenzeche* [1778; Abb.32]) im Untertagebau.[175]
In Schweden waren es vor allem königliche Besitztümer, d.h. Hochöfen, Schmieden, Hammerwerke, Glashütten oder Gruben, die dargestellt worden waren.[176]
Hilleström schuf 125 Gemälde von Bergbau- und Eisenhüttenbetrieben, von Eisenschmieden und Glashütten (z.B. *Gichtbühne eines Hochofens in Berkinge bei Forsmarks Bruk* [1792; Abb.33] und *Ankerschmiede von Söderfors* [1782; Abb.34]), zunächst nur Regierungsaufträge, später aber auch Aufträge des Großbürgertums.[177] Seine Werke demonstrieren den königlichen Besitz und betonen das technisch inszenierte Naturschauspiel, die Bändigung der Naturkräfte.[178]
Hilleströms Darstellungen[179] schildern außer den unterirdischen Anlagen und Bergknappen auch prunkvolle Bankette im Bergwerk, die zu Ehren des Königs veranstaltet wurden.[180] Seine Industriebilder schildern realistisch und dynamisch das Materielle der Arbeit. Er führt den Ernst und die Schwere der Arbeit vor sowie die Dynamik des Schaffens.[181] Die kritisch gemeinte soziale Tendenz fehlt in seinen Darstellungen[182] aber vollständig.[183]

---

[172] Vgl. W. Salewski (2.II.), S. 10. Vgl. auch M. Th. Brandlhuber, S. 54-57.

[173] Auf seinen Bildern einer Tabakfabrik stellte Defrancé bspw. den krassen Gegensatz der damaligen gesellschaftlichen Situation dar. So sind einerseits Kinder mit zerlumpten Kleidern, andererseits Damen mit eleganten Seidenkleidern, die in der Fabrik herumgeführt werden, zu sehen. Vgl. F.D. Klingender, S. 62.

[174] Vgl. K. Türk (4), S. 156, W. Salewski (2.I.), S. 12-13.

[175] Vgl. K. Türk (4), S. 156, M. Th. Brandlhuber, S. 54-57.

[176] K. Türk (4), S. 156.

[177] Vgl. F.D. Klingender, S. 62, W. Salewski (2.I.), S. 14, Wilhelm Salewski (2.III.), Das Eisen in der Kunst (3 Bildmappen mit Begleittexten), Mappe III, Düsseldorf, 1958, S. 7. Vgl. auch M. Th. Brandlhuber, S. 57-58.

[178] Vgl. K. Türk (4), S. 156, E. Trier (2), S. 328-332.

[179] Bei seinen Darstellungen benutzte er – wie Wright – „die Glut der Hochöfen und Schmiedefeuer, das blendende Licht weißglühenden Metalls und flammende Fackeln" als Lichtquelle. „Obwohl er die Menschen bei ihrer Tätigkeit und in eindrucksvollen Haltungen" malte, war „er mehr Reporter als Wright und weniger Dramatiker". Vgl. F.D. Klingender, S. 62. Vgl. auch M. Th. Brandlhuber, S. 55.

[180] Vgl. E. Trier (2), S. 332.

[181] Vgl. W. Salewski (2.I.), S. 14.

[182] Hilleström fand in den schwedischen Bergwerksbezirken, in denen großer Wohlstand herrschte und ein blühendes bürgerliches Kulturleben stattfand, eine Quelle, die „seinen eigenen Anschauungen besser entsprach als die höfische Atmosphäre", obwohl er seine offizielle Stelle nicht aufgab. Vgl. F.D. Klingender, S. 62.

[183] Vgl. K. Türk (4), S.156, E. Trier (2), S. 328-332. Vgl. auch M. Th. Brandlhuber, S. 57-58.

Der norwegische Maler J. W. Wallender und der deutsche Friedrich Weber schließen später an diese Vorbilder an[184]: J.W. Wallenders *Herrschaftlicher Besuch in der Stahlstäbeschmiede von Forsmarks Bruk* (1869; Abb.35) ähnelt Pehr Hilleströms *Festmahl in der Grube* (1788; Abb.36). Friedrich Weber *Königlich-Württembergische Eisenschmelze zu Heidenheim* (1805; Abb.37) besitzt hingegen dieselbe Bildstruktur wie Werke von Léonard Défrance u.a. dem *Interior einer Gießerei* (ca. 1790; Abb.38) und *Interieur eines Hammerwerkes* (ca.1780; Abb.39).[185]

In England malte Loutherbourg[186] „als erster das gewaltige Spektakel eines Eisenwerkes bei Nacht" in einem industriellen Komplex bzw. Zentrum, in Coalbrookdale. „Das vom Menschen entfachte prometheische und zugleich vulkanische (... Schmiedethema) Feuer zur Umwandlung von Natur in gesellschaftliche Gebrauchs- und Tauschwerte transformiert die Naturlandschaft in eine Industrielandschaft."[187] Im Gegensatz zu seinem positiv wirkendem Gemälde *Coalbrookdale in der Nacht* (1801; Abb.11) malte er nur vier Jahre später ein negativ zu interpretierendes Gemälde derselben Region *Eisenwerke in Coalbrookdale* (1805; Abb.10).

Eindeutig positiv sind hingegen W.B. Scotts Gemälde *Eisen und Kohle*[188] (1861; Abb.21) und J.M.W. Turners Gemälde *Die Eisenhütte von Quint* [189] (ca. 1839; Abb.40) zu werten. Laut Türk schuf Scott mit seinem Fresko „einen vollkommenen Ausdruck" des sich entwickelnden Industrialismus[190]. Es wurde für die *Walling-Hall*, dem Treffpunkt von Dichtern, Malern und Wissenschaftlern Mitte des 19. Jahrhunderts, geschaffen: „Das Bild präsentiert stolz" die „ganze Palette von Erzeugnissen[191] aus dem (...) Leitsektor der Metallindustrie". Die Arbeitsszene stellte eine weitere Version des vulkanischen Schmiedemotivs dar.[192]

---

[184] Vgl. K. Türk (4), S. 156-157, H. Schmücker, S. 9.

[185] Vgl. K. Türk (4), S. 156-157.

[186] Loutherbourgs „Sinn für dramatische Wirkungen" beschränkte sich „nicht nur auf das Erhabene in der Natur, sondern erstreckte sich auch auf seine Behandlung von Menschen und Menschenwerk. Seine Landschaften sind im Grunde Genreszenen mit landschaftlichen Hintergründen, denn die Stimmung des Ganzen ist meist durch irgendeine Form menschlicher Betätigung bestimmt. Daher übte die dramatische Erscheinungsform der neuen Industrien einen besonderen Zauber auf ihn aus." F.D. Klingender, S. 87-88.

[187] K. Türk (4), S. 158.

[188] Das Gemälde gehört zu einem Zyklus von acht Fresken, die die Geschichte von Northumberland beinhalten. Ihre Bildunterschrift lautet: „Im 19. Jahrhundert zeigten die Einwohner von Northumberland der Welt, was man mit Eisen und Kohle anfangen kann." Vgl. K. Türk (4), S. 163.

[189] Turner stellt die zu seiner Zeit blühende Eisenindustrie mit einem Gespür für Dramatik dar und verweist gleichzeitig auf die Hitze und Hektik der entstandenen Industrie. Vgl. Cecilia Powell, William Turner in Deutschland, München, 1995, S. 229.

[190] Über dem Bild ist das industrialistische Motto dargestellt: „Whatsoever thy hand findeth to do – do it with thy might." Das Gemälde beinhaltet somit die pathetische Hervorhebung industriellen Arbeitens als Basis des gesellschaftlichen Wohlstandes. Vgl. K. Türk (4), S. 163.

[191] Dargestellt werden u.a. eine Kanone, ein Anker, eine Brücke aus Eisen, Schiffe und eine Bauskizze für eine Lokomotive. Vgl. K. Türk (4), S. 163.

[192] Vgl. ebd.

Laut Trier erwiesen sich die Mittel der Landschafts- und Genremalerei als unbrauchbar, um den neuen Charakter der industriellen Revolution bildhaft umzusetzen. Ein Beispiel dafür sei der englische Landschaftsmaler und Radierer Caesar Ibbetson (1759-1817). Sein Aquarell der *Kupfermine Parys bei Menai* (1792; Abb.41) zeige künstlerisch nur das Merkwürdige einer stark zerfurchten Landschaft. Die dargestellten Bergleute seien zwar treffsicher geschildert, aber nur als Staffage.[193] Ein weiteres Beispiel stellt auch Ibbetsons Bild *Cyfarthfa-Eisenhütte in Methyr Tydfil* (1795; Abb.42) dar.
Erstmals 1840 wurde eine Arbeitszene der Schwerindustrie durch J.W. Muller (*Ankerschmiede* [ca. 1860; Abb.43]) dargestellt, aber erst der französische Maler François Bonhommé kann als erster Industriemaler gelten.[194] Er schuf vor allem Auftragswerke für die Firma Schneider in Le Creusot, aber auch einen 6-teiligen Wandzyklus für Ècole des Mines in Paris (Abb.44-48).[195] Alle seine Industriebilder sind Auftragswerke, die die Bedeutung der französischen Industrie darstellen sollten. Er folgt dabei dem Prinzip Saint-Simons, demzufolge die Entwicklung der Industrie auch zu dem Wohl der Bevölkerung und somit dem des Arbeiters führten.[196]

4.2. Erste industrielle Darstellungen in der englischen Romantik

Darstellungen von Landschaften zeigen immer charakteristische Formen der Naturaneignung durch die menschliche Gesellschaft. In der Romantik galt aber insbesondere die „unberührte natürliche Natur“ als Ideal für die künstlerische Umsetzung[197].
Schon relativ früh tauchten erste Bilder mit Darstellungen der Industrie im Landschaftskontext in der Zeit der Romantik auf. Vier exemplarische Beispiele, die jeweils anders interpretiert werden müssen, sind dafür zwei Darstellungen eines Eisenwalzwerkes im Industriezentrum Coalbrookdale von Philippe Jacques de Loutherbourg[198], eine Hochofenlandschaft von John Sell Cotman sowie ein Aquarell eines Walzwerkes in Merthyr Tydfil von Thomas Honor.[199]
Loutherbourgs Gemälde *Coalbrookdale in der Nacht* (1801; Abb.11) ist die erste industrielle Darstellung eines Eisenwalzwerkes in der Natur. Es zeigt die Umwandlung der Natur in menschliche Tausch- und Gebrauchswerte, die Transformation von einer

[193] Vgl. E. Trier (2), S. 334.
[194] Vgl. K. Türk (4), S.164, K. Janke und M. Wagner, S. 5.
[195] Vgl. K. Türk (4), S. 164.
[196] Vgl. K. Türk (4), S.164, K. Janke und M. Wagner, S. 5.
[197] Laut Türk waren Themen wie die „unberührte natürliche Natur“, die menschlich gestaltete Natur oder die Ideallandschaft permanente Themen der Kunstgeschichte. Vgl. K. Türk (4), S. 158.
[198] Vgl. W. Salewski (2.I.), S. 15-16.
[199] Vgl. K. Türk (4), S. 158.

Natur- in eine Industrielandschaft[200]. Im Zentrum steht das Schmiedethema, dessen Feuer zugleich vulkanische[201] als auch prometheische Funktion besitzt.[202]
Sein zweites Gemälde *Eisenwerke in Coalbrookdale* (1805; Abb.10) besitzt hingegen einen ganz anderen Blickwinkel. Von der ursprünglichen Faszination ist nichts geblieben – im Gegenteil – es stellt schonungslos die Umweltverschmutzung der einstmals idyllischen Landschaft von Coalbrookdale dar. Dunkle Rauchwolken verdüstern den Himmel; Schrott und Abfall verschandeln das Ufer.
Die Hochofenlandschaft von John Sell Cotman *Bedlam Furnace* (1802; Abb.50) „erscheint wie eine ökologische Studie"[203]. Im Vordergrund ist ein vollkommen verödetes Land zu sehen, im Hintergrund die Hochöfen, die die Umgebung mit ihren dicken Rauchschwaden einhüllen.[204]

---

[200] Glutberge, dunkle Rauchschwaden und helles Licht verdeutlichen die entfesselte Natur als kaum durch den Menschen beherrschbare Macht. Vgl. ebd.

[201] Joseph Wright of Derby (1734-1797) malte auf seiner Italienreise den gewaltigen Ausbruch des Vesuvs (1774; Abb.49). In England wiederholte er seine Vorlage mehrmals.
Laut Bätschmann sei es bemerkenswert, wie die Darstellung dieser Naturkräfte in einem der ersten Industriebilder erfolgte. So stellte Philippe Jacques de Loutherbourgs *Coalbrookdale in der Nacht*, „die Hüttenwerke, die 1709 in Shropshire gegründet worden waren", dar. Loutherbourg, der Theatermaler und Spezialist für allerlei Effekte des Erhabenen, inszenierte den gewaltigen Ausstoß von Feuer und Rauch bei Nacht und Mondschein analog zu einem vulkanischen Ausbruch. Die Analogie zwischen der Darstellung eines Vulkanausbruchs und einem der frühen Monumente der industriellen Revolution" sei hier anschaulich gegeben worden. Vgl. O. Bätschmann, S. 63-64.

[202] Vgl. K. Türk (4), S. 158.

[203] Die ersten Ökologie-kritischen Karikaturen entstanden Mitte des 19. Jahrhunderts in Frankreich. Vgl. K. Türk (4), S. 158.

[204] Vgl. ebd.

Das Aquarell von Thomas Honor *Walzwerk in Merthyr Tydfil* (1817; Abb.51) ist ein für seine Zeit höchst ungewöhnliches Gemälde. „Wie bei einem (negativen) ‚Lichtdom' wird der erleuchtete Himmel durchschnitten. Scharfe Schatten und eckige Formen der Gerätschaften sind offenbar Symbole für eine Zerstörungsgefahr."[205] Es stellt zugleich die mystische Furcht vor der Technik und eine rationale technische Sachlichkeit dar.[206] Die realistisch harten Darstellungen der Arbeit im Bergbau sowie die inneren Spannungen des 19. Jahrhunderts, bereits angedeutet in den Werken Bonhommés, finden in Zeichnungen von Vincent van Gogh[207] ihren Höhepunkt.[208]

---

[205] Ebd., S. 158-159.
[206] Vgl. ebd., S. 159.
[207] Mit den Zeichnungen van Goghs von einem Kohlerevier in Belgien hält die soziale Umschichtung sowie die Umwandlung eines Standes in eine Klasse Einzug in die Kunst. Vgl. E. Trier (2), S. 345.
[208] Vgl. ebd., S. 345-346.

5. Industriebilder der deutschen Romantik

5.1. Ikonographie der deutschen Industriebilder

Die unterschiedlichen Epochen der industriellen Revolution weisen eigenständige, sehr differenzierte Einstellungen zur Technik und der industriellen Entwicklung auf.[209] „Während das frühe 19. Jahrhundert industrielle Produktionsstätten romantisch verfremdet oder heroisch verklärt in seine Landschaftskulissen einfügt, enthüllt das ausgehende 19. Jahrhundert im sozialen Realismus die Brutalität des proletarischen Elends.“[210]

So sind auch die Darstellungen der Industriemotive[211] sehr vielfältig, da sie in ihrer Geschichte den fortlaufenden und großen Veränderungen der industriellen Revolution unterworfen waren. So existieren sehr viele Motive, angefangen von der Darstellung einfacher Fabrikschornsteine bis hin zu der komplexer Industrieanlagen oder ganzer Industriestädte. Die Motive mit industriellen Themen in Graphik und Malerei entstanden seit dem späten 18. Jahrhundert. Seit dieser Zeit existieren zahlreiche Bildmotive mit industrieller Thematik in Graphik und Malerei. So gibt es u.a. „Industrie-Landschaften, Industrie-Genre, Industrie-Interieurs, Industrie-Stilleben, Bildnisse mit Industrie als Attribut oder Ambiente, Industrie-Allegorien, Industrie-Symbolik, – sogar das Historienbild mit Industrie“.[212]

Die frühsten Industriedarstellungen stammen aus den 30er Jahren des 19. Jahrhunderts. Zumeist wurden frühindustrielle Fabrikanlagen dargestellt. Diese Darstellungen haben ihre Wurzeln zumeist noch in der Tradition der Landschaftsmalerei des 17. und 18. Jahrhunderts. Sie zeigen Fabrikgebäude und deren Folgeerscheinungen wie Qualm, Ruß und Feuer und integrieren sie laut Schröder und Salzmann[213] als zweite Natur in die Landschaft. Ausnahmen[214] sind nur in den Industriebildern von Rethel und

---

[209] Vgl. D. Guderian, S. 262.

[210] Ebd.

[211] Durch die Industrialisierung bzw. die industrielle Revolution im 19. Jahrhundert entstanden neue ikonographische Themen, u.a. die Industrielandschaft, das Industrieinterieur und der arbeitende Mensch. Vgl. Ch. Bertsch (1), S. 29.

[212] Vgl. Eduard Trier (1), Der Mensch an der Maschine. Bemerkungen zu einer Ikonographie von Industriemotiven in der bildenden Kunst des 20. Jahrhunderts, in: Jahresring 78-79, Vorwurf Industrie, Stuttgart, 1978, S. 31.

[213] Salzmann bezeichnet dieses Phänomen als ‚Verlandschaftung‘. Vgl. Siegfried Salzmann (2), Einleitung, in: Wilhelm-Lehmbruch-Museum der Stadt Duisburg (Hrsg.), Industrie und Technik in der deutschen Malerei von Romantik zur Gegenwart, Ausstellungskatalog, Duisburg, 1969, S. 9, Anneliese Schröder, Zur Ausstellung, in: Ruhrfestspiele Recklingshausen (Hrsg.), Aus Schacht und Hütte. Ein Jahrhundert Industriearbeit im Bild 1830-1930, Ausstellungskatalog, Recklingshausen, 1980, S. 2.

[214] Laut Schröder könne aber bei diesen Bildern „von einer Vorausschau ins technische Zeitalter kaum die Rede sein, denn auch diese Künstler arbeiteten noch mit historisierenden Bildschemata“. Vgl. A. Schröder, S. 2.

Blechen zu finden. Sowohl in Rethels *Harkortscher Fabrik auf Burg Wetter* als auch Blechens *Walzwerk bei Neustadt-Eberswalde* steht die Fabrik im Mittelpunkt, nicht die Landschaft.[215] Laut Slotta und Bartels zeigen die beiden Gemälde[216] „dieselbe Verbindung zwischen romantischer Naturauffassung (Flußlandschaft) und rauchender industrieller Tätigkeit".[217]

Unabhängig ihrer künstlerischen Gestaltung basieren alle Industriemotive auf den besonderen Erscheinungsformen der Industrie und ihrer Auswirkungen auf Natur und Gesellschaft.

Die häufigsten Industriemotive sind dabei die Darstellungen von einzelnen Fabriken[218], Fabrikschornsteinen oder Fabriken mit Schornsteinen[219]. Besonders in Gemälden der industriellen Frühzeit und der beginnenden industriellen Revolution werden Fabrikschornsteine dargestellt, die qualmend und rauchend den Himmel verdüstern. Sie werden bewußt als Kontrast zur romantischen Landschaft benutzt.[220]

Allgemein könnte man die von Gafert vorgeschlagene Systematik zur Ikonographie der industriellen Darstellungen und der Industriebilder in der deutschen Malerei, fünf Arten industrieller Darstellungen, auf die Zeit der Romantik anwenden.[221] So existieren erstens kleinformatige landschaftsgebundene Industriebilder, zweitens detailgetreue, technisch präzise Beschreibungen der neuen Produktionsstätten und der industriellen Herstellungsweisen, drittens Genre- und Milieubilder der verarmten Proletarier, viertens aggressiv-anklagende, häufig karikaturähnliche Darstellungen der Ausbeutung, der Unterdrückung und des sozialen Elends, teilweise auch des sozialen Widerstandes, sowie fünftens Glorifizierungen, Überhöhungen und allegorische Darstellungen der Industrie und der industriellen Arbeit.[222]

Laut Salzmann gleiche Blechens *Walzwerk bei Neustadt-Eberswald* einer Burg, die „wie ein monumentales Heiligtum in eine unbetretbare Region entrückt" sei, dies würde „die der Burg traditionell innewohnende Machtsymbolik auf die Fabrik übertragen. Diese Fabrik" sei „in Rethels ‚Burg Wetter' konkret zu Anschauung gebracht". Vgl. S. Salzmann (2), S. 9.

[215] Vgl. W. Braunfels, S. 14, A. Schröder, S. 2. Vgl. auch Klaus Haese (1), Spannung in der Bildwelt der deutschen Kunst von 1815 bis 1850, in: Wissenschaftliche Zeitschrift der Ernst-Moritz-Arndt-Universität Greifswald, Greifswald, 1974, S. 95.

[216] Laut Haese drücken beide Gemälde das Spannungsverhältnis der industriellen Umwälzung – das erste Eindringen der Industrialisierung „in die natürliche und historische Landschaft" – aus. So sei bekannt, daß sich Blechen direkt und aus der Nähe mit dem Industriewerk auseinandergesetzt hat. Auch „Rethel scheut sich nicht, das Eindringen des Industriemotivs unvermittelt" aufzuzeigen. Dasselbe läßt sich auch in Menzels frühen Bildern (*Bauplatz mit Weiden* 1846, *Berlin-Potsdamer Eisenbahn* 1847) verfolgen. Vgl. K. Haese (1), S. 95.

[217] Vgl. Rainer Slotta und Christoph Bartels, Einführung, in: Deutsches Bergbau-Museum (Hrsg.), Meisterwerke bergbaulicher Kunst, Ausstellungskatalog, Bochum, 1990, S. 44.

[218] z.B. Rethels *Hartkortsche Fabrik auf Burg Wetter*. Vgl. Ch. Hoffmeister (7), S. 33.

[219] z.B. Blechens *Walzwerk bei Neustadt-Eberswalde*.

[220] Vgl. Christine Hoffmeister (6), Zur Theorie und Genesis des Industriemotivs in der deutschen Malerei und Graphik, Dissertation, Berlin, 1987, S. 93-94.

[221] Vgl. K. Gafert, S.106; Kap. 2 und Fußnote 32. Vgl. auch Ch. Bertsch (2), S. 247.

[222] Vgl. K. Gafert, S. 106, K. Schrenk, S. 16.

Eine weitere, eventuell sechste Kategorie, die eng mit der fünften verbunden ist, stellen Porträts der Industriellen mit einer Fabrikanlage im Hintergrund dar.
Diese Kategorie greift auf dem Gedanken der Repräsentation höfischer Bildnisse zurück: Ansicht dieser Darstellungen war es, auf die historische Stellung der dargestellten Person zu verweisen, ihre potentielle Größe und die Idee eines idealen Staates zu demonstrieren. Die Industriellenporträts mit Fabrikdarstellungen symbolisieren die Bedeutung des Industriellen im Wirtschaftssystem und die durch ihn verkörperte vorbildliche Lebensführung. Dabei werden u.a. die persönliche Macht und der Besitz des Einzelnen demonstriert, die rauchenden Schornsteine verkörpern Kraft und Produktivität.[223]
Weiterhin stellt Hoffmeister fest, daß der Überblick über die Geschichte des deutschen Industriebildes zeigt, daß dessen Gestaltung einerseits an die künstlerische Auseinandersetzung mit Industrieaußenansichten, andererseits mit Industrieinnenansichten gebunden ist. Die ästhetische Funktion des Industriemotives sei immer abhängig von dem jeweiligen Sinngehalt des Kunstwerkes.[224]
Auf diese systematisch dargestellten Punkte werde ich im weiteren Verlauf meiner Arbeit noch genauer eingehen.
Die menschliche Arbeit als gesellschaftliche Tätigkeit, die sich mit der Natur auseinandersetzt, sowie deren Darstellung lassen sich für alle vorhergehenden Jahrhunderte beweisen. Die qualitativen Neuerungen bei den Industriedarstellungen zur Zeit der Romantik lassen sich nur in Zusammenhang mit den tiefen gesellschaftlichen Umwälzungen und Veränderungen, die aufgrund der industriellen Revolution ausgelöst worden, verstehen.
Die Einführung von Maschinen in die Produktion, deren Entwicklung auch die Öffentlichkeit durchdrang, führte bereits im ersten Drittel des 19. Jahrhunderts zu bildnerischen Umsetzungen[225]. Die hergestellten Bilder, hauptsächlich Graphiken, lassen auf ein starkes öffentliches Interesse schließen. In der vorhandenen Literatur dieser Zeit wird betont, daß industrielle Darstellungen nicht als Objekte der Kunst bzw. als künstlerische Motive angesehen wurden. Dies wird insbesondere auch durch die Wahl der künstlerischen Umsetzung industrieller Motive bestätigt. Die wenigen Ölgemälde mit industriellen Darstellungen sind zumeist Auftragswerke der Fabrikbesitzer[226]. Es gibt

[223] Vgl. Ch. Bertsch (2), S. 247.
[224] Vgl. Ch. Hoffmeister (2), S. 132-133, Christine Hoffmeister (4), Industrielandschaft als Zeitaussage, in: Bildende Kunst, Berlin, 1967, S. 95-100.
[225] Die meisten der früh entstandenen Industriebilder, z.B. Veduten imponierender Fabrikkomplexe oder Illustrationen von technischen Vorgängen, sind Auftragwerke der Besitzer. Fortschritt und Leistung werden zumeist gerühmt, die Schattenseiten der Industrialisierung verharmlost. Andererseits entstehen auch gesellschaftskritische Darstellungen der Industrie, die die wirtschaftliche Not, die Verelendung und Unterdrückung der arbeitenden Menschen darstellen, ohne jedoch die Industrie bzw. die Maschinen zu verteufeln. E. Trier (1), S. 31.
[226] Mit fortschreitender Industrialisierung und wachsendem Selbstbewußtsein des Großbürgertums entstehen u.a. zahlreiche Porträts der Fabrikbesitzer, in deren Hintergrund die jeweiligen Fabrikanlagen dargestellt sind (Abb.52-54): z.B. Louis Krevels Gemälde *Heinrich Kraemer vor der Eisenhütte*

nur zwei frühe Arbeitsdarstellungen, die Bilder von Ignaz Raffelt (*In der Gießerei* [1837; Abb.55] und die Lithographie *Inneres der Stahlgießerei Fischer in Schaffshausen* (Abb.56), dessen Vorlage das 1845 von H.J. Beck gemalte Aquarell sein soll).[227] Die industrielle Revolution beeinflußte zunächst die künstlerische Gestaltung und deren Gestaltungsprizipien noch nicht[228], da eine Differenz zwischen der subjektiv-künstlerischen Aneinigung des Produktionsprozesses und seiner objektiven Entwicklungsstufe bestand. Neben der bereits beschriebenen Motivwahl gibt es zwei weitere Merkmale zur Unterscheidung bei den Industrie- bzw. industriellen Bildern in der Frühzeit der industriellen Revolution. So gibt es einerseits zahlreiche Bilder industrieller Produktionsstätten als Außenansicht, die sich zwar inhaltlich und künstlerisch unterscheiden, andererseits gibt es weiterhin einige Bilder mit Abbildungen industriell hergestellter Produkte. [229]

Laut Schrenk und Gafert gibt es noch eine zusätzliche Differenzierung, zu der oben bereits beschriebenen.[230] Nach dieser gibt es einerseits kleinformatige, landschaftsgebundene Industriebilder sowie andererseits technisch präzise, detailgetreue Beschreibungen bzw. Darstellungen der neu entstandenen Produktionsstätten sowie der industriellen Herstellungsweise.[231]

Quint (1838; Abb.52), *Henriette Kraemer vor der Eisenhütte Quint* (1838; Abb.53) und *Fritz Kraemer und seine Familie vor der Eisenhütte in St. Ingbert* (1838; Abb.54). Vgl. Ch. Bertsch (2), S. 247.

[227] Vgl. K. Schrenk, S. 13-14.

[228] Im Vordergrund standen zunächst sachlich-industrielle Darstellungen (z.B. Hummels *Schleifen einer Granitschale* [1831; Abb.77]), zu einer freieren malerischen Gestaltung der industriellen Motive kam es erst am Ende des 19. Jahrhunderts, beginnend mit Menzels *Eisenwalzwerk*. Vgl. K. Wilhelm-Kästner, S. 10.
„Die Sehnsucht des romantischen Menschen (...) nach einer Steigerung seines Lebensgefühls" stand im Mittelpunkt der romantischen Malerei und führte in der Malerei „zu einer Verschmelzung des Menschen mit seiner Umgebung". Vgl. Siegfried Kessemeier (1), Einführung, in: Westfälisches Landesmuseum für Kunst und Kulturgeschichte Münster (Hrsg.), Industrie im Bild. Gemälde 1850-1950. Eine deutsche Privatsammlung, Westfalen-Lippe, 1990, S.8. Vgl. auch Hans Freyer, Landschaft und Geschichte, in: Mensch und Landschaft im technischen Zeitalter, Oldenburg/München, 1966, S. 39, Georg Hummel, Der Maler, Johann Erdmann Hummel. Leben und Werk, Leipzig, 1954, S. 29.
Die konfliktreicher werdende soziale Realität führte laut Günter zu einer Flucht aus ihr und schlug sich in einer „traumhaften Innerlichkeit" und „Sehnsucht nach der *im Landschaftsbild erhaltenen Natur"* nieder. (kursiver Text: Umstellung durch den Autor). Vgl. Roland Günter, Fabrik-Architektur. Reduktive oder komplexe Ästhetik ?, in: Tilmann Buddensieg und Henning Rogge (Hrsg.), Nützlichen Künste, Berlin,1981, S. 173.

[229] Eigentlich sollte man von drei weiteren Unterscheidungsmerkmalen sprechen. So gibt es außer den beiden, oben im Text erwähnten auch noch Gemälde mit Innenansichten industrieller Produktionsstätten (z.B. bei Menzel oder Hummel). Vgl. auch Ch. Hoffmeister (2), S. 132-133, Ch. Hoffmeister (4), S. 95-100.

[230] Vgl. K. Schrenk, S. 14-15.

[231] Vgl. K. Gafert, S. 106, K. Schrenk, S. 16.

Das Ölgemälde von Carl Blechen *Walzwerk bei Neustadt-Eberswalde* (1834; Abb.28) gilt als Beispiel für ein landschaftsgebundenes Industriebild[232]. Alfred Rethels Gemälde *Die Harkortsche Fabrik auf Burg Wetter* (1834; Abb.29) und *Das Lendersdorfer Walzwerk* (1838; Abb.57) von Carl Schütz gelten als frühste Bildnisse der Außenansicht von einer Produktionsstätte. Auch Schütz Gemälde *Die Kaisermühle in Düren* (ca. 1830; Abb.58) fällt in diese Kategorie, ist aber unbekannt geblieben.
Die Schnelligkeit der Entstehung und Ausdehnung industrieller Produktionsanlagen läßt sich durch die Abbildungen der Könighütte in Schlesien, der Anselmhütte in Wittkowitz sowie der Maschinenfabrik Borsig in Berlin beweisen.
Bereits die Größe der dargestellten Anlagen zeigt den Entwicklungsgrad und den Fortschritt der industriellen Produktivkräfte. Alle Außenanlagen schließen die in der Industrie tätigen Arbeiter nur indirekt ein, dargestellt werden sie nicht. Bildhaft werden die Industriekomplexe zumeist als Industrieveduten umgesetzt.
Festgehalten werden in diesem Zusammenhang auch Eisenbahnen, detaillierte Abbildungen von Maschinen, Konstruktionszeichnungen von Brücken und Gebäuden[233].
Eine Sonderstellung besitzt Menzels Gemälde *Die Berlin-Potsdamer Eisenbahn* (1847; Abb.20). Menzel setzte nicht nur ein Resultat der Technik mit Hilfe künstlerischer Motive um, bei ihm wird es zum künstlerischen Motiv und spiegelt aufgrund seiner realistischen Darstellung die gesellschaftlichen Verhältnisse in Preußen wider[234].
Laut Schrenk vermittelt das Bild nicht nur den Verkehrserschließungsaspekt, sondern es vermittle aufgrund der Zugfahrtrichtung in die Landschaft auch den Ausgangspunkt der Auseinandersetzung zwischen den unterschiedlichen gesellschaftlichen Kräften, den Gegensatz zwischen den preußischen Landjunkern und dem Industrie- und Finanzkapital.
Bei Menzel wird die Darstellung der Eisenbahn objektiv zum Träger gesellschaftlichen Fortschritts und der gesellschaftlichen Entwicklung.
Außer den Darstellungen von Eisenbahnen erhält die Verwendung des Baumaterials Eisen eine große Bedeutung. Gelungene Brückenkonstruktionen bilden den Grundstein für ein neues Bauvorhaben in der Mitte des 19. Jahrhunderts, den Kristallpalast von Paxton, der zum Symbol der Weltausstellung in London (1851) wurde. Illustrationen über den Kristallpalast fanden europaweite Verbreitung.[235]

---

[232] Auf die unterschiedlichen Versuche seiner Interpretation, insbesondere auf das Verhältnis Mensch-Natur-Technik, soll in den folgenden Kapiteln unter Einbeziehung des geistigen Hintergrundes der Romantik eingegangen werden.
[233] Diese Abbildungen wurden meist durch Graphiken umgesetzt, die Wertung kann anhand satirischer Darstellungen interpretiert werden. So wurden bspw. Eröffnungen von Eisenbahnlinien als gesellschaftliches Ereignis festgehalten, aber auch das Staunen und die Angst bezüglich der technischen Entwicklung. Vgl. K. Schrenk, S. 18.
[234] Laut Lange wird erst durch die „künstlerische Meisterschaft" und die „individuelle Vorurteilslosigkeit" eines Menzel die Industrie als künstlerisches Motiv gesellschaftsfähig. Vgl. R. Lange, S.1 und K. Wilhelm-Kästner, S. 10.
[235] Vgl. K. Schrenk, S. 16-18.

In der Mitte des 19. Jahrhunderts häufen sich insbesondere topographisch orientierte Zyklen, die Produktionsanlagen im Kontext der Landschaft exakt wiedergeben, auch in Deutschland. Die Künstler versuchten dabei, die industriellen Stimmungen mit aufzunehmen und künstlerisch umzusetzen.[236]

5.2. Wandlung der Industriebilder

(Auf dem Weg zum Realismus)

5.2.1. Landschaft mit Fabrik

Zu Beginn des 19. Jahrhunderts entstand als eine erste Form der künstlerischen Umsetzung von Industrie und industrieller Revolution das Motiv *Landschaft mit Fabrik*. Bei diesem wurde die Fabrik im Gegensatz zur umgebenden Landschaft sehr klein dargestellt und zumeist völlig in diese eingebunden.

Laut Motz sollte bei der Betrachtung und Interpretation dieser Bilder stets „der wirtschaftliche Aspekt und die Frage nach den technischen Neuheiten berücksichtigt werden"[237]. Fabriken wurden zumeist dort als Nebenobjekte in Landschaftsmalereien eingesetzt, wo der malerische Reiz an der Produktionsstätte größer war als das technische Interesse an ihr. Außerdem sei die „gesunde Landschaft" der Ausdruck des Naturverständnisses, das die Stadt und deren soziale Gegensätze, Widersprüche und Stressoren als antagonistisch zur Natur betrachtet.

Um die Mitte des 19. Jahrhunderts entstanden außerdem eine größere Anzahl von Darstellungen mit Hütten und Hämmern, „die von ihrer Produktionsweise noch eng an die Handwerksbetriebe", insbesondere mit Schmieden, verbunden sind. Bei diesen Gemälden und Bildern werden sozialkritische Gesichtspunkte vermieden. Der ruinöse Zustand bzw. der Zerfall der Gebäude ist eher ein romantischer Aspekt. Schwere körperliche Arbeiten sowie das Leben unter härtesten Umweltbedingungen werden heroisiert, „Armseligkeit in Verbindung mit Abgeschiedenheit erscheint erstrebenswert".[238]

Die wichtigsten Beispiele für dieses erste Industriemotiv sind vier Gouachen[239] (Abb. 27; 59-61) von Caspar David Friedrich. Er malte sie während einer Wanderung durch den Plauenschen Grund im Jahre 1802/03.[240] Drei von ihnen stellen Mühlengebäude und eines eine Glashütte dieser Gegend dar. Eine der Gouachen soll die Pulvermühle

---

[236] Vgl. K. Türk (4), S. 159.

[237] Vgl. S.-J. Motz, S. 54.

[238] Vgl. ebd, S. 59.

[239] *Die Königsmühle im Plauenschen Grund* (Abb.59), *Die Pulvermühle im Plauenschen Grund* (Abb.60), *Die Neumühle im Plauenschen Grund* (Abb.61) und *Die Glashütte in Döhlen* (Abb.27). Vgl. Christine Hoffmeister (5), Werke und Wegbereiter der Industrielandschaft. Bilder Caspar David Friedrichs und ihm nahestehender Zeitgenossen, in: Caspar David Friedrich, I. Greifswalder Romantik-Konferenz, Sonderband der wissenschaftlichen Zeitschrift der Ernst-Moritz-Arndt-Universität Greifswald, Greifswald, 1974, S. 75.

[240] Vgl. S.-J. Motz, S. 54, Museum Georg Schäfer/Schweinfurt (Hrsg.), Deutsche Romantik, Aquarell und Zeichnungen, Katalogteil, München, London, New York, 2000, S. 82.

im Tal der Weisseritz sein. Die beiden anderen Mühlen sind wahrscheinlich Gebäude, in denen ebenfalls Gewehrfabrikationen[241] untergebracht waren. Das vierte Bild stellt die Glashütte in Döhlen[242] dar. Die drei Mühlen-Gouachen besitzen dasselbe Format[243] und denselben Aufbau: ein breiter Streifen der Landschaft im Vordergrund befindet sich im Schatten, die Mühlen[244] werden von der Sonne, die zum Teil die Wolken durchbricht, beschienen.[245]

Jähnig und Börsch-Supan betrachten die Häuser, die am Fluß liegen, in einem symbolischen[246] Zusammenhang[247]:

Die Häuser können aufgrund des idyllischen Charakters, der die Landschaft umgibt, nur als Wohn- und Arbeitsplatz verstanden werden. Der breite Fluß in zwei der Gouachen wird als Symbol des Lebens gedeutet, die Schattenzone im Vordergrund als Stadium des Lebensendes. Der in der Schattenzone liegende Hirte im Bild mit der Neumühle wird als Todessymbol beschrieben. In allen drei Landschaften sind im Hintergrund Weinberge dargestellt, die bei Friedrich ein eucharistisches Symbol sind.[248]

Laut Rautmann ist Friedrichs Darstellungsweise „die Natur unverändert und unzerstört wiederzugeben, eine Utopie des Kleinbürgertums“[249].

Eine Ausnahme stelle nur die gleichzeitig entstandene vierte Gouache *Die Glashütte in Döhlen*[250] (Abb.27) dar.[251] „Groß hat Friedrich das Gebäude der damals neuen Glas-

---

[241] Der Plauen'sche Grund war vor allem für seine Eisenindustrie bekannt. Vgl. S.-J. Motz, S. 55.

[242] Zum Standort der Glashütte siehe Anm. 257.

[243] Vg. Ch. Hoffmeister (5), S. 76.

[244] In einem Fall werden auch die angrenzenden Gebäude vom Licht der Sonne überflutet.

[245] Vgl. S.-J. Motz, S. 55.

[246] Sowohl die Begegnung mit dem Dichter Ludwig Tieck sowie auch die Beschäftigung mit der romantischen Literatur, insbesondere mit der von Novalis, führten bei Friedrich zu einer ausgeprägten Bildsprache. Diese bestimmte von da ab seine Werke, vor allem seine Landschaftsdarstellungen. Vgl. Jens Christian Jensen (3), Caspar David Friedrich. Leben und Werk, 10. Aufl., Köln, 1995, S. 73. Vgl. auch Sigrid Hinz (2), Caspar David Friedrich – Was die fühlende Seele sucht – Briefe und Bekenntnisse, Berlin, 1991, S. 142, Ekkehard Berckenhagen, Dresdner Malerei des frühen Realismus, in: Der frühe Realismus in Deutschland 1800-1850. Gemälde aus der Sammlung Georg Schäfer, Schweinfurt, Ausstellungskatalog, Germanischen Nationalmuseum Nürnberg, München, 1967, S. 73.

[247] Vgl. Irma Emmrich, Carl Blechen, München, 1989, S. 12, Helmut Börsch-Supan (1) und Karl Wilhelm Jähnig, C.D. Friedrich. Gemälde, Druckgraphik und bildmäßige Zeichnungen, München, 1973, Katalogteil, S. 269, S.-J. Motz, S. 55.

[248] Vgl. H. Börsch-Supan (1) und K.W. Jähnig, Katalogteil, S. 269, Ch. Hoffmeister (5), S. 77, S.-J. Motz, S. 54-55.

[249] Peter Rautmann (2), Der Hamburger Sepiazyklus. Natur und bürgerliche Emanzipation bei Caspar David Friedrich, in: Bredekamp, Horst, Herding, Klaus, Heusinger, Lutz, Hinz, Berthold, Kemp, Wolfgang (Hrsg.), Bürgerliche Revolution und Romantik. Natur und Gesellschaft bei Caspar David Friedrich, Gießen, 1976, S. 74. Vgl. auch S.-J. Motz, S. 55.

[250] Laut Karl-Ludwig Hoch handelt es sich bei dem Gemälde der Glashütte nicht um die in Döhlen, sondern die in Potschappel. Letztere wurde 1801 von dem Reichsgrafen von Hagen errichtet. „Diese produzierte ab 1802 und arbeitete als erste in Deutschland mit Steinkohlenfeuerung. Friedrich scheint

hütte ins Zentrum des Bildes gestellt."[252] „Dunkle und dichte Rauchwolken[253] steigen hinter der Hütte auf und verdecken einen Teil des Himmels. Wurzeln eines verdorrten Baumes und ausgerissene Schößlinge liegen im Vordergrund."[254]
Die Krüppelweiden mit ihren jungen Schößlingen sind Auferstehungssymbole und bedeuteten die Wiedererneuerung der Natur. Das Abreißen der Schößlinge stellt die mutwillige Zerstörung der Natur durch den Menschen dar. Die industrielle Zerstörung wird durch den die Landschaft entstellenden Qualm symbolisiert. Die Verdunklung des Himmels wird als religiöse Abkehr verstanden.[255]
Laut Jähnig und Börsch-Supan stellt dieses Gemälde Friedrichs kritische Einstellung zur industriellen Aktivität und der zunehmenden Industrialisierung dar.[256] „Das Bild scheint die Zerstörung der Natur durch die Industrie zum eigentlichen Thema zu haben und wirkt wie ein Vorgriff auf die Industrielandschaft bei Blechen."[257]

5.2.2. Fabrik in Landschaft

Eine zweite Form industrieller Darstellungen ist das Motiv *Fabrik in Landschaft*. Es unterscheidet sich vor allem quantitativ von dem Motiv *Landschaft mit Fabrik*. Während in ersterem die Fabrik unbedeutend klein in die Landschaft eingebunden wird und diese bildbeherrschend dargestellt wird, steht die Fabrikdarstellung im zweiten Motiv im Mittelpunkt und nimmt fast den gesamten Bildraum ein.[258]
„Die wohl großartigste Lösung, eine Fabrik in Landschaft vorzustellen, fand Karl Blechen in seinem *Walzwerk in Eberswalde* (Abb.28). Eine starke Untersicht unterstreicht die pathetische Grundstimmung des Gemäldes."[259]
Blechen hielt sich zwischen 1833 und 1834 in Neustadt-Eberswalde, das von der Eisenindustrie geprägt war, auf. Fraglich bleibt, ob er den Auftrag zu diesem Gemälde vor der Reise erhielt oder erst, nachdem er eine Reihe von Skizzen und Vorzeichnungen dieser Gegend angefertigt hatte. Seine Bleistiftzeichnungen beinhalten nicht nur

---

dies durch die große schwarze Wolke auf seiner Ansicht dargestellt zu haben." Deutsche Romantik, S. 82.

[251] Vgl. S.-J. Motz, S. 55-56, H. Börsch-Supan (1) und K.W. Jähnig, Katalogteil, S. 269.

[252] Ch. Hoffmeister (5), S. 77.

[253] Die mächtige Rauchwolke verdüstert den leuchtenden Himmel und steht drohend und bildbeherrschend vor der Landschaft und eröffnet so schlagartig Friedrichs Leitmotiv: das Verhältnis zwischen Mensch und Natur. Vgl. R. Fritz (3), S. 334.

[254] S.-J. Motz, S. 55-56, Vgl. auch H. Börsch-Supan (1) und K.W. Jähnig, Katalogteil, S. 269.

[255] Vgl. H. Börsch-Supan (1) und K.W. Jähnig, Katalogteil, S. 269, Museum Georg Schäfer Schweinfurt (Hrsg.), Deutsche Romantik, Aquarelle und Zeichnungen, Ausstellungskatalog, München, London, New-York, 2000, Katalogteil, München, 1973, S. 82.

[256] Vgl. Helmut Börsch-Supan (1) und Karl Wilhelm Jähnig, C.D.Friedrich. Gemälde, Druckgraphik und bildmäßige Zeichnungen, München, 1973, S. 21, S.-J. Motz, S. 55-56.

[257] H. Börsch-Supan (1) und K.W. Jähnig, S. 21. Vgl. auch Deutsche Romantik, Katalogteil, S.82, Ch. Hoffmeister (5), S. 78.

[258] Vgl. auch S.-J. Motz, S. 54.

[259] Ebd., S. 52.

das später als Gemälde dargestellte Eisenwalzwerk, sondern auch eine Anzahl anderer Industrie- und Produktionsstätten. All diesen Zeichnungen ist gemeinsam, daß sie horizontal oder in Untersicht hergestellt wurden und nur Einzelgebäude oder Gebäudegruppe enthielten.[260]

Vergleicht man die Zeichnungen, die im Vorfeld des Walzwerkes entstanden sind und es anhand verschiedener Motive von Industrielandschaften vorbereiteten, zeigt sich, welchen Stellenwert sein Gemälde besitzt. Durch ihren ausführlichen Vergleich wird seine Bildidee deutlich.[261]

Zwei seiner Skizzen, das Messingwerk (Abb.62) und die Eisenspalterei (Abb.63), stellen die Gebäude in Horizontalansicht dar. Die Hallenbauten sind im Verhältnis zur Größe des Blickfeldes klein und nicht repräsentativ dargestellt.[262]

Auf drei weiteren Skizzen (z.B. Abb.64), denen die Lage am Finowkanal gemeinsam ist, sind erstens die Freiarche und das Walzwerk, zweitens die Drahtzieherei und das Walzwerk, drittens der Kupferhammer dargestellt. Die dargestellte Landschaft besitzt rahmende Funktion, nicht verdeckende. Trotz genau gezeichneter Architektur wirken die Fabrikgebäude eher klein.[263] Bei der als Vorzeichnung bezeichneten Walzwerk-Skizze wird die Fabrik beinahe in horizontaler Sicht, die nicht besonders aufschlußreich für deren bauliche Beschaffenheit war, dargestellt. Hohe Bäume überragen die Schornsteine. Bei einer weiteren Skizze wählte Blechen die Ansicht der anderen Schmalseiten. Die letzte der drei Skizzen stellt die hohen Schornsteine der Längsseite sowie einige schmalere Schornsteine der Querhalle dar. Der Umriß von der Walzwerkhalle mit Anbauten und Schornsteinen wirkt mächtig und groß, obwohl ein Schlackehügel einen Teil des Frontbereiches verdeckt.[264] In der Skizze mit dem Eisenhammer hat Blechen eine uninteressante Seitenansicht wiedergegeben, die ihn wohl nur aufgrund des malerischen Aspektes im Vordergrund, der mit einer Waage und Abfallmaterial vollgestellt ist, gereizt hat. Diese Industrielandschaft vermittelt den Eindruck einer Momentaufnahme.

Vom Walzwerk selbst zeichnete Blechen drei Skizzen (u.a. Abb. 65-66), eine von ihnen kann als Vorzeichnung für das später entstandene Gemälde *Walzwerk in Neustadt-Eberswalde* (1830) bezeichnet werden.[265]

Die Vorzeichnung unterscheidet sich jedoch in wesentlichen Punkten vom späteren Gemälde. So kommen im Gemälde drei Fischer als Staffage im Vordergrund hinzu. Außerdem hat Blechen die Fabrik stärker herausgearbeitet, die Landschaft in der unmittelbaren Umgebung reduziert und die hochaufragenden Bäume weggelassen und somit die Bedeutung des Walzwerkes erhöht. Der Fischer in der Mitte des Vorder-

---

[260] Vgl. ebd.

[261] Vgl. Heino R. Möller, Carl Blechen. Romantische Malerei und Ironie, Weimar, 1995, S. 160.

[262] Vgl. S.-J. Motz, S. 52.

[263] Vgl. S.-J. Motz, S. 52-53. Vgl. auch Guido Josef Kern, Karl Blechen, Sein Leben und seine Werke, Berlin, 1911, S. 96.

[264] Vgl. S.-J. Motz, S. 53.

[265] Vgl. S.-J. Motz, S. 52-53. Vgl. auch G. J. Kern, S. 96.

grundes besitzt zusätzlich hinweisende Funktion, indem er dem Betrachter den Rücken zuwendet und zu den qualmenden Schornsteinen blickt.[266]
„Die Eisenindustrie beherrscht die Landschaft, sie dominiert und wirft weitreichende Schatten."[267] Aus dem vorderen Schlot steigen dicke Rauchwolken in den wolkenlosen Himmel, auch über den anderen Schornsteinen stehen helle, dünne Rauchfahnen.[268]
„Die Uferzonen versinken im Dämmerlicht, während der gelbblaue Himmel sich in einigen Bereichen der Wasseroberfläche spiegelt und dadurch die hintere Bildzone aktiviert."[269] Bei Blechen scheine die Fabrik gleichsam mit der Natur verschmolzen und somit ein Teil von ihr zu sein.[270]
Der gewählte Blick auf die Schmal- und Rückseite belege, daß das Walzwerk als Industriebau nicht von faktischen bzw. technischen Aspekten her gesehen wurde. Laut Motz ist das Bildthema „nicht die Ausbeutung der Natur durch die Industrie[271] (...), die in den dreißiger Jahren in der preußischen Oberschicht und dem liberalen Bürgertum weit verbreitet war. Blechens Optik der Industrie wird von einer pathetischen Grundstimmung getragen, die Landschaft unterstreicht die Verpoetisierung der technischen Architektur."[272]
Laut Möller sei die Stimmung im Gemälde ruhig und sanft und vermittle den Eindruck einer Genreszene, einer harmonischen[273] Abendidylle.[274] Aber diese Idylle trüge: Blechen stelle in seinem Gemälde erstmals die Beherrschung der Natur durch die Industrialisierung dar.[275]
Laut Emmrich bewiesen die Reihe der Vorarbeiten sowie das Gemälde selbst, „daß Blechen die Industrieanlagen als legitimen Bestandteil des landschaftlichen Raumes beurteilte". Er überwand die Vorbehalte der Romantiker[276], die eine Landschaft ohne

---

[266] Vgl. S.-J. Motz, S. 53. Vgl. auch I. Emmrich S. 97, Friedrich Gross, Fremde Natur. C.D. Friedrich. Landschaften gestern und heute, in: Wettengl, Kurt, C.D.Friedrich – Winterlandschaften, Heidelberg, 1990, S. 19, Klaus Lankheit, Revolution und Restauration 1785-1855, Köln, 1988, S. 212, E. Trier (2), S. 336, Irmgard Wirth, Berliner Malerei im 19. Jahrhundert. Von der Zeit Friedrichs des Großen bis zum Ersten Weltkrieg, Berlin, 1990,
S. 145.
[267] S.-J. Motz, S. 53.
[268] Vgl. S.-J. Motz, S. 53, K. Lankheit, S. 212.
[269] H.R. Möller, S. 157.
[270] Vgl. E. Trier (2), S. 336, K. Lankheit, S. 212.
[271] Zur Zeit als Blechens Walzwerk entstand, sei die natürliche landschaftliche Einheit noch unzerstört gewesen, so daß die Fabrikanlage nicht als störend oder fremd empfunden worden sei. Vgl. Wilhelm Rüdiger, Kunst und Technik, München, 1941, S. XVI.
[272] S.-J. Motz, S. 54.
[273] Dieser „eher statisch-harmonische" Eindruck symbolisiere nur durch den Rauch einen „unsichtbaren dynamischen Prozeß". Vgl. K. Türk (4), S. 160.
[274] Vgl. H.R. Möller, S. 157. Vgl. auch Rolf Fritz (5), Ein unbekanntes Jugendwerk von Alfred Rethel, in: Wallraf-Richartz-Jahrbuch XX, 1958, (5), S. 221, W. Salewski (2.I.), S. 17, I. Wirth, S. 145.
[275] Vgl. Ch. Bertsch (1), S. 32.
[276] „Blechens Leben und Wirken fällt in die ersten vier Jahrzehnte des 19. Jahrhunderts, eine Zeit, die von dem komplizierten und langwierigen, alle Bereiche des gesellschaftlichen Lebens umfassenden

Spuren von Eingriffen durch Menschenhand aufsuchten, weil sie an der Berechtigung dieser Eingriffe und letztlich am sinnvollen Wirken der menschlichen Gesellschaft zweifelten."[277]
Eine Auseinandersetzung mit der Welt der Industrie bzw. eine wirklichkeitsgetreue Darstellung der Fabrikarbeit liege laut Kaiser bei Blechens Walzwerk jedoch nicht vor. So würden u.a. die Wechselbeziehungen der Menschen mit dem Arbeitsprozeß und den Produktionsverhältnissen fehlen. Blechen versuche zwar, das Neue und seine Erscheinungsformen bildhaft festzuhalten, könne jedoch nicht verhindern, daß die restlichen Bildelemente als fremd[278] empfunden werden.[279] Dieser Darstellung widerspricht Türks Meinung, der behauptet, daß Blechen in seinem Werk der alten die neue Zeit bewußt kontinuierlich gegenüberstellt. Dies zeige sich insbesondere durch den Gegensatz der „traditionellen Fischer im Vordergrund der bild- und landschaftsdominierenden Fabrikanlage".[280]
In seinem Gemälde zeige sich die Zwiespältigkeit zwischen „romantischer Abkehr und realistischer Hinwendung zur Weltanschauung", „die auf der Gegensätzlichkeit ökonomischer Prinzipien in der Zeit der beginnenden Industrialisierung Deutschlands beruht".[281]
Ähnlich konzipiert wie Blechens *Walzwerk bei Neustadt-Eberswalde*, aber eindeutig kritisch ist hingegen Andreas Achenbachs Gemälde *Neusser Hütte* (1860; Abb.67) zu interpretieren. Der Rauch verdunkelt den Himmel – die ganze Szene wirkt düster und trostlos. Ähnlich wie Blechen stellt auch Achenbach den Gegensatz zwischen alter und neuer Zeit dar. Achenbachs Kapitalismuskritik wird ebenfalls in seinen Karikaturen deutlich (Vgl. Kapitel 8.2.)[282]
Im Gegensatz zur *Neusser Hütte* ist das 1869 entstandene Gemälde *Westfälische Mühle* (Abb.68) eine eindeutig romantische Darstellung, in der nur der aus der Mühle aufsteigende Rauch auf die bereits begonnene Industrialisierung hinweist.
Laut Neidhard enthält die *Westfälische Mühle* – trotz alter Dramatik und Pathetik – einen hohen Realitätsgehalt, der typisch für Achenbachs Darstellungen ist.[283]
In beiden Gemälden wurden alte und neue Zeit zusammenhangslos gegenüber gestellt: So symbolisieren die traditionellen Fischer und das Boot die alte Zeit, die qualmende Fabrik am Fluß hingegen die beginnende Industrialisierung.[284]

Prozeß der Durchsetzung der bürgerlich-kapitalistischen Produktionsweise bestimmt wurde." Gertrud Heider, Carl Blechen, Leipzig, 1970, S. 6.
Und Blechen selbst wurde von den Umwälzungen und Veränderungen seiner Zeit beeinflußt.

[277] I. Emmrich, S. 98.

[278] Die dargestellten Fischer und Angler besitzen keine Beziehung zur Fabrik und zur industriellen Produktion. Vgl. Konrad Kaiser (2), Adolph Menzels Eisenwalzwerk, Berlin, 1953, S. 12.

[279] Vgl. ebd., S. 11-12.

[280] Vgl. K. Türk (4), S. 160.

[281] K. Kaiser (2), S. 11.

[282] Vgl. auch K. Türk (4), S. 160.

[283] Vgl. Hans Joachim Neidhardt, Deutsche Malerei des 19. Jahrhunderts, 1. Aufl., Leipzig, 1999, S. 166.

5.2.3. Fabrikveduten

Eine Weiterentwicklung der industriellen Darstellungen bzw. der Industriebilder ist das Motiv, das die Fabrik als einzigen Inhalt besitzt. Die Landschaft wird dabei teilweise zurückgedrängt, die industrielle Architektur aufgewertet.
Derartige Darstellungen von Fabriken, die den größten Teil des Bildes einnehmen, stehen in der Tradition der Schloßvedute.
Bildmotivisch entwickelten sich diese Fabrikdarstellungen bereits in der ersten Hälfte des 19. Jahrhunderts, vor allem Industrieveduten (besonders Lithographie von Knippel[285] [Abb.69; 70] und Borsigbilder von Biermann[286] [Abb.71;72]). Diese wurden zumeist in die Landschaft eingebunden.[287]
Bei der Lithographie von E.W. Knippel *Hüttenplatz von Henrikow* (Abb.69) steigt Rauch aus zahlreichen Schornsteinen gen Himmel, diesen verdunkelnd. Der Himmel selbst wirkt grau und trostlos. Das ganze Bild vermittelt einen hoffnungslosen, umweltzerstörerischen und düsteren Eindruck.
Die farbige Lithographie *Coak-Platz zu Könighütte* (Abb.70) von Knippel erinnert stark an Loutherbourgs nächtliche Szene *Coalbrookdale in der Nacht.* Auch hier erhellt das Feuer die nächtliche Szenerie, anders aber als bei Loutherbourg verdüstern hier dunkle Rauchschwaden den nächtlichen Himmel – das ganze Bild – und verpesten die Umwelt. Die ganze Szene erscheint gespenstisch und unheimlich, sogar der Mond scheint sich hinten den dunklen Wolken zu verstecken.
Auch bei Eduard Biermanns *Borsigscher Werkstatt am Oranienburger Tor* (Abb.71), insbesondere aber auch bei *Borsig's Eisengießerei und Maschinenbau-Anstalt* (Abb.72) verdecken dunkle und düstere Rauchwolken den Himmel und geben dem Bild ein trostloses Aussehen.
Bei dem Vergleich der beiden Bilder[288] wird aber auch die wirtschaftliche Entwicklung innerhalb eines Jahrzehnts deutlich. „Aus der kleinen, überschaubaren, in den märkischen Sand gesetzten Gießhalle ist an gleicher Stelle eine vielfältige Anlage geworden, die fast einen eigenständigen städtischen Charakter trägt. Das Aquarell be-

---

[284] Vgl. auch K. Türk (4), S. 160.
[285] *Hüttenplatz von Henrikow* (ca. 1850; Abb.69) und *Coak-Platz zu Könighütte* (undatiert; Abb.70).
[286] *Borsigsche Werkstatt am Oranienburger Tor 1837* (1847; Abb.71) und *Borsig's Eisengießerei und Maschinenbau-Anstalt in der Chausseestraße* (1847; Abb.72).
[287] Vgl. H. Schmücker, S. 7, K. Türk (2), S. 15.
[288] Beide Bilder wurden 1847 von dem Fabrikbesitzer und Unternehmer August Borsig (1804-1854) bei Eduard Biermann bestellt. In „beiden Darstellungen sollte der Maler das beeindruckende Lebenswerk des Industriebürgers in Szene setzen und somit der Nachwelt überliefern. Anlaß war das zehnjährige Bestehen des Unternehmens. (...) Der Auftrag umfaßte eine Ansicht des Borsig'ischen Werkes aus dem Gründungsjahr 1837 und eine weitere aus der Gegenwart." Vgl. Dieter Vorsteher (2), Das Industriebild als Auftrag zwischen Vormärz und Gründerzeit, in: Sabine Beneke und Hans Ottomeyer (Hrsg.), Die zweite Schöpfung. Bilder der industriellen Welt vom 18. Jahrhundert bis in die Gegenwart, Berlin, 2002, S. 66.

gnügt sich mit dem Abzeichnen der Produktionsstätte – des konstanten Kapitals –, das Ölgemälde beschreibt die Expansion der Produktivität und die vorhandene Arbeitskraft. Gegenstand aller Arbeit, das fertige Produkt, wird im ,Triumphzug' herauszogen aus dem ,Dampf' der Produktionsstätte, aus der Dramatik der Produktion, die ihre Spuren am Firmament giftig-schweflig, rußig-rauchig hinterläßt."[289]
Arbeitende Menschen[290] erscheinen in den frühen Industriedarstellungen bzw. -landschaften entweder gar nicht oder nur als nebensächliche Staffage.[291] Diese Fabrikveduten bilden die Grundlage einerseits für später entstehende Markenzeichen von Firmen, andererseits entwickelte sich auf ihrer Grundlage die Form repräsentativer Industriedarstellungen. Die Reduktion auf wesentliche architektonische Formen der Industrieanlage bzw. Fabrik erleichtert das schnelle Wiedererkennen des industriellen Komplexes. Das prägnanteste Beispiel ist die Königshütte in Oberschlesien.
Ihre Schaufront besteht aus zwei „Doppelturmfassaden", die zumeist isoliert dargestellt[292] werden.[293]
Alfred Rethels *Harkortsche Fabrik auf Burg Wetter* (Abb.29) gehört zu den wenigen qualitativ herausragenden Fabrikdarstellungen der ersten Hälfte des 19. Jahrhunderts, die sowohl in Aufbau als auch Tradition eng mit der Schloßvedute verknüpft sind. Im Sommer des Jahres 1834 fertigte Rethel eine Reihe von Architekturskizzen[294] (z.B. Abb.73), von denen einige die Burg Wetter und ihre Maschinenfabrik darstellen, an.[295] Diese Skizzen zeigen den verfallenen Burgturm und dessen daran anschließende Gebäude in Seiten- und Rückansicht. Für Rethel war wahrscheinlich das Malerische dieser Ansichten ausschlaggebend für seine Skizzierung. Auf einer der Zeichnungen mal-

---

[289] Vgl. Dieter Vorsteher (1), Ein Industriebild zwischen „Jubelfeier" und Revolution, in: Kritische Berichte, 8 (Heft 4/5), 1980, S. 42. Vgl. auch D. Vorsteher (2), S.66-69, Dieter Vorsteher (3), Borsig. Eisengießerei und Maschinenbauanstalt zu Berlin, Berlin, 1983, S. 112-113; 115.

[290] Laut Schröder sei es Menzels großes Verdienst mit seinem *Eisenwalzwerk* (1872/73; Abb.18), „nicht nur das Innenleben einer großindustriellen Fabrikation sichtbar gemacht zu haben, sondern darüber hinaus den Menschen an seiner Arbeitsstätte und sein Verhältnis zu seiner Arbeit in einem Monumentalgemälde in den Vordergrund gerückt und damit den Industriearbeiter offiziell ,bildfähig' gemacht zu haben. Dies" sei „sporadisch vorkommenden Kleinmeistern ähnlicher Motive, wie etwa Léonard Défrance oder Pehr Hilleström nur in regional begrenztem Bereich gelungen" Vgl. A. Schröder, S. 2.
Menzels Industriedarstellung habe nicht nur „den Grundstein gelegt zur Entstehung des Arbeiter- und Industriegemäldes, sondern hier" beginne „zugleich eine Loslösung und Überwindung der bis dahin gültigen historisierenden Form- und Stiltradition". A.. Schröder, S. 2. Vgl. auch S. Salzmann (2), S. 10.

[291] Vgl. Wilhelm Salewski (3), Kunstausstellung. Eisen – Stahl, Düsseldorf, 1952, S. 25, A. Schröder, S. 2, K. Türk (2), S. 15.

[292] Die Königshütte wurde zumeist als Radierung, Eisengußkunst, Lithographie und Stahlstich dargestellt. Vgl. S.-J. Motz, S. 69-70.

[293] Vgl. ebd.

[294] Zwei von ihnen zeigen die Burg Wetter von unten gesehen, eine die Burg mit alten Häusern und die vierte die Burg mit Schornsteinen (Abb.65). Vgl. S.-J. Motz, Abbildungsverzeichnis, ohne Seite

[295] Vgl. S.-J. Motz, S. 70. Vgl. auch Peter Betthausen, Gemalte Industrielandschaft. Die Harkortsche Fabrik auf Burg Wetter, in: Bock, Helmut (Hrsg.), Unzeit des Biedermeier, Köln, 1986, S. 155.

te er die Fundamente der alten Burg und auf ihnen aufbauend, schuppenähnlich die Maschinenfabrik. Eine weitere Zeichnung ist detailliert und aquarelliert und stellt die linke Seite der gesamten Anlage dar.[296]
Während drei der Skizzen vermutlich romantische Skizzen (u.a. Abb.74) einer Reise sind, die den Verfall der Burg dokumentieren, ist die zuletzt beschriebene eine Architekturskizze.
Diese gilt als Vorstudie zum späteren Gemälde. Fritz beschreibt sehr ausführlich den Unterschied zwischen den Skizzen und dem Aquarell. Das Aquarell ist eine sachliche Bestandsaufnahme der baulichen Gegebenheiten, während die Skizzen lediglich die Umgebung wiederzugeben scheinen. Auch zwischen den Skizzen und dem später entstandenen Gemälde bestehen große Unterschiede, der größte besteht darin, daß die Zeichnungen in Untersicht gemalt wurden, das Gemälde hingegen im unteren Teil in Aufsicht, im oberen in horizontaler Sicht.[297]
Das Gemälde selbst ist ein „Wechselspiel von Waagerechten und Senkrechten", wobei das Tor im Vordergrund, Mauern und Dächer die Horizontale bilden, die durch Vertikale (Schornsteine, Kapellentürmchen und Leiter) durchbrochen werden. Der Burgturm wird von den Schornsteinen und von Rauchfahnen eingerahmt. [298]
Alfred Rethels Gemälde *Harkortsche Fabrik auf Burg Wetter*[299] entstand auch ca. 1834, d.h. etwa gleichzeitig mit Blechens *Walzwerk bei Neustadt-Eberswalde*, zu Beginn der industriellen Revolution in Deutschland. Er führte seine Arbeit mit detailgetreuer Aufmerksamkeit aus und setzte die Realität unbefangen bildhaft um. Rethel stellte die Fabrikanlage, die aus „verschachtelten Gebäudetrakten mittelalterlicher Mauerreste und rauchenden Schornsteinen" bestand, das erste westfälische Walz- und Puddelwerk, dar.
Die Industrieanlage wird vom Morgenlicht umspielt, wobei die Fabrik über das verfallene Gemäuer der alten Burg triumphiert.[300]
„Ist eine Schloßvedute eine repräsentative Ansicht, in der die Hauptgebäude in einer ansprechenden Form vorgestellt werden, so scheut sich Rethel nicht, die ruinösen Gemäuer der mittelalterlichen Burg deutlich zu machen. Die Maschinenfabrik hat sich,

---

[296] Vgl. S.-J. Motz, S. 70-71.
[297] Vgl. S.-J. Motz, S. 71. Vgl. auch R. Fritz (5), S. 217-218 und J. Heinrich Schmidt, Ein Skizzenbuch des jungen Alfred Rethel, Düsseldorf, 1940, S. 17; 23.
[298] Vgl. Manfred Hettling, Alfred Rethel, Die Harkortsche Fabrik auf Burg Wetter (1834), in: Kultur und Technik, 1989, S.32. Vgl. auch R. Fritz (4), S. 50, R. Fritz (5), S. 213.
[299] Rethels Gemälde entstand vermutlich als Auftragsarbeit durch den damals erst 18jährigen. Wahrscheinlich vermittelte sein Vater, der seit 1829 Buchhalter der Fabrik war, diesen Auftrag. Vgl. H.R. Möller, S. 158. Vgl. auch P. Betthausen, S. 155-156.
[300] Vgl. Ch. Hoffmeister (5), S. 75-76. Vgl. auch P. Betthausen, S. 157, Jochen Luckhardt, Zum Verhältnis von Landschaft und Industrie in westfälischen Ansichten des 19. Jahrhunderts, in: Westfälisches Landesmuseum für Kunst und Kulturgeschichte (Hrsg.), Industriebilder aus Westfalen: Gemälde, Aquarell, Handzeichnungen, Druckgrafik 1800 – 1960, Ausstellungskatalog, Münster, 1979, S. 13, Peter-Klaus Schuster (3), Gemälde, in: Peter-Klaus Schuster (Hrsg.), Carl Blechen. Zwischen Romantik und Realismus, München, 1990, Katalogteil, S. 276.

unter Ausnutzung der noch bestehenden und wiederverwendbaren Gebäude und Mauerreste, in die Burg und Teile der Schloßgebäude hineingesetzt. Der Unterschied zwischen dem mittelalterlichen Mauerwerk – der Burgbefestigung – zu den hell getünchten Mauern des Schlosses wird betont. Davon heben sich die Neubauten des Walzwerkes ab."[301]

Rethel gelang damit eine realistische Darstellung der baulichen Gegebenheiten, die die Veränderungen der politischen und wirtschaftlichen Lage wiedergeben. Laut Motz ist im Gemälde Rethels Einstellung[302] ablesbar, die Ablösung des Feudalismus durch das Großbürgertum. Sein Gemälde gilt daher als interessanter Versuch, ein ikonographisch neues Thema mit traditionellen Mittel in seinem historischen Verlauf und Zusammenhang zu erfassen[303]: Rethel malte ein Gemälde, in dem im Gegensatz zur idealisierten romantischen Landschaft, nichts geschönt und idealisiert ist. Es gibt die Wirklichkeit realistisch wieder. Diese Gesinnung des Künstlers ist laut Fritz ungewöhnlich für seine Zeit.[304]

Sowohl Carl Schütz' *Lendersdorfer Walzwerk* (1838; Abb.57) als auch *Die Kaisermühle in Düren* (ca. 1830; Abb.58) sind weitere Beispiele für die Darstellung von Fabrikveduten. Das unbekannt gebliebene Bild *Die Kaisermühle in Düren* stellt das Fabrikgebäude realistisch, aber rein – ohne ein Anzeichen menschlicher und/oder industrieller Arbeit dar. Beim *Lendersdorfer Walzwerk* hingegen steigen Rauchwölkchen aus dem Schornstein empor – Anzeichen industrieller Tätigkeit – ohne jedoch das Blau des Himmels zu trüben. Einzig die von links ins Bild ziehenden grauen Wolken verdunkeln die Szenerie etwas.

Beide Bilder Schütz' geben die entstehende Industrialisierung kritiklos wieder und sind somit lediglich dokumentarisch gemalte Fabrikporträts.[305]

5.2.4. Sozialkritische Darstellungen

Eine Besonderheit bei den industriellen Darstellungen zur Zeit der Romantik nehmen, insbesondere in Deutschland, die sozialkritischen Darstellungen ein. Die Düsseldorfer Kunst wurde dabei insbesondere in den 1840er Jahren zum Zentrum der sozialkritischen Genremalerei[306] in Deutschland.[307]

---

[301] S.-J. Motz, S.71-72. Vgl. auch Ch. Bertsch (1), S. 31-32, H.R. Möller, S. 158-159.

[302] Laut Salewski entstehe jedoch keine spannungsgeladene Gegensätzlichkeit im Gemälde. Vgl. W. Salewski (2.I.), S. 17.

[303] Vgl. S.-J. Motz, S. 71-72. Vgl. auch Ch. Bertsch (1), S. 31-32, Irene Markowitz, Der frühe Realismus in Düsseldorf, in: Germanisches Nationalmuseum Nürnberg (Hrsg.), Der frühe Realismus in Deutschland, München, 1967, S. 88, P.-K. Schuster (3), Katalogteil, S. 276, E. Trier (2), S. 336, K. Türk (4), S. 160-161.

[304] Vgl. R. Fritz (3), S. 334. Vgl. auch W. Salewski (2.I.), S. 17.

[305] Vgl. auch K. Türk (4), S. 161-162.

[306] Die Anfänge dieser Richtung gehen auf Darstellungen „mitleidserregender Bettlerdarstellungen", die zur Wohltätigkeit gegenüber den Armen anregen sollten, zurück. Vgl. W. Hütt (1), S. 165.

[307] Vgl. ebd.

So griffen viele Düsseldorfer Künstler[308] in ihren Gemälden „Themen aus den sozialen, politischen und religiösen Auseinandersetzungen des Vormärz auf: Verfolgung von Demokraten und Sozialisten, die Pressezensur, die Polizeikontrolle, Willkür des Adels und Militärs, die Notlage der vielen Auswanderer, die einseitige Konsumsteuer, die Bettler- und Jagdgesetze bis hin zur Kritik an bürgerlichem Eigennutz und frühkapitalistischen Verhältnisse."[309]
Auslösend für diese sozialkritischen Darstellungen (Vgl. Kap. 8.2.) waren insbesondere die gesellschaftlichen und politischen Besonderheiten der Entwicklung des Rheinlandes. Dort vollzog sich im Bürgertum eine auffällige Differenzierung.[310]
„Das traditionelle Bildungsbürgertum, dessen Selbstverständnis sich im 19. Jahrhundert besonders über seine kulturellen Leistungen definierte, geriet im Vormärz bei der Formulierung politisch konkreter Zukunftsvorstellungen zunehmend in den Hintergrund. Politisch realisierbar für die bürgerliche Klasse waren wirtschaftspolitische Ziele. An diesen war das humanistisch orientierte Bildungsbürgertum[311] nicht interessiert und zog sich deshalb auf ideale, allgemeine Ziele und kulturelle Inhalte zurück."[312]
Bereits vor 1848 kamen erste Mahnungen bzgl. der Notlage des Proletariats[313] von den wirtschaftlich interessierten liberalen Bürgern des Rheinlandes. Besonders in Tageszeitungen und periodischen Zeitschriften wurden vermehrt Beiträge zur sozialen Frage veröffentlicht. Insbesondere der Weberaufstand 1844 gab dieser Diskussion einen besonderen Anstoß. Allerdings veränderte sich die Auffassung der liberalen Bürger sehr bald, da das Ansprechen der sozialen Lage Zündstoff für das Proletariat darstellte.
Nur der linke Flügel der liberalen Gruppe[314], die *Wahren Sozialisten*, und der sich um sie scharende Kreis diskutierten weiterhin über die sozialen Probleme. Durch sie fanden diese Ideen auch Eingang in die Düsseldorfer Künstlerschaft.[315]
Viele der Künstler[316], insbesondere Andreas Achenbach, Wilhelm Josef Heine, Johann

---

[308] Laut Gagel sei es kein Zufall, daß die Düsseldorfer Malerschule zum Zentrum der Auseinandersetzung mit der Gesellschaft wurde und daß die realistische Tendenz in die romantische Malerei einfloß. So sei diese Zeit – die Zeit des Vormärz, die Jahre der Unterdrückung der Forderung nach nationaler Einheit und Verfassung. H. Gagel, S. 68.

[309] H. Gagel, S. 68.

[310] Vgl. W. Hütt (1), S. 160-161.

[311] Das wirtschaftlich orientierte Bürgertum war hingegen nicht an derartigen idealistischen Zielen orientiert. Vgl. ebd., S. 161.

[312] Ebd.

[313] Laut Hütt hinderte die mangelhafte Entwicklung kapitalistischer Produktionsverhältnisse sogar das kleinbürgerliche Handwerksproletariat daran, die Entwicklung des Kapitalismus positiv zu sehen. Insbesondere diese Teile der Arbeiterschaft und wandernde Handwerker waren die ersten, die die neuen, sozialkritischen Ideen aufgriffen. Vgl. ebd.

[314] Die nach 1830 stark ansteigenden Lebensmittelpreise und wachsende Erwerbslosigkeit verschlechterten die Lage der Arbeiter massiv. Insbesondere das Jahr 1846 war aufgrund der akuten Lebensmittelknappheit besonders schwer. „Zur eigenen Mehrarbeit und der schlechten Entlohnung gesellte sich für die Lohnabhängigen ihre Machtlosigkeit gegenüber dem Wucher." Ebd.

[315] Vgl. ebd.

[316] Dazu mehr Kapitel 8.2.

Peter Hasenclever und Wilhelm Hübner, griffen die Sozialkritik nicht nur künstlerisch auf, sondern nahmen auch aktiv an den Kämpfen des Vormärz und 1848 teil[317] (Vgl. Kapitel. 8.2.).

5.2.5. Innere der Arbeitsstätten und die Darstellung von Arbeitern

Die Darstellung von Innenräumen einer Eisenhütte oder einer Fabrikhalle entstand entweder zur Präsentation neuer Technologien und Geräte oder zur Darstellung besonderer Industriearchitektur. „In einigen Fällen sind Interieurs von Fabriken ohne Menschen überliefert; häufiger jedoch wurde das Zeigen einer Anlage oder einer neuen Maschine mit einer Schilderung der Arbeiter während des Arbeitsvorganges verbunden. Ein Teil der Arbeitsvorgänge, z.B. das Zusammensetzen von Lokomotiven, konnte entweder im Fabrikhof (...) oder in der Halle (...) stattfinden“.[318]
In den meisten Darstellungen des 19. Jahrhunderts treten Arbeiter in Kleingruppen auf. Diese haben eher Handwerkercharakter, ohne das Spezifische der industriellen Revolution und deren Auswirkungen in den Fabriken darzustellen. Bildhafte Darstellungen der Massenarbeit bzw. von Arbeitermassen[319] treten nur vereinzelt auf. Die meisten Darstellungen, die das Innere bzw. den Innenraum einer Fabrikhalle darstellen, dienen der Präsentation neuer Arbeits- und Herstellungsverfahren.
Das Motiv *Innenansichten von Arbeitstätten* findet sich und u.a. in Gemälden von Eugen Neureuther und Adolf von Menzel. Neureuthers Gemälde *Die Maschinenfabrik Klett und Co.* (1858; Abb.75) ermöglicht anhand zweier übereinanderliegender Bildzonen einen Einblick in ein paar der zahlreichen Fabrikhallen, in denen Massen von Arbeitern beschäftigt sind. Nur die Männer in der ersten Reihe werden mit ihren charakteristischen Arbeitsbewegungen dargestellt.[320] Im Gemälde, wie auch schon im zuvor erschienenen Werbeplakat spiegeln sich die Realität und der Geist der fortschreitenden Industrialisierung in Deutschland wider. Die realistischen Arbeitsdarstellungen sind mit Symbolismus, Allegorismus, Romantik und Idealismus verbunden.[321]
Ein weiteres Beispiel und gleichzeitig auch die bekannteste Industriedarstellung des 19. Jahrhunderts ist Menzels *Eisenwalzwerk* (Abb.18).[322] Das Neue in seinem Gemälde[323] ist die Darstellung der neuen Verhältnisse der Menschen zu ihrer Arbeit, die er

---

[317] Vgl. H. Gagel, S. 68.
[318] S.-J. Motz, S. 74.
[319] Eine kritische Wiedergabe der Arbeitsdarstellungen und der Lage der Arbeiter fehlt zumeist, da dies nicht im Interesse der Fabrikbesitzer oder fortschrittsgläubiger Bürger lag. Vergleiche auch Janke und Wagner am Beispiel Bonhommés. Vgl. ebd., S. 75.
[320] Vgl. ebd., S. 77.
[321] Vgl. K. Türk (4), S. 170.
[322] Vgl. F. Gross, S. 19, M. Hettling, S. 33, K. Kaiser (2), S. 5, W. Salewski (2.II.), S. 11, W. Salewski (4), S. 20.
[323] Laut Schmidt legte Menzel mit seinem *Eisenwalzwerk* den Grundstein für eine Anzahl ähnlicher Bilder, die das Thema der Arbeit aufgriffen und künstlerisch und sozialkritisch umsetzten. Vgl. R.W. Schmidt, Die Technik in der Kunst, Stuttgart, 1922, S. XV.

detailliert und realistisch künstlerisch umgesetzt hat. Menzel erfaßte dabei auch das Wesentliche der menschlichen Beziehungen innerhalb des industriellen Ablaufes und Arbeitsprozesses. Als erster deutscher Künstler[324] stellte er die Produktionsverhältnisse moderner Fabrikanlagen dar, während Blechen ca. 40 Jahre früher sein Fabrikgebäude in eine romantische Landschaft einfügte. In der dazwischenliegenden Zeit hatte sich Deutschland[325] aus einem Agrarland in ein Industrieland verwandelt, das durch neue, intensive Arbeitsmethoden die Produktion immer mehr beschleunigte.[326]
Laut Kaiser läßt sich der Entstehungsprozeß von Menzels *Eisenwalzwerk* in drei Phasen einteilen. In der ersten Phasen habe Menzel seine Beobachtungen gesammelt und sie in zahlreichen Geräte- und Bewegungsskizzen festgehalten. Viele dieser Skizzen entstanden direkt im Eisenwalzwerk der Königshütte selbst, wo Menzel das typische der Fabrikarbeit und die charakteristischen Arbeitsvorgänge studierte. Aufgrund seiner vielfältigen Skizzen sei Menzel die Konzeption seines Gemäldes bewußt geworden und mit diesem Schöpfungsgang wäre er in seine zweite Phase übergetreten. Sowohl die wissenschaftlich-technische Beschäftigung mit den Produktionsmitteln bzw. -instrumenten sowie auch der tägliche Umgang mit den Arbeitern im Walzwerk habe dazu beigetragen, daß er seine gewonnenen Erkenntnisse glaubhaft und realistisch bildhaft umsetzen konnte. In der dritten Phase habe er die festgelegte Bildkonzeption durch einen Grundriß objektiviert und einzelnen Figuren mehrfach in Studien abgewandelt und nochmals an der Realität geprüft.[327]
Aufgrund dieser exakten[328] und langwierigen Vorbereitung gelang Menzel ein Werk von herausragender Qualität und Einmaligkeit. Was sein Gemälde jedoch von denen seiner Vorgänger unterscheidet, ist „weder das Thema (Innenansicht[329]), noch sind es die Einzelmotive (Herrschaftsbesuch[330]), sondern es ist die ‚genialische Verbindung dieser Elemente zu einer in sich geschlossenen Gesamtkomposition'[331]. (...)

---

[324] Menzel hatte als Realist und Wahrheitsfanatiker schon bei seinem Auftrag für das *Heckmann'sche Gedenkblatt* (Abb.76) begriffen, daß mit der Industrialisierung ein gesellschaftlicher und sozialer Wandel eingetreten war. Vgl. I. Wirth, S. 294.

[325] Die Industrieproduktion in Deutschland war nach der Mitte des 19. Jahrhunderts sprunghaft angestiegen, aus der extensiven Form hatte sich eine intensive entwickelt und in den 70er Jahren so an Umfang zugenommen, so daß sie auch von den „bildenden Künstlern als zeittypisch wahrgenommen und gestaltet" wurde. Vgl. K. Kaiser (2), S. 9.

[326] Vgl. K. Kaiser (2), S. 5-6; 13. Vgl. auch W. Rüdiger, S. X.

[327] Vgl. K. Kaiser (2), S. 6-7.

[328] Laut Schadendorf werden Menzels Gemälde ab 1850 zunehmend realistischer. Vgl. W. Schadendorf, S. 141.

[329] Vorläufer für industrielle Innendarstellungen entstanden bereits in der 2. Hälfte des 18. Jahrhunderts in Schweden (Hilleström) und Belgien (Défrance). Vgl. Ruth-Maria Ullrich, Pflanzenhäuser aus Glas und Eisen – ein technisches, architektonisches und gesellschaftliches Phänomen des 19. Jahrhunderts, in: Tilmann Buddensieg und Henning Rogge (Hrsg.), Die nützlichen Künste, 1981, Berlin, S. 19.

[330] Auch Herrschaftsbesuche – entsprechend Menzels dargestelltem Betriebsleiter – finden sich in Belgien und Schweden. Vgl. Ferdinand Ullrich, Zur Darstellung industrieller Wirklichkeit in der Malerei des 19. Jahrhunderts, in: Industriebilder aus Westfalen: Gemälde, Aquarell, Handzeichnungen,

Monumentalität und Dynamik des Bildgeschehens sind dabei Ausdruck der rapiden industriellen Entwicklung in der 2. Hälfte des 19. Jahrhunderts."[332] Diese wohlüberlegte und durchorganisierte Komposition symbolisiert einen reibungslos verlaufenden Mechanismus, in dem selbst der Mensch dem gnadenlosen Rhythmus der Maschinerie untergeordnet ist.[333]

Bereits 1831 stellte schon Johannes Erdmann Hummel das Innere einer Arbeits- bzw. Produktionsstätte in seinem Gemälde *Das Schleifen der Granitschale* (Abb.77) dar. Anders allerdings als in Menzels *Eisenwalzwerk* stehen bei ihm nicht der Produktionsprozeß und dessen Auswirkung auf die Arbeiter bzw. die menschliche Arbeit im Vordergrund, sondern die Herstellung der Granitschale. Hummel gibt nur eine technisch präzise, detailgetreue Darstellung des Produktionsprozesses wieder. Die Menschen und die menschliche Arbeit werden hierbei komplett ausgespart.

Das Schleifen der Granitschale ist eins von vier Gemälden, in denen sich Hummel, Professor für Perspektive, Architektur und Optik, mit dem Bearbeitungsvorgang der Schale auseinandersetzt. Anlaß für seine Gemälde war ein künstlerisch-wissenschaftliches Experiment aufgrund der Ausstellung einer aus einem einzigen Findling gearbeiteten Granitschale vor Schinkels *Altem Museum* in Berlin.[334]

Das Bild „gewährt dem Betrachter Einblick in die provisorische Werkstatt am Kupfergraben, wo der Findling mit der Öffnung nach unten in der Halterung der Schleifmaschine ruht. Während die Granitschale in Nahsicht gegeben ist, erscheint die Werkstatt nur fragmentarisch, bzw. als verzerrtes Spiegelbild auf der glattpolierten Oberfläche der Granitschale. Der Zugriff des Künstlers erfaßt den Gegenstand als Dokument des Erfindungsgeistes des Menschen, der sich der Naturkräfte bedient, um die Natur umzugestalten:[335]

5.3. Zum Verhältnis von Landschaft und Industrie in den Darstellungen – Veränderung der Landschaft durch die Industrie

Erst im 19. Jahrhundert wurde der Naturbegriff erweitert und schließlich unkenntlich gemacht. Diese Entwicklung begann mit dem raschen und ungewohnten Einbrechen der Technik[336] in die menschliche Gesellschaft. Nach kurzer Zeit der Ablehnung und

---

Druckgrafik 1800 – 1960, Ausstellungskatalog, Westfälisches Landesmuseum für Kunst und Kulturgeschichte, Münster, 1979, S. 19.

[331] Wilhelm-Lehmbruck-Museum (Hrsg.), Industrie und Technik in der deutschen Malerei von der Romantik bis zur Gegenwart, Ausstellungskatalog, Duisburg, 1969, Katalogteil, S. 66.

[332] F. Ullrich, S. 19.

[333] Vgl. ebd., S. 22.

[334] Vgl. P.-K. Schuster (3), Katalogteil, S. 275, Wilhelm-Lehmbruck-Museum (Hrsg.), S. 37.

[335] Ebd.

[336] Im letzten Drittel des 18. Jahrhunderts begann bspw. die Industrialisierung Oberschlesiens, das sich zu einer der größten deutschen Industrielandschaften entwickelte. Bei dieser Entwicklung konnten die neuen Errungenschaften Englands einbezogen werden. Die Verwendung von Steinkohle und Koks in

des Ersetzens begann die menschliche Gesellschaft die Technik, die Industrie sowie die technischen Errungenschaften zu verherrlichen. Die neuen Möglichkeiten dienten gleichzeitig wiederum zur Verherrlichung der Technik und der Industrialisierung, wie z.B. der Kristallpalast in London oder der Eiffelturm in Paris. Gleichzeitig nahmen auch das menschliche Versagen, wie z.B. die „Katastrophe des Brückeneinsturzes am Firth of Forth“[337], zu. Diese Katastrophen wurden zum „Anlaß resignierender Betrachtung“[338], aber dennoch wieder ins Positive[339] gewendet.

Der Beginn der industriellen Revolution und damit des technischen Zeitalters ist von den neu entstandenen Möglichkeiten, die jedoch in frühere Formen und Haltungen verpackt waren, charakterisiert. So gab es noch keine adäquate Form für die neue Technik, d.h. sie wurde anhand bereits vorhandener stilistischer Mittel dargestellt. Der Bruch im Bewußtsein des einzelnen Individuums war umso größer. Die sozialen, politischen und soziologischen Gegebenheiten waren auf diese neue Realität nicht vorbereitet. Diese Entwicklung und Erweiterung beschränkte sich nicht allein auf das technische Gebiet, sondern beeinflußte alle Gebiete, u.a. auch das künstlerische.[340] „Die Methapher von der Maschine als einem ‚Riesen‘ weist nicht nur auf ältere Traditionen zurück, sie läßt auch erkennen, daß mit der Industrie ein neuer Schöpfungsmythos, ein neues Weltbild entsteht, das die bisher gültigen Proportionen im Verhältnis des Menschen zur Natur außer Kraft setzt“.[341] Äußere Zeichnen dieser sogenannten „zweiten Schöpfung“ sind Rauch und Feuer. Diese sind gleichzeitig Symbole des neuen Verständnisses und der neuen Ästhetik, in der die Aktivität und Energie Beschaulichkeit und Harmonie ersetzen. „Die Industrielandschaft vertreibt die Naturidylle, die Fabrikstadtvedute die Altstadtsilhouette, das Eisenwalzwerk das Schmiedeinterieur.“[342] Die neuen Thematiken bleiben jedoch mit den alten verbunden, wenn auch

---

der Hüttentechnik ermöglichte eine Loslösung der Eisenproduktion von den Wäldern und eine Massenproduktion an Eisen. Die ersten Eisenhütten des 19. Jahrhunderts entstanden daher in den Steinkohlerevieren, u.a. im Ruhrgebiet und in Oberschlesien.
Ohne diese Resourcenumstellung und die Erfindung der Dampfmaschine wären die daraus resultierenden tiefgreifenden Umwälzungen auf technischem und gesellschaftlichem Gebiet nicht denkbar gewesen. So begannen u.a. Wanderungsbewegungen innerhalb einzelner Länder sowie die Konzentration von Bevölkerungsmassen in den Städten. Vgl. F.M. Ress, S. XVII.

[337] Heiter Müller-Schlösser, Industrielle Natur, Düsseldorf, 1961, S. 4.

[338] Ebd.

[339] Ein Beispiel dafür ist ein Gedicht von Fontane, in dem zwar die menschliche Überheblichkeit bestraft wird, nicht jedoch das Streben nach technischer Entwicklung und Entfaltung. Vgl. ebd.

Laut Overbeck sollten sich Künstler von Profitgier und der Ausbeutung von Natur und Mensch abgestoßen fühlen, es zeige sich jedoch, daß es viele Versuche gab, dieses naturfremde Gebiet künstlerisch umzusetzen. Vgl. Gerta Overbeck, Industriebilder, in: Der Wachsbogen, Heft 7/8, Hannover, 1932, S. 1.
Die Natur wurde immer mehr als Energielieferant und Ausbeutungsmöglichkeit angesehen, gepaart mit dem Gedanken der Überlegenheit der Technik über die Natur, die aber wiederum mit einem schweren Verlust gekoppelt ist. Vgl. W. Schadewaldt, S. 14-15.

[340] Vgl. H. Müller-Schlösser, S. 3-4.

[341] K. Herding (1), S. 446.

[342] Ebd.

widersprüchlich. In der Malerei[343] führt dieser Widerspruch zu einer neuen Synthese.[344]
Industriedarstellungen, genauer: Darstellungen industrieller Komplexe und Anlagen sind im Bereich der Malerei ein Kriterium für die Bewertung der Realität und die fortschrittliche künstlerische Sichtweise. Die Darstellung von Industrielandschaften charakterisiert jedoch nicht das ästhetische Verhältnis der Künstlers zu den betroffenen Menschen und Klassen, die prägend für den sozialen Charakter der Industrie und Industrialisierung sind, nicht seine Einstellung gegenüber dem gesellschaftlichen Fortschritt oder seine Reaktion auf die daraus resultierenden Veränderungen, nicht seinen Anteil zur Entwicklung realistischer Darstellungen.
Die Interpretation des jeweiligen Gemäldes bzw. der Darstellungsweise der Industrie und ihrer Auswirkungen ist immer davon abhängig, wie der jeweilige Künstler die Industrielandschaft empfand und wie er das Verhältnis zwischen der durch die Industrie veränderten Natur und den Menschen, die diese Veränderung herbeiführten, auffaßte. Weiterhin ist diese abhängig von den Erkenntnissen, Erlebnissen, Gefühlen, Einsichten, der Bildung und dem sozialen Status des Malers.[345]
Die Industrialisierung und die industriellen Anlagen, die zum Gegenstand in der bildenden Kunst werden, wirken als Produkte der industriellen Entwicklung und werden als Prozeß menschlicher Arbeit unter konkreten geschichtlichen Produktionsverhältnissen verwirklicht. Das ästhetische Verhältnis des Künstlers kann demnach nur mittels der gesellschaftlichen Funktion der Industrie bewertet werden.
Die Art der Darstellungen der industriellen Entwicklung und Veränderungen offenbaren die Sichtweise des Malers, das „was er als gesellschaftliches Wesen“[346] in ihr und ihren Auswirkungen entdeckt hat.
Laut Hoffmeister ist die Industrie „die reichste Quelle objektiver Kultur, die wirkliche Voraussetzung für die Entfaltung der menschlichen Schöpferkräfte und daher die Grundlage eines Humanismus.“[347] So bringe die Menschheit nicht nur die Industrie hervor und auf ihrer Grundlage physisch und psychisch Unbekanntes und Fremdes, sondern auch etwas, das neu und nützlich sei. So sei die Industrie nicht nur ein Mittel des Menschen, durch das er seine Umwelt verändere, sondern auch gleichzeitig wiederum das Ergebnis dieser Veränderung, die durch die Menschheit hervorgerufen wurde. Aufgrund der sich stetig verändernden Sichtbarkeit der Industrie und ihrer Auswirkungen sei sie gleichzeitig ein Phänomen, das die soziale Wirklichkeit und deren Problematik widerspiegele. Die real existierende Industrie würde dann zum künst-

---

[343] Laut Herding gibt es bei den Verarbeitungsweisen dieses Widerspruchs einen Unterschied zwischen Malerei und Graphik. So decke die Graphik im Gegensatz zur Malerei Störfaktoren auf und demonstriere den Antagonismus alter und neuer Normen. Vgl. ebd.
[344] Vgl. ebd.
[345] Vgl. Ch. Hoffmeister (6), S. 196.
[346] Ch. Hoffmeister (4), S. 88.
[347] Ebd., S. 90.

lerischen Gegenstand, wenn der Künstler seine Beziehung zu den Eigentümlichkeiten und der Wirklichkeit der Industrie darstelle.[348]
Im Gegensatz dazu vertritt Herding die Auffassung, daß die kritische Einstellung der Künstler zur Entstehung und Entwicklung der Industrialisierung bisher nur ungenügend betrachtet wurde. Negative Sichtweisen würden zumeist nicht in die kunsthistorischen Betrachtungen aufgenommen, selbst dann, wenn die entsprechenden Bilder und Gemälde beispielhaft vorgestellt worden wären. So gäbe es, insbesondere in der englischen Malerei, zahlreiche Belege für die zeitgenössische Kritik an der Umwelt- und Naturzerstörung.[349]

[348] Vgl. ebd., S. 88-91.
[349] Vgl. K. Herding (2), S. 11-13.

6. Industrielle Darstellungen in der Natur

6.1. Positive Betrachtung der Industriebilder der Romantiker – Verherrlichung bzw. Überhöhung der Industrie

Nach 1848 herrschte in der repräsentativen deutschen Malerei die Tendenz vor, die Industrie- und Arbeitswelt zu überhöhen, mythisieren und allegorisieren.[350] Die wichtigsten Vertreter dieser Darstellungsweise sind Neureuther mit seiner *Maschinenfabrik und Gießerei Klett & Co.* (Abb.75) und Meyerheim mit seinem Zyklus *Geschichte der Lokomotive* (Abb.78-84).

„Nicht nur auf den üblichen Jubiläums- oder Gratulationsblättern für erfolgreiche Unternehmer, sondern auch in großformatigen Ölgemälden wurde in geradezu grotesken Pathosformeln die Verherrlichung des technisch-industriellen Fortschritts gefeiert. Ein besonders anschauliches Beispiel für diesen Typus ist Eugen Napoleon Neureuthers Nürnberger *Maschinenfabrik und Gießerei Klett & Co.*[351] von 1858."[352]

Obwohl das Gemälde[353] ähnliche Elemente, wie das kurz zuvor erschienene Werbeplakat der Firma Krupp (Abb.85), enthält, „so repräsentiert es doch in einmaliger Weise Geist und Realität des sich industrialisierenden Deutschlands: Idealismus, Romantik, Symbolismus und Allegorismus verbinden sich mit realistischen Arbeitsdarstellungen. Allegorisch wird die entfesselte naturale Triebkraft als Mamorrelief in die dekorative Vortreppe gemalt. Aus dem Zusammentreffen der Antipoden Feuer und Wasser entsteht Dampf, hier als sechsarmiges Wesen dargestellt. Die Natur wird durch die moderne Physik und Mathematik dienstbar gemacht: Beide, symboli-

---

[350] Vgl. K. Gafert, S. 114.

[351] „Als Polyallegorisierung beinhaltet" das Gemälde „eine Zusammenfassung romantischer Vorstellungen, gleichsam ein Programm für viele Personifikationen und Symbolisierungen der späteren wilhelminischen Ära. Eine hoch differenzierte Produktionsstätte erscheint wie auf einem Theatervorhang, als Arabeske, als ‚Dörnröschenfabrik' verniedlicht. Das Repertoire einer universellen Allegorie ist auf einer puppenstubenartigen Guckkastenbühne aufgeboten, um die Vielschichtigkeit der industriellen Realität zu ‚verpacken'. Die Phantasie- und Gedankenwelt – die sich auf die vordergründig vorgeblendete Palastfassade konzentriert – kontrastiert mit den nüchtern geschilderten Szenen eines – erstmalig überhaupt – dargestellten industriellen Produktionsprozesses. Gegensätze und Beziehungen von technischer Wirklichkeit und allegorischer Ideenwelt (Außen- und Innenraum, Himmel und Erde, Morgen, Mittag und Abend, Vergangenheit, Gegenwart und Zukunft), sind in einer rokokohaften Apotheose vereinigt. Sie basiert auf dem tiefsinnig romantischen Ideengut (...). Die Paradoxien, die Diskrepanz zwischen ‚Ideen' und ‚Realen', sind in einem biederen Naturalismus verwirklicht. Alle Phänome und Probleme sind wie in Schubkästen in ein artifizielles Gedankengebäude eingebaut." S. Salzmann (2), S. 60. Vgl. auch K. Gafert, S. 114-115, M. U. Riemann-Reyher (3), S. 5.

[352] K. Gafert, S. 114. Vgl. auch Ch. Bertsch (2), S. 244, Klaus Türk (3), Bilder der Arbeit. Malerei Graphik Skulptur. Ausst.Kat., Uni.Trier/Bundesanstalt für Arbeitsschutz, Trier/Dortmund, 1990, S. 7.

[353] Laut Türk begann die Entwicklung des eigentlichen Industriebildes mit Neureuthers Gemälde. Es entstand aufgrund des 10-jährigen Bestehens der Firma Cremer-Klett im Auftrag des Besitzers. Vgl. K. Türk (4), S. 170.

siert als Frauengestalten, werden zu technologischem Wissen durch einen Genius[354] (...) in ihrer Mitte verbunden."[355] Die leitenden Ingenieure sitzen mit Meßwerkzeugen und Plänen auf den Treppen. Im Kellergeschoß steht die Dampfmaschine, „das Zentrum der Energiegewinnung, die Wurzel aller technischen und maschinellen Arbeit, auf welcher alle Tätigkeiten aufbauen." Im Erdgeschoß werden die „primären industriellen Fertigkeiten" – Eisengießerei, Schmiede, Tischlerei und Sattlerei zur Personen- und Güterwagenherstellung –, im ersten Stock die mechanischen Werkstätten zur Maschinenherstellung dargestellt.[356]

„Darüber erscheint gleichsam als Synthese dieses arbeitsteiligen Produktionsprozesses eine Fabrikvedute, (...). Diese Gesamtdarstellung wird gerahmt von den Sinnbildern eines alles regulierenden Zeitbegriffs mit einem Regenbogen, welcher den Morgen mit einem krähenden Hahn und den Abend mit einem Halbmond verbindet. Rauch und Naturschauspiel durchdringen sich gegenseitig, werden zur Schmuckform. (...) Die gesamte Darstellung wird von einer Rosenhecke weitgehend umrahmt, eine Arabeske, welche dazu dient, eine Synthese von Natur und Industrie herzustellen, den Produktionsbetrieb wie natürlich gewachsen erscheinen zu lassen und Widersprüche formaler und inhaltlicher Art zu versöhnen. Die Industrie und ihre Bauten, ja im Grund die Arbeit selbst, soll hier ästhetisiert werden."[357]

Neureuthers „Heroisierungstendenz" bei der Darstellung einer Fabrikanlage fand in der deutschen Malerei bis zum Ende des 19. Jahrhunderts breite Nachfolge. „Sie breiteten den Schleier des ‚schönen Scheins' über die harte Realität, über die unmenschlichen Folgen der rasanten industriellen Entwicklung. Auf diese Weise ideologisch überhöht – und entschärft, konnten allegorische Darstellungen der Industrie selbst die Wände vornehmer Kaffeehäuser zieren."[358]

Selbst kleinbürgerlich-reaktionäre Zeitschriften[359] wagten in monumentalisierter, idealtypischer Stilsierung neuzeitliche Arbeiter bildhaft darzustellen: Eine muskulöse Figur mit entschlossenem Blick und derben, zupackenden Fäusten, ein isoliertes Individuum[360], z.B. einen Lokführer, einen Dampfhammerschmied oder einen Tunnelarbeiter.[361]

„An realistischer, unmittelbarer Problemerfassung der sozialen Wirklichkeit zeigten sich die bürgerlichen Künstler – geschweige denn deren Auftraggeber – während der Zeit der politischen Restauration nach 1848 nicht mehr interessiert. Sozialkritische

---

[354] Der Genius symbolisiert den lenkenden Verstand des Unternehmens. Vgl. auch Ch. Bertsch (2), S. 244.

[355] K. Türk (4), S. 170. Vgl. auch Ch. Bertsch (2), S. 244-246, K. Türk (3), S. 7-8.

[356] Vgl. auch Ch. Bertsch (2), S. 244-245.

[357] Ch. Bertsch (2), S. 245. Vgl. auch K. Gafert, S. 114-115, M.U. Riemann-Reyher (3), S. 5, S. Salzmann (2), S. 60, K. Türk (4), S. 170-171.

[358] K. Gafert, S. 115.

[359] Bspw. das illustrierte Familienblatt *Daheim*. Vgl. ebd.

[360] Diese Figur wird höchstens von einer Assistenzfigur begleitet. Vgl. ebd.

[361] Vgl. ebd.

Ansätze, wie sie etwa im Umkreis der Düsseldorfer Schule[362] in Malerei und Graphik ausgebildet worden waren, verschwanden in dieser Zeit fast völlig. (Diese Tendenz zur Entpolitisierung gilt auch für die zeitgenössische literarische Entwicklung.) Lediglich die sozialmentale Note dieser Vormärzmalerei fand in der oft unerträglich rührseligen ‚Arme-Leute-Malerei' der achtziger Jahre[363] ihre Fortsetzung."[364]
Ein weiteres Beispiel der industriellen Verherrlichung stellt Paul Meyerheims Wandbildzyklus *Geschichte der Lokomotive* [365] (Abb.78-84) dar. Der Zyklus besteht aus sieben großformatigen Kupfergemälden[366], entstanden zwischen 1873 bis 1876.[367]
Dieses Auftragswerk wurde für die Gartenhalle der Borsig-Villa in Berlin geschaffen.[368]
Die Rückwand der Gartenhalle war in drei, die Seitenwände in je zwei Felder aufgegliedert, um die Folge von Meyerheims sieben Gemälden aufzunehmen.[369]
„Die Episodenfolge beginnt an der linken Seitenwand mit einer *Einfahrt in den Schacht* (bzw. *Gewinnung des Erzes*, 1874) und einem *Hochofenabstrich* (1874), das Familienbild flankierend setzt sie sich links fort mit der *Maschinenfabrik* (1873) und rechts mit dem Bild *Vor Vollendung einer Lokomotive* (**1873**)[370]. Auf der rechten Seite folgen hinten *Die Postkutsche* **(1875)**[371] und vorn *Welthandel* (1876)."[372]

---

[362] Vgl. Kapitel 5.2.

[363] Aufgrund der verstärkten ökonomischen und politischen Auseinandersetzungen im Verlauf der 70er Jahre ergaben sich neue soziale und psychologische Bedingungen, die für die soziale Realität sensibilisierten und auch in die Kunst einflossen. Vgl. K. Gafert, S. 116.

[364] Ebd.

[365] Vermutlich erhielt Meyerheim den Auftrag um 1872 von Albert Borsig, da das erste Bild des Zyklusses *Maschinenfabrik* 1873 gemalt wurde. Vgl. Jens Christian Jensen (1),Caspar David Friedrich. Leben und Werk, 10. Aufl., Köln, 1995, S. 90, D. Vorsteher (2), S. 69.

[366] Die sieben Ölbilder wurden auf Kupferplatten, die der Bogengliederung in der Gartenhalle (Abb.86) entsprechen, gemalt. Vgl. Jens Semrau, Geschichte der Lokomotive. Zu Paul Meyerheims Wandbildzyklus – Ein bürgerliches Gesellschaftsmodell der 1870er Jahre, in: Bildende Kunst, 1987, S. 214, D. Vorsteher (2), S. 69.
Alle außer einem Gemälde, dem *Familienbild* der Borsigs, erzählen den Werdegang einer Lokomotive, ihre Produktions-, Nutzungs- und Verkaufsbiographie". Vgl. K. Gafert, S. 125, K. Türk (4), S. 174.

[367] Vgl. K. Gafert, S. 125. Vgl. auch F. Forster-Hahn, S. 126, Marie Ursula Riemann-Reyher (4), Katalog, in: Claude Keisch und Marie Ursula Riemann-Reyher (Hrsg.), Adoph Menzel 1815-1905. Das Labyrinth der Wirklichkeit, Ausstellungskatalog, Köln, 1996, Katalogteil, S. 286, Gisold Lammel, Adolph Menzel und seine Kreise, Dresden/Basel, 1993, S. 34, Lilli Martius, Die Villa Borsig in Berlin Moabit, in: Der Bär von Berlin, Beriln, 1965, S. 274, Marie Ursula Riemann-Reyher (1), Adolph von Menzel – Reiseskizzen aus Preußen, München, 1997, S. 165, J. Semrau, S. 214, I. Wirth, S. 419.

[368] Vgl. K. Türk (4), S. 174. Vgl. auch L. Martius, S. 274, J. Semrau, S. 214, I. Wirth, S. 421.

[369] Vgl. L. Martius, S. 274. Vgl. auch M.U. Riemann-Reyher (3), S. 12.

[370] *Vor der Vollendung einer Lokomotive*: Datierung nach K. Türk (4); Das Fettgedruckte ist eine Einfügung des Autors.

[371] Das Fettgedruckte stammt vom Autor.

[372] J. Semrau, S. 214. Vgl. auch K. Gafert, S. 125-131, L. Martius, S. 274, M.U. Riemann-Reyher (1), S. 165, D. Vorsteher (2), S. 69-71, D. Vorsteher (3), S. 76-82, I. Wirth, S. 421.

Meyerheim stellte „die Arbeiter in der eindrucksvollen, monumentalen Borsig´schen Fabrikhalle dar, die dramatisch beleuchtet ist durch den scharfen Kontrast zwischen dem blau-gräulichen Tageslicht und dem glühenden roten Feuerschein des Schmiedens. (...) Meyerheim idealisiert nicht nur die individuellen Gestalten, sondern die Szene der Arbeit überhaupt. Der Künstler betont die monumentale Fabrikarchitektur und die moderne technische Ausrüstung. Seine Industrieszene erscheint in ihrem erzählerischen, fast genrehaften Charakter harmlos. Viele Illusionen weisen auf Borsig und den industriellen und technischen Fortschritt, (...).“[373]
Meyerheims ursprüngliche Absicht, den Zyklus symbolisch zu gestalten, „die Maschinenbaukunst und die Taten des Dampfes durch ideale Personifikationen der Natur- und Menschenkräfte sinnbildlich zu veranschaulichen“, wurde nicht umgesetzt.[374]
Die entstandene „gegenstandsnahe Darstellung“ wird vermutlich auf den Einfluß Menzels zurückgehen oder auf den Wunsch des Auftraggebers.[375]
Im Gesamtensemble kann eine unterschwellige Allegorie gesehen werden. „Erstes und letztes Zyklusbild nehmen das Loggienmotiv – die eigentliche Unentschiedenheit zwischen Innen- und Außenraum – bildhaft auf: bei der ‚Einfahrt in den Schacht‘ als schadhaftes Bretterdach, das gleichsam als Ausgangspunkt zivilisatorischer Bemühungen steht, im Hafenbild als übervoller offener Speicher, der – zum Meere geöffnet – als gut gerüsteter Anlauf zu neuen Horizonten erscheint. Dies zur geschlossenen Seite der Loggia sich links und rechts öffnende Dächermotiv muß als Anfang und Ende einer inhaltlichen Klammer figuriert haben.“[376]
Ähnlich positiv bzw. überhöht dargestellt, wurde die Industrie auch in Gemälden und Graphiken von Schlickum, Riefstahl und Zucchi.
Der von Carl Schlickum 1841 erschienene Stahlstich in *Das Malerische und romantische Westphalen* zeigt die Burg Wetter in idyllischer Umgebung (Abb.87), ohne die industrielle Veränderung anzudeuten (im Gegensatz zu Rethels Gemälde). Das Gegenwärtige wird komplett verneint, das Menschenwerk, d.h. die Fabrik, ignoriert. Erst in der Ausgabe von 1872 wird die gleiche Flußlandschaft bei Wetter, nun aber mit deutlich industriellem Charakter (Abb.88), dargestellt. Neue industrielle Gebäude ersetzen die Burgtrakte.[377]
Zu Wilhelm Ludwig Friedrich Riefstahls *Ansichten von Dortmund* (1863; Abb.89) gehören neben den historischen Ansichten auch eine Gruppe rauchender Schonsteine

---

[373] Fran+ois Forster-Hahn, Adolph Menzels Eisenwalzwerk: Kunst im Konflikt zwischen Tradition und sozialer Wirklichkeit, in: Buddensieg, Tilmann und Rogge, Henning (Hrsg.), Die nützlichen Künste, 1981, Berlin, S. 126.
[374] Vgl. L. Martius, S. 275. Vgl. auch Marie Ursula Riemann-Reyher (2), Arbeiter im Walzwerk, in: Jens Christian Jensen (Hrsg.), Adolph Menzel. Gemälde, Gouachen, Aquarelle, Zeichnungen im Museum Georg Schäfer, München, 1998, S. 40, M.U. Riemann-Reyher (3), S. 11.
[375] Vgl. J. Semrau, S. 215, K. Gafert, S. 131. Vgl. auch L. Martius, S. 275.
[376] J. Semrau, S. 215.
[377] Vgl. J. Luckhardt, S.13-15

und die Hallen der Herrmannshütte zum Stadtbild.[378] Riefstahl gab dabei ein getreues Bild Dortmunds wieder, wobei er „den Bauten seiner Zeit auch in den Nebenbildern mehr Raum“ zuweist „als denen der Vergangenheit“.[379]
Christian Zucchi malte eine Reihe Porträts aus der Dortmunder Umgebung: das Dortmunder Stadtbild wird dabei von Schornsteinen und langgestreckten Fabrik- und Werkhallen begleitet (Abb.90). Die neue Zeit hat begonnen.[380]
Allgemein läßt sich festhalten, daß im Gegensatz zu den negativ oder neutral zu bewertenden industriellen Darstellungen in der Zeit der Romantik alle bekannten positiven Gemälde Auftragswerke waren. Natürlich waren negative oder realistische künstlerische Umsetzungen der Industrialisierung oder deren Folgen nicht im Sinne des jeweiligen Auftraggebers. Stattdessen bestand ein ausgeprägtes Interesse an heroisierenden oder überhöhten Interpretationen.

6.2. Negative Aspekte der Industriebilder als Symbol der Naturbeherrschung durch Industrie und Technik (Symbol der Naturbedrohung)

Caspar David Friedrich und Carl Blechen malten als erste deutsche Romantiker die industriell veränderte Landschaft und erahnten die Problematik der sich ausbreitenden Industrie.[381] In ihren Gemälden deutet sich bereits das Gefühl der Naturbedrohung durch Technisierung und Industrialisierung, die zum Leitmotiv vieler später entstehender Gemälde werden, an.[382]
„Die traditionelle Natureinrahmung, die gewohnten Naturvergleiche“ bekamen „eine neue Funktion (...): sie beherbergen und illustrieren das Gräßliche.“[383]
Die Entwicklung industrieller Anlagen und die Entstehung der Großstädte führte außerdem zur Angst vor dem Verlust der bisher gültigen gesellschaftlichen Normen und Werte, insbesondere dem der christlichen: „Industrialisierung bedeutete Säkularisierung“.[384] So ersetzten u.a. die Fabriken mit ihren Schornsteinen die Kirchen mit ihren Türmen, die Burgen und die Schlösser, die neue Zeit ersetzte die alte.[385]

---

[378] Vgl. Rolf Fritz (1), Dortmund. Bilder aus vier Jahrhunderten, 2. Aufl. Dortmund, 1957, S. 58; 68.
[379] Vgl. ebd., S. 72-73.
[380] Vgl. ebd, S. 60.
[381] Vgl. K. Gafert, S. 107. Vgl. auch S. Salzmann (2), S. 18.
[382] Vgl. K. Gafert, S. 107.
[383] Karl Maurer, Ästhetische Entgrenzung und Auflösung des Gattungsgefüges in der europäischen Romantik und Vorromantik, in: Hans Robert Jauß (Hrsg.), Die nicht mehr schönen Künste, München, 1968, S. 322.
[384] Vgl. Tilmann Buddensieg (1), Das Alte bewahren, das Neue verwirklichen. Zur Fortschrittsproblematik im 19. Jahrhundert, in: Tilmann Buddensieg und Henning Rogge (Hrsg.), Die nützlichen Künste, 1981, Berlin, S. 52, K. Gafert, S. 107.
[385] Vgl. T. Buddensieg (1), S. 52.

Die Werke Friedrichs[386] drücken das „Streben des Volkes nach sozialer Emanzipation und nationaler Befreiung“ aus.[387] Seine realistische Darstellungsweise[388] (Beispiele dafür sind u.a. neben der *Glashütte in Döhlen* auch *Die Pulvermühle im Plauenschen Grund, Im Steinbruch* [Abb.91] und *Steinbruch bei Krippen* [Abb.92])[389] befreie die Landschaftsmalerei von dem bis dahin existierenden starren Formenkanon des Klassizismus und habe neue Wirklichkeitsbereiche für die Malerei erschlossen.[390] Die beginnende Industrialisierung nahm Friedrich als Bedrohung seines Handwerkerideals wahr, wie aus seiner negativen Bewertung von Fabrik und Maschine hervorgeht. Mit seinen Äußerungen wandte er sich gegen die industrielle Entwicklung und deren Folgen.[391]

Bei der *Glashütte in Döhlen* (1802/3; Abb.27), dem ersten Industriebild der deutschen Romantik, steht die Fabrik im Mittelpunkt des Gemäldes. Aus den Dachluken der Glashütte entweicht Qualm, der als dicke und düstere Wolke in den lichten Himmel aufsteigt und diesen verdüstert. Die Fluchtlinien führen von dem Hüttengebäude zu der Bruchstelle eines herabhängenden Astes, der den Vordergrund der Weide beherrscht. An den frischen Zweigen des Baumes zieht ein Junge, ein Symbol für die Kraft und das mühevolle Wirken des Menschen, der die natürlichen Lebensbedingungen zerstört. Weder die Ermahnung der Mutter noch das alraunenhafte Gebilde können den Knaben an seinem Tatendrang hindern.[392] Laut Börsch-Supan und Jähnig symbolisiere das Abreißen der Triebe die mutwillige Zerstörung der Natur durch den Menschen und sei als Parallele zur Glashütte zu interpretieren, die mit ihrem Rauch die Landschaft entstellt.[393] Das Gemälde[394] scheint die Zerstörung der Natur durch die Industrialisierung

---

386 Laut Starke sei das frühe 19. Jahrhundert durch ein Verlangen des Menschen, sich zur Natur hinzuwenden, charakterisiert. Vgl. Hans Starke, Geleitwort, in: Caspar David Friedrich und sein Kreis, Gemäldegalerie Neue Meister (Hrsg.), Ausstellung im Altertum, Dresden, 1974, S. 5.

Laut Gross lassen sich Friedrichs Landschaftsdarstellungen in vier Werkgruppen einteilen. So reiche die Spannweite seiner Werke von Gemälden mit landschaftlichem Urzustand bis hin zu denen, in denen die Natur durch die Menschheit zerstört bzw. unterdrückt werde. Vgl. F. Gross, S. 16-17.

387 Vgl. H. Starke, S. 5.

388 Laut Heider eröffne erst Blechens Schaffen eine neue Entwicklung in der deutschen Landschaftsmalerei und sei bedeutsam für die Entwicklung zum Realismus. Vgl. G. Heider, S. 5.

389 Vgl. S.-J. Hinz (1), S. 84. Vgl. auch Tina Grütter, Fragment und Künstlichkeit im Werke von Caspar David Friedrich am Beispiel Dortmunder Winterlandschaft mit Kirche, in: Kurt Wettengel (Hrsg.), Winterlandschaften, Heidelberg, 1990, S. 65.

390 Vgl. H. Starke, S. 5.

391 Vgl. Peter Rautmann (1), C.D. Friedrich. Landschaft als Sinnbild entfalteter bürgerlicher Wirklichkeitsaneignung, Frankfurt/a.M., Bern, Las Vegas, 1979, S. 114, S.-J. Hinz (2), S.103-104; 106; 113.

392 Vgl. Ch. Hoffmeister (5), S. 77-78.

393 Vgl. H. Börsch-Supan (1) und K.W. Jähnig, Katalogteil, S. 269, Deutsche Romantik, Katalogteil, S. 82.

394 Im Gegensatz dazu behauptet Feist, daß die Darstellungen früher Industriebauten „in romantischem Pathos“ gesehen worden seien, bspw. bei Philipp de Loutherbourgs *Coolbrookdale bei Nacht* (1801) oder Friedrichs *Glashütte bei Döhlen* (1802/03). Vgl. Peter H. Feist (1), Romantik und Realismus, in:

zu thematisieren und wirkt wie ein Vorgriff von Blechens *Walzwerk bei Neustadt-Eberswalde* (1834; Abb.28).[395]
Dies zeigt sich insbesondere auch durch die Gesamtkonzeption des Gemäldes. So scheint im Hintergrund die alte Zeit klein und in weiter Ferne, im Vordergrund die neue Zeit groß und bedrohlich dargestellt zu sein. Dieser Gegensatz wird auch durch die Darstellung des Grases und der Bäume ausgedrückt. Während im Hintergrund das Gras satt und grün ist und die Bäume unzerstört sind, stellt Friedrich im Vordergrund ganz oder teilweise zerstörte und geschändete Bäume dar. Auch das Gras ist hier nicht mehr frisch, sondern gelblich und verdorrt. Teilweise, insbesondere in der unmittelbaren Nähe der Glashütte ist die Erde nackt und kahl und wirkt wie eine offene Wunde im bisher unberührten Erdreich.
Die vier im Bild dargestellten Gebäude verdeutlichen einerseits die zeitliche Abfolge, den Übergang der alten zur neuen Zeit, andererseits aber auch die Bedrohlichkeit und zerstörerische Kraft der Industrialisierung. Während die beiden hintersten Gebäude klein und ohne Rauch dargestellt sind, ist im dritten, dem mittleren, mittelgroß dargestellten Gebäude bereits ein Rauchwölkchen sichtbar. Aus dem vordersten und größten Gebäude, der Glashütte, entweicht hingegen eine riesenhafte Rauchwolke aus den Dachluken und steht, nahezu die gesamte Bildhälfte verdüsternd, bedrohlich am sonst klaren Himmel.
Die Objektivität des im Gemälde Dargestellten und die Subjektivität des in der Gesellschaft Erfahrenen beeinfluße Friedrichs Dialektik und führe dazu, daß er die sich durch menschliche Einflüsse verändernde Landschaft als Symbol für seinen Konflikt mit der Entwicklung der beginnenden Industrialisierung benutze.[396] Laut Hoffmeister und Rautmann erkenne Friedrich „die Industrie objektiv als neue Realität an“ und ahne deren „Möglichkeiten zu tiefgreifender Umwälzung“, obwohl er ihre naturzerstörende Wirkung subjektiv ablehne.[397]
So sei Fabrikarbeit[398] für Friedrich die Ursache für die „Vereinseitigung“ der Menschen, d.h. Menschen glichen Maschinen ohne „eigenen Willen oder eigene Tatkraft“.[399]

Gemäldegalerie Neue Meister (Hrsg.), Caspar David Friedrich und sein Kreis, Ausstellung im Albertinum, Dresden, 1974, S. 16.
[395] Vgl. H. Börsch-Supan (1) und K.W. Jähnig, S. 21.
[396] Vgl. Ch. Hoffmeister (5), S. 77-78.
[397] Vgl. Ch. Hoffmeister (5), S. 78. Vgl. auch P. Rautmann (2), S. 74.
[398] Friedrichs negative Einstellung zur Fabrikarbeit und Industrialiserung manifestiert sich auch in seinem Vergleich der Kunstakademie mit einem Betrieb. So kritisierte er an ihr, das der „größte Teil nach Fabrik schmecke“. Vgl. Nobert Schneider, Natur und Religiosität in der deutschen Frühromantik – zu Caspar David Friedrichs „Tetschener Altar“, in: Bredekamp, Horst, Herding, Klaus, Heusinger, Lutz, Hinz, Berthold, Kemp, Wolfgang (Hrsg.), Bürgerliche Revolution und Romantik. Natur und Gesellschaft bei Caspar David Friedrich, Gießen, 1976,
S. 119.
[399] P. Rautmann (2), S. 95.

Der motivische Hintergrund[400] der von Friedrich gemalten Industrielandschaften, insbesondere der der *Glashütte in Döhlen*, zeigten seine Versuche, den „widersprüchlichen Fortschritt" der Industrialisierung zu ergründen.[401]
Während in Friedrichs anderen drei Gouachen die Fabrik jedoch lediglich idyllisch in eine wunderschöne Landschaft eingebettet ist und nur vorsichtig den Anbruch des neuen Zeitalters andeutet, wird bei der *Glashütte in Döhlen* ganz klar seine antiindustrielle Haltung deutlich.
Analysiert man die *Glashütte in Döhlen* noch genauer, erkennt man eindeutig Friedrichs negative Sichtweise über die beginnende Industrialisierung, ja sein Entsetzen über ihre Auswirkungen auf die bisher unzerstörte, göttliche Natur. Friedrich stellt in diesem Gemälde die mutwillige Zerstörung der Natur, die Umweltverschmutzung und seine Abneigung gegenüber der Industrialisierung und ihrer Folgen dar.
Blechen sieht in dem Walzwerk mit dem riesigen, qualmenden Schornstein und dem Kanal eine zweite, künstlich erzeugte Natur, mit dieser setzt er sich auch in anderen Gemälden auseinander, z.B. bei den Bildern vom *Inneren des Palmenhauses* und denen der *Schlucht bei Amalfi* (Abb.93) und des *Mühlentales von Amalfi* (Abb.94).[402]
In seinem *Walzwerk bei Neustadt-Eberswalde* [403] steht der massive Gebäudekomplex beherrschend in und auf den natürlichen Formationen der Landschaft. Die natürlichen und die künstlichen Gegebenheiten sind in der Komposition des Gemäldes eng miteinander verbunden. „Gegensätze wie Aktivität und Passivität, Aufbruch und Untergang beherrschen die Stimmung. Die Atmosphäre – ebenso licht wie dunkel unheimlich – läßt eine Festlegung der Tageszeit nicht zu: eine echt romantische Ambivalenz"[404].
Im *Walzwerk bei Neustadt-Eberswalde* [405] sind – wie auch in Blechens anderen Gemälden – Wirklichkeits- und Sachbezüge doppelschichtig konstruiert. So zeigen Rauch

---

[400] Belegt wird Friedrichs Einstellung gegenüber der Industrialisierung durch seine Briefe und Bekenntnisse. Vgl. Ch. Hoffmeister (5), S. 78, S.-J. Hinz (2), S.97;101f.
[401] Vgl. Ch. Hoffmeister (5), S. 78.
[402] Vgl.S. Salzmann (2), S. 18, G.J. Kern, S. 90, Vgl. auch National-Galerie Berlin (Hrsg.), Karl Blechen. Leben, Würdigungen, Werk, Berlin, 1940, S. 69; 113.
[403] Das *Messingwerk bei Eberswalde* (nach 1830; Abb.95), eine Vorarbeit einer nicht vollendeten Lithographie, deren Motiv hier seitenverkehrt erscheint, ähnelt stark dem *Walzwerk bei Neustadt-Eberswalde*. Es stellt eine weitere Entwicklung des Motivs zu einer Industrielandschaft dar.
Aufgrund der weiträumigen Wasserfläche im unteren Bilddrittel wird die Industrieanlage – im Unterschied zum Gemälde – weiter zum Horizont verlagert. „Der malerischen Ausführung in der Sepiatechnik sind die Naturdetails, die in der Bleistiftzeichnung knapp umrissen sind, untergeordnet und in der Komposition verändert." Die figürliche Staffage links wurde hinzugefügt: Männer bei der Reparatur eines Kahns und im Kahn sowie Hirten mit ihrer Herde auf dem Feld. Lothar Brauner, Einführung, in: Staatliche Museum zu Berlin (Hrsg.), Karl Blechen. 1789-1840, Ausstellungskatalog, Berlin, 1973, Katalogteil, S. 169.
Anders als im *Walzwerk bei Neustadt-Eberswalde* ist hier die Landschaft noch romantisch verklärt und idyllisch dargestellt. Das Messingwerk fügt sich nahtlos in die Landschaft ein, ohne diese zu stören.
[404] S. Salzmann (2), S. 18.
[405] Laut Möller drücken die rauchenden Schlote die Naturferne aus. Die Fabrik besetzt die Landschaft und gestaltet diese um. Die Schornsteine zerstören die Einheit der Landschaft, die Halden bilden

und Wasser zum einen die nüchterne Realität und sind andererseits gleichzeitig Symbole der Tätigkeit und der Kraft. Auch Arbeiter und Angler stellen nicht nur eine romantische und idyllische Szene dar, sondern sind gleichzeitig ebenfalls bewußt eingesetzte Kontrastmotive.[406] Laut Salzmann ist „Blechen mit seinen genialen Bildvorstellungen weit über seine Zeit hinausgewachsen“[407]. So malte Blechen schon damals, was die anderen kaum zu zeichnen wagten: die Natur, die im Dienste des Menschen arbeitet und (...) dadurch ‚ihrer herben Jungfräulichkeit beraubt‘ ist“.[408]

Im *Walzwerk bei Neustadt-Eberswalde* steht die Fabrikanlage im Zentrum des Bildes und somit im Blickpunkt des Betrachters. Die Landschaft bzw. die Natur wirkt dadurch wie an den Rand gedrängt. Die Industrialisierung verdrängt die Natur und damit die Schönheit. Ein ähnlicher Eindruck entsteht auch durch Blechens Farbgebung. Das schmutzige Erscheinungsbild der Fabrik verdüstert das ganze Gemälde. Dieselben düsteren Farbtöne werden auch auf der anderen Uferseite, in der bislang industriell unberührten Landschaft, wiederholt und vereinnahmen sie damit.

Das erscheint wie ein Vorgriff der Realität – die Industrie vereinnahmt Landschaft und Natur.

Blechens kritische Einstellung gegenüber den Auswirkungen der industriellen Revolution wird auch sowohl durch die dünnen, krank und spärlich aussehenden Bäume als auch durch Widerspiegelung der dunklen Farbtöne im Fluß deutlich. Die Abgase aus den Schornsteinen lassen die Bäume absterben, die Abwasser der Fabrik geben dem Fluß ein trostloses Aussehen, verstärkt durch die Wasserspiegelungen der Fabrik. Selbst das am Ufer noch saftige Grün wird im Fluß schmutzig und konturlos widergespiegelt und scheint die beginnende Wasserverschmutzung anzudeuten. Die aus dem Walzwerk aufsteigende Rauchwolke verdunkelt den Himmel und verdüstert dadurch das ganze Gemälde. Die Industrie wirft ihre Schatten, Vorreiter der künftigen Umweltverschmutzung, voraus.

Weitere Beispiele für Blechens gezeichnete Industrielandschaften sind seine Skizzen vom *Mühlental* und der *Schlucht von Amalfi*. Zwar war das Mühlental ein beliebter Ort

---

schwarze Hügel über den grünen Ufern. Die Idylle zerbricht - ähnlich wie im Gemälde von Amalfi. Vgl. H.R. Möller, S. 158.

Im Gegensatz zu den meisten Kunsthistorikern bewertet Emmrich die von Blechen dargestellte Industrielandschaft positiv. So negiere die Größe der Produktionsanlage im Mittelpunkt des Bildes nicht die Natur und die Landschaft, sondern sei in diese verwoben. In Blechen stecke daher auch ein Teil des Optimismusses, der die Befürworter der industriellen Revolution antrieb. Vgl. I. Emmrich, S. 97-98. Blechens Gemälde *Abend am Flußufer* (Abb.96) ist ähnlich konzipiert wie das Walzwerk-Bild – stellt aber im Gegensatz zu diesem die reine, idyllische Natur dar.

[406] Vgl. S. Salzmann (2), S. 18. Vgl. auch Lothar Brauner, Einführung, in: Staatliche Museen zu Berlin (Hrsg.), Karl Blechen. 1789-1840, Ausstellungskatalog, Berlin, 1973, S. 17, I. Emmrich, S. 97, K. Gafert, S. 107, K. Herding (1), S. 454-455, H.R. Möller, S. 157-158.

[407] S. Salzmann (2), S. 18.

[408] S. Salzmann (2), S. 18, Richard Muther, Geschichte der Malerei im 19. Jahrhundert, Bd.2, München, 1893, S. 258f., in: Paul Ortwin Rave, Karl Blechen, Leben, Würdigungen, Werk, Berlin, 1940, S. 89.

für Maler, jedoch nur wenige, wie Blechen oder Schinkel, malten die dort angesiedelten Fabrikstätten.[409]
In seinem später entstandenen Gemälde[410] betont Blechen die weitere Veränderung der Landschaft durch die industriellen Anlagen, indem er bspw. einen rauchenden Schornstein einfügt. Laut Schuster handle sich dabei nicht um eine Papiermühle, sondern um den bereits damals stillgelegten Eisenhammer von Amalfi und stelle den neuen Aufschwung Amalfis aufgrund der Industrialisierung dar. Dennoch habe der Rauch, der aus dem Schornstein der Fabrik aufsteige, auch bedrohliche Züge.[411] Der aus dem Schornstein quellende Rauch, steige jedoch nicht ruhig zum Himmel empor, sondern würde vom Wind niedergedrückt. Die Rauchfahne wirke vor der saftigen grünen Wiese und dem lichten Himmel abstoßend und stelle ein fremdartiges Element dar, das sich im Wald ausbreite und stinke. Die Fabrik sei zwar in die Landschaft eingebundenen, ihr jedoch fremd. Auch die Brücke, der Bach und der Wald werden zu Bedingungen für die industrielle Produktion, ebenso wie die Fischer, die das Holz für den Arbeitsprozeß schlagen. „Der vermeintlich idyllische Naturraum ist durchdrungen von Momenten seiner ökonomischen Erschließung".[412]
Die holzfällenden Fischer könnten daher als Symbole für den menschlichen Raubbau gedeutet werden.[413] Die dargestellte Landschaft sei somit keine Idylle mehr, sondern durchdrungen von der Realität menschlicher Arbeit. Diese veränderte die Schönheit des Ortes und lasse ihn entfremdet[414] empfinden. Verlust und Bruch kennzeichnen das Gemälde.[415]
Ähnlich widersprüchlich sei auch das Gemälde der *Teufelsbrücke*[416] (1829; Abb.97). Die dargestellte Baustelle thematisiert ein sehr modernes Motiv, das dennoch viele

---

[409] Vgl. Peter-Klaus Schuster (1), Vielfalt und Brüche, in: Peter-Klaus Schuster (Hrsg.), Carl Blechen. Zwischen Romantik und Realismus, München, 1990, S. 17. Vgl. auch H.R. Möller, S. 25.

[410] Laut Whyte veranschauliche die *Schlucht von Amalfi* die „Neuorientierung der Empfindung des Erhabenen". Das Dampfkraftwerk (eigentlich ein Eisenhammer), das am Ufer eines reißenden Flusses errichtet wurde, symbolisiere die mechanische Kraft und stelle die Gefahr den Naturgewalten gegenüber. Vgl. Ian Boyd Whyte, Das Erhabene, in: Vitali, Christoph (Hrsg.), Ernste Spiele. Der Geist der Romantik in der deutschen Kunst 1770-1990, Stuttgart, 1995, S. 575.

[411] Vgl. P.-K. Schuster (2), S. 19-20. Vgl. auch Sigrid Achenbach (2), Der Zeichner und Graphiker, in: Schuster, Peter-Klaus (Hrsg.), Carl Blechen. Zwischen Romantik und Realismus, München, 1990, Katalogteil, S. 50-51.

[412] H.R. Möller, S. 26.

[413] Vgl. P.-K. Schuster (2), S. 19-20. Vgl. auch S. Achenbach (2), Katalogteil, S. 50-51.

[414] Laut Schuster bliebe dennoch unklar, ob die Darstellung von Amalfi „ein Bekenntnisbild für den industriellen Fortschritt ist oder eine Mahnung vor der Zerstörung der Natur" sei. Vgl. P.-K. Schuster (2), S. 19-20. Vgl. auch S. Achenbach (2), Katalogteil, S. 50-51.

[415] Vgl. H.R. Möller, S. 25-26.

[416] Die 1728 errichtete alte Teufelsbrücke, die die Reuß im oberen Teil der Schöllenenschlucht überquert, wurde 1829 durch einen Neubau ersetzt. 1829 als Blechen von Italien nach Deutschland zurückkehrte, befand sich diese noch im Bau.
In einer Bleistiftzeichung vermerkte er sich den Blick. Das eigentliche Gemälde bereitete er mit zwei Ölskizzen (Abb.98) vor, wobei in der ersten noch die Staffagefiguren fehlen. Links oben ist eine be-

romantische Stimmungseffekte, z.B. die liegenden, erschöpften Bauarbeiter oder das galgenähnliche Baugerüst, enthält.[417] Die Baustelle wirkt beklemmend[418], nur nackte, schroffe Felswände, ohne Bewuchs, sind zu sehen. Besonders der Hang linkerseits weist zahlreiche Verwitterungsspuren auf. Die Felswände wirken abweisend. Es entsteht der Eindruck landschaftlicher Geschlossenheit der wilden Felsnatur, die selbst durch den Fluß nicht zerstört wird. Auch die alte Brücke ist ein Bestandteil der unberührten Natur. Im Gegensatz dazu scheint die neue Brücke den inhaltlichen und formalen Zusammenhang zu stören. Dies wird noch durch die Fremdheit des galgenartigen Gebildes verstärkt. Die Störung des Bildes, damit die der Natur, wird außerdem in zwei weiteren Motiven deutlich: zum einem erscheint die beleuchtete Einkerbung der Felswand wie eine Verletzung der Landschaft, zum anderen stört das Chaos der gelagerten Geräte, Bretter und Baugerüste.[419]
Auch das Gemälde der *Kalksteinbrüche* (1828; Abb.101) stellt die Zerstörung der Oberfläche der Erde dar. Es spiegelt keine ländliche Idylle wider, sondern die Realität der fortschreitenden Industrialisierung.[420]
Blechens industrielle Darstellungen bzw. Industriebilder drücken somit seine kritische Einstellung gegenüber der industriellen Revolution zumeist sehr klar und deutlich aus. Blechen erkannte die negativen Seiten der Industrialisierung und setzte diese teilweise symbolisch, teilweise realistisch künstlerisch um.
Auch Adolph von Menzel griff in seinen Gemälden[421] die neue Thematik der Industrialisierung auf. Bereits 1847 entstand sein Bild *Berliner-Potsdamer Bahn* (Abb.20).[422]

---

leuchtete Felspartie zu sehen. Diese fehlt auf der späteren Ausführung. Die „Staffage-, Licht- und Wegführung sowie die bewegten Kurven der Komposition kommen dem ausgeführten Gemälde schon sehr nahe. „Der senkrechte Felsabsturz genau über der Brücke ist jedoch erst (...) angedeutet". Vgl. Helmut Börsch-Supan (3), Gemälde, in: Peter-Klaus Schuster (Hrsg.), Carl Blechen. zwischen Romantik und Realismus, München, 1990, Katalogteil, S. 121.

[417] Vgl. P.-K. Schuster (2), S. 20.

[418] Ganz anders als das Beklemmung erzeugende Gemälde Blechens stellten Turner und Wolf die Teufelsbrücke am St. Gotthard dar.
Bei Turners *Teufelsbrücke am St. Gotthard* (um 1806/07; Abb.99) ist der Betrachterstandpunkt so gewählt, daß der Künstler „die Silhouhetten des Steilhanges, der Brücke und der gemauerten Straße zu einer Komposition aus großen Linien zusammenfassen kann. Die drei unterschiedlichen, leicht geschwungenen Bewegungen weisen, ergänzt durch Helligkeitseffekte, ebenfalls auf das Bildzentrum hin. Vgl. Andrea Winklbauer, Sturm, Dampf, Licht. Über Turners. Landschaftswahrnehmung, in: David Blayney Brown und Klaus Albrecht Schröder (Hrsg.), Joseph Mallord William Turner, München, 1997, S. 100.
Das Bild wirkt romantisch und beschaulich. Ähnlich beschaulich wirkt auch Caspar Wolfs Gemälde *Teufelsbrücke in der Schöllenen* (1777; Abb.100). Auch hier steht nur eine verklärte Landschaftsdarstellung im Mittelpunkt. Ebenso wie bei Turner wird die wild-romantische Seite dieser Gegend wiedergegeben.

[419] Vgl. H.R. Möller, S. 143-145.

[420] Vgl. Helmut Börsch-Supan (2), „Das rechte Herz, das warme Blut und der Geist in der Kunst". Carl Blechen – Malerei in der Mark, in: Peter-Klaus Schuster (Hrsg.), Carl Blechen. Zwischen Romantik und Realismus, Ausstellungskatalog, München, 1990, S. 35-36, H.J. Neidhard, S. 120.

Im Gemälde[423] zieht eine dampfende Lokomotive[424] einen Zug in langgezogener Kurve am Berliner Stadtrand entlang, einem Ort, wo vor kurzer Zeit noch unberührte Natur existierte. Nun zerschneidet der von Menschenhand geschaffene Schienenstrang das Land. Menzel „empfindet schmerzlich, daß der Mensch der Natur Wunden schlägt, daß hier der Bahnkörper roh – wenn auch bewunderungswürdig gespannt – die Wiesen zerteilt.“[425]

Die geometrische Linie der Eisenbahn zertrennt den natürlichen Fußweg, der horizontal entlang des Hauses und des Gehölzes verlief. Menzel stellte den zwischen Gehölz und Stadt aufgeschütteten Bahndamm und den Einschnitt in den kleinen Hügel im Vordergrund schonungslos dar.[426] „Die rauchende Lokomotive mit dem Tender hat den Weg passiert und befindet sich im Einschnitt der natürlichen Topographie“.[427] Die

---

[421] Laut Lankheit zeigt Menzels Gemälde aufgrund seiner Farbgebung unverkennbar eine Berührung mit Constables Malerei, die damals bereits in Berlin bekannt war. Vgl. K. Lankheit, S. 215.

[422] Vgl. M.U. Riemann-Reyer (1), S. 115. Vgl. auch O. Bätschmann, S. 99, K. Lankheit, S. 212, Friedrich Rothe, Klassenposition fortschrittlicher Maler im Vormärz. Kommentar zu Werken von Rethel, Menzel, Hübner und Hasenclever, in: Neue Gesellschaft für Bildende Kunst (Hrsg.), Kunst der bürgerlichen Revolution von 1830 bis 1848/49, 3., verbesserte Aufl., Berlin, 1973, S. 146.

[423] In der *Berlin-Potsdamer Bahn* „dampft, rattert und pfeift die Lokomotive mit Güterwagen durch die Landschaft. Auf der Zeichnung, die Menzel zwei Jahre vorher anfertigt hat, fehlt noch der fahrende Zug“. Konrad Kaiser (1), Adolph Menzel, Stuttgart, 1965, S. 56. Vgl. auch C. Keisch, Katalogteil, S. 115.

Fraglich bleibt bei diesem Bild, welche Quellen bzw. Inspiration Menzel zu seinem Bild veranlaßten. Constable kommt nicht in Frage, da dieser niemals eine Eisenbahn darstellte. Vgl. Rolf Hochmuth, Menzel. Maler des Lichts, Frankfurt/a.M., Leipzig, 1991, S. 65, C. Keisch (Katalogteil), S. 115-116. Dagegen scheint der Vergleich mit William Turners Bahnlandschaft *Regen, Dampf und Geschwindigkeit*, die drei Jahre vor Menzels Gemälde entstand, sinnvoll zu sein. Im Unterschied zu Menzel romantisiert Turner die Eisenbahn und steigert das „Natürliche ins Übernatürliche“. Menzels Bild hingegen greift das Thema realistisch auf und zeigt die Zerstörung der Natur. Vgl. C. Keisch, Katalogteil, S. 118, O. Bätschmann, S. 99-100.

Laut Bätschmann unterscheiden sich Menzels und Turners Auffassung gravierend: „Während der englische Maler aus einem unendlich fernen Punkt den Zug über die Brücke schießen läßt, konfrontiert Menzel die nicht geometrisierte Natürlichkeit der Bäume, Fußwege und Straßen mit dem erbarmungslos zerscheidenden Geleise der Eisenbahn. Menzel zeigt die Planierung, die für die Streckenführung notwendig war, in den beiden Formen der Aufschüttung und Durchschneidung. Er führt die Störung der alten Wege vor und den Gegensatz zwischen der irregulären alten Fortbewegung zu Fuß und der beschleunigten modernen, die auf die ökonomisch kürzeste Strecke zwischen zwei Orten abzielt.“ O. Bätschmann, S. 100.

Außer bei der *Berlin-Potsdamer Bahn* griff Menzel das Eisenbahnthema mehrfach auf, bspw. in seinen Zeichnungen *Truppentransport* (1851) und *Nach durchfahrener Nacht* (1851). Vgl. Renate Weinhold, Menzel und die Eisenbahn. Die Eisenbahn als Motiv der Malerei, Dissertation, Leipzig, 1956, S. 53-79.

[424] Der weiße Rauch der Lokomotive liegt über dem Blaugrün des Bodens, im Hintergrund liegt die Stadt grauverhangen im Dunst. Vgl. K. Lankheit, S. 215.

[425] K. Kaiser (1), S. 56. Vgl. auch O. Bätschmann, S. 99-100, C. Keisch, Katalogteil, S. 115; 292, K. Lankheit, S. 212-215.

[426] Vgl. O. Bätschmann, S. 99, K. Kaiser (1), S. 56.

[427] O. Bätschmann, S. 99. Vgl. auch C. Keisch, Katalogteil, S. 115; 292.

Gräser der Böschung und der Fußweg werden unmittelbar mit der Eisenbahn konfrontiert. Der natürliche Weg ganz rechts im Weg symbolisiert „die Spur einer naturnahen, beschaulichen Fortbewegung", die Eisenbahngleise „mit ihrer geometrischen Linie das moderne Zurücklegen einer Strecke in größtmöglicher Geschwindigkeit".[428]
Der fahrende und qualmende Zug bringt Unruhe und Ungefügtheit ins Bild, symbolisiert so die Zerstörung der ursprünglichen Landschaft.[429] Der Beobachter verfolgt den technischen Eingriff in die Natur von einem erhöhten Standpunkt aus. Dabei offenbart sich der „Konflikt zwischen der expandierenden Großstadt und der im Zuge ihrer wissenschaftlich-ökonomischen Objektivierung verletzten Natur".[430]
Menzel stellte häufig Motive, in denen der Mensch bzw. die industrielle Entwicklung in Landschaft und Natur eindringen, dar. Neugebaute Häuser dringen in die Landschaft ein, Baustellen zerstören die Schönheit mit ihrem Schmutz und die Stille durch ihren Lärm. Die Menschheit erobert und vergewaltigt die Natur.[431]

6.3. Harmonie bzw. Versöhnung zwischen Natur und Industrie durch die Technik

6.3.1. Kristallpalast

Im 19. Jahrhundert kam es neben der Entwicklung industrieller Produktionsstätten auch zu einem Umbruch in der architektonischen Entwicklung der Bauwerke. So entstanden völlig neuartige Bauwerke[432] unter Verwendung neuer Baumaterialien, u.a. Eisen und Glas.[433] Eine durchschlagende Wirkung besaßen im 19. Jahrhundert vor allem die Eisen- bzw. Eisen-Glas-Konstruktionen.[434]
In England setzten sich die Eisenkonstruktionen seit dem Bau der Coalbrookdale-Brücke (1779/80) durch. Im 18. und im frühen 19. Jahrhundert waren diese Konstruktionen defensiv angelegt, um ihr Provokationspotential zu kaschieren, sich „in die umgebende Landschaft ‚einfügen' oder durch traditionelles Ornament überkommene Wahrnehmungsweisen möglichst wenig zu stören trachten"[435]. Im 19. Jahr-

---

[428] O. Bätschmann, S. 99-100.
[429] Vgl. auch C. Keisch, Katalogteil, S. 115; 292.
[430] P.-K.Schuster (3), Katalogteil, S. 280.
[431] Vgl. K. Kaiser (1), S. 18; 56.
[432] Laut Neumann kann dieser Umbruch in vier Phasen eingeteilt werden, von der vorindustriellen Zeit bis zum Merkantilismus. In der ersten Phase, der Zeit des Umbruchs zur industriellen Revolution begann der ungeordnete Gruppenbau sowie der Bau großer Produktionsstätten. In der zweiten Phase, Mitte des 19. Jahrhunderts, spielen sowohl englische als auch preußische Einflüsse eine Rolle im Sakral- und Profanbau. Die dritte Epoche, Ende des 19. Jahrhunderts, entwickelte eine neue Formsprache, die des Jugendstils, und nahm weiterentwickelte Materialien wie Flußstahl und Tafelglas in die Architektur auf. Die vierte Epoche entwickelte sich nach dem ersten Weltkrieg, Bauformen wandelten sich zum konstruktiven Kubismus. Vgl. E.G. Neumann, S. 6-7.
[433] Vgl. ebd.
[434] Vgl. auch I.B. Whyte, S. 577.
[435] Karl Ludwig Pfeiffer, Kunst und Industrielle Revolution oder die Vertracktheit des Trivialen, in: Helmut Pfeiffer, et al. (Hrsg.), Art Social und Art Industriel, München, 1987, S. 279.

hundert[436] wurden die Eisen- bzw. Eisen-Glas-Konstruktionen[437] auch offensiv eingesetzt, bspw. bei Brücken, Wintergärten und Bahnhöfen.[438]
Die industrielle Entwicklung und damit auch die Verwendung neuer Materialien für Bauvorhaben sowie die Benutzung neuer Baustile verlief in Deutschland nur schleppend, d.h. Deutschland blieb weit hinter seinen Vorbildern England und Frankreich zurück.[439]
Zu Beginn des 19. Jahrhunderts reisten daher viele deutsche Wissenschaftler, Künstler und Architekten nach England, um die wissenschaftlich-technischen Neuheiten Englands zu studieren.
So studierte auch Schinkel auf seiner Englandreise[440] 1826 vor allem Nutzbauten und Dampfmaschinen. Nach seiner Rückkehr noch Deutschland baute er für seinen Freund und Förderer der preußischen Industrialisierung den strengsten und schmucklosesten Rasterbau des frühen 19. Jahrhunderts (1827). Mit diesem Bau nahm Schinkel die Industrialisierung der Architektur vorweg. Der Stand der Industrialisierung Preußens aber ermöglichte erst bspw. den Schülern Schinkels, technische Bauwerke neuartig umzusetzen.[441]
Schinkel selbst interessierte sich zunehmend für die Konstruktion. Nach seiner Englandreise flossen neuartige, in England aufgenommene Aspekte in seine Konstruktionen ein.[442]

---

[436] Technik und Maschinen nehmen ständig zu. Selbst „Künstler ahnen wohl schon die objektive Schönheit des Technischen – Turners Eisenbahnzug im Nebel oder Blechens Walzwerk in Eberswalde". Hans Karlinger, München und die Kunst des 19. Jahrhunderts, München, 1966, S. 49.
[437] Schivelbusch vergleicht die Wirkung der Glas-Eisen-Konstruktionen mit der Eisenbahn. So käme es bei beiden zu einer ähnlichen Neuordnung des Raumes. „Durch das Ensemble von Schiene und Dampfmaschine wird Geschwindigkeit und Kapazität des Verkehrs multipliziert. Eisen und Glas als Baumaterial vervielfachen die Kapazität überdachter Räume. Beide, die Eisenbahn und die Gebäude der Glasarchitektur, sind direkter Ausdruck der multiplizierten Produktivität der industriellen Revolution."
Bei der „Verbindung des Eisens als Trage- und des Glases als Füllmaterial führt zu einer Umwertung aller bis dahin geltenden architektonischen Werte" – die Umwertung von Kraft und Masse, die Umwertung der Raumgrenzen und die Umwertung von Licht und Schatten. Vgl. Wolfgang Schivelbusch, Geschichte der Eisenbahnreise. Zur Industrialisierung von Raum und Zeit im 19. Jahrhundert, Frankfurt/a.M., 2000, S. 45-46; 47.
[438] Vgl. K.L. Pfeiffer, S. 279-280.
[439] Vgl. Buddensieg (1), S. 48. Vgl. auch H. Karlinger, S. 49.
[440] Schinkel kannte die Arbeitsweise von Maschinen, hatte aber scheinbar zur Zeit seiner Englandreise das Bedürfnis, Fabriken, Maschinen und neue Konstruktionen kennenzulernen. Laut Posener suchte er dort die neue Zeit. So besuchte er in England überwiegend Industrieorte. Vgl. Julius Posener, Schinkel und die Technik. Die englische Reise, in: Tilmann Buddensieg und Henning Rogge (Hrsg.), Die nützlichen Künste, Berlin, 1981, S. 145-146.
„Die Industriestadt hat Schinkel bedrückt, die Industrielandschaft hat ihn zumindest angeregt." Ebd., S. 151.
[441] Vgl. T. Buddensieg (1), S. 48-51.
[442] Vgl. J. Posener, S. 143-146.

Die Glas-Eisen-Architektur entstand als neuer Bautyp erstmals bei der ersten Weltausstellung 1851 in London. Der dort entstandene Kristallpalast[443] (Abb.102-105) war der Vorläufer für weitere Ausstellungshallen der großen Weltausstellungen, die auch Glas-, Kristall-, Industriepaläste oder Maschinengalerien genannt wurden. Die Idee der Glasarchitektur fand dann in Gewächshäusern und Wintergärten (Abb.106-109), später auch in verschiedenartigen Nutzbauten ihre Umsetzung.[444]
Im 19. Jahrhundert entstanden auch, insbesondere in England, die Glas-Eisen-Konstruktionen[445], die es ermöglichten „eine reale Landschaft lebender Pflanzen unter gläsernem Himmel in künstlichem Klima in Szene"[446] zu setzen. Damit wurde die Idee des „ewigen Frühlings" verwirklicht. Diese Pflanzenhäuser fanden weite Verbreitung u.a. in Villen, Schlössern, Landsitzen, bürgerlichen Stadtwohnungen. Es entstanden aber auch Wintergärten in Seebädern, Kurorten, Kasinos, Hotels und Krankenhäusern. „Höhepunkt der Entwicklung war der öffentliche Wintergarten, ein gesellschaftliches Zentrum für die städtische Bevölkerung".[447]

---

[443] Das für den Kristallpalast von Joseph Paxton notwendige Know-how stammte nicht nur aus dem Gewächshausbau, wie in der Architekturgeschichte zumeist behauptet, sondern aus Einsichten und Erfahrungen großer, damals moderner Bauvorhaben. So war die Gruppe, die Paxtons Projekt unterstützte, auch beim Bau von Brücken, Tunneln, Kanälen, Dockanlagen, dem Bau von Schiffen und Eisenbahnen beteiligt. Chups Friemert, Die gläserne Arche. Kristallpalast London 1851 und 1854, München, 1984, S. 12, Malcolm Warner et al. (Hrsg.), The Victorians. British Painting 1837-1901, National Gallery of Art, Ausstellungskatalog, Washington, 1996, S. 18.
„Das Gebäude rückte zur Sensation der Ausstellung auf, besonders bewundert wurde das Innere. Nahezu alle Besucher empfanden eine neue Raumwirkung, als ‚Wahrnehmungsschock' charakterisiert. Er gab dem Gebäude auch den Namen: Crystal Palace, Kristallpalast." Ch. Friemert, S. 39. Vgl. auch W. Schivelbusch, S. 46-47.
Die Wahrnehmung des Raumes im Kristallpalast ist durch eine Verselbständigung des Lichts sowie eine Auflösung der Gegenständlichkeit gekennzeichnet. Vgl. W. Schivelbusch, S. 48.
[444] Vgl. Burkhard Bergius, Glaspaläste der Künstlichen Nützlichkeit. Ausstellungsarchitektur des 19. Jahrhunderts, in: Tilmann Buddensieg und Henning Rogge (Hrsg.), Die nützlichen Künste, 1981, Berlin, S. 165-166; 168-173. Vgl. auch Giselher Hartung, Aktuelle Aspekte früher Eisenkonstruktionen, in: Tilmann Buddensieg und Henning Rogge (Hrsg.), Die nützlichen Künste, 1981, Berlin, S. 181-182, Christoph Heilmann, „Wenig Rivalitäten, viele gemeinsame Ziele". Kulturelle Beziehungen zwischen England und Deutschland, in: Robin Hamlyn, Christoph Heilmann, Christopher Newall und Julian Treuherz (Hrsg.), Viktorianische Malerei. Von Turner bis Whistler, Ausstellungskatalog, München, 1993, S. 15.
[445] Auch in Deutschland wurden in der Mitte des 19. Jahrhunderts transparente Wintergärten in der damals modernen Glas-Eisen-Konstruktion beliebt. So plante bspw. Maximilian II. einen derartigen Wintergarten sowie ein entsprechend gebautes Kasino für München.
Vgl. Winfried Nerdinger, Zwischen Glaspalast und Maximilianeum – Aufbruch und Rückblick, in: Winfred Nerdinger (Hrsg.), Zwischen Glaspalast und Maximilianeum, Architektur in Bayern zur Zeit Maximilians II. 1848-1864, München, 1997, S. 12-15. Vgl. auch Winfred Nerdinger (Hrsg.), Zwischen Glaspalast und Maximilianeum, Architektur in Bayern zur Zeit Maximilians II. 1848-1864, München, 1997, Katalogteil, S. 246-252.
[446] R.-M. Ullrich, S. 154.
[447] Ebd., S. 155.

Die vom Wintergarten ausgehende Entwicklung der Glas-Eisen-Bauweise fand später auch in Passagen, Galerien, Markthallen, Bahnhöfen, Ausstellungsgebäuden, Börsen, Kaufhäusern und Museen weite Verbreitung und kann somit als Charakteristikum für die Baukunst des 19. Jahrhunderts gelten.[448] Laut Bergius sollte das Kristalline, die helle und lichtdurchflutete Glasarchitektur die Menschen aus seiner traditionellen und konventionellen Enge befreien.[449]
Die neu entstandene Glas-Eisen-Bauweise floß aufgrund ihrer Originalität sogar in die Malerei des 19. Jahrhunderts ein. So schuf Blechen im Auftrag des Königs Friedrich Wilhelm III. seine Gemälde vom *Inneren des Palmenhauses* (Abb.110-113)[450] auf der Pfaueninsel in Potsdam[451], das 1831 erbaut worden war und 1880 abbrannte.[452] Blechen führte seinen Auftrag mit größter Sorgfalt aus, wie eine Fülle von Skizzen mit architektonischen Einzelheiten (Abb.114), der tropischen Gewächse (Abb.115-116) und des Palmenhauses sowie Studien mit sitzenden und liegenden Frauen (Abb.117-119) sowie verschiedene Gesamtskizzen zeigen. 1834 beendete er seine Arbeit an den ersten beiden zusammengehörenden Gemälden, etwas später die beiden größeren Varianten. Letztere sind jedoch nicht nur Wiederholungen der Erstgemälde. Auch bei ihnen wurde die Natur erneut sorgfältig dargestellt. [453]
Seine bekannt gewordenen Palmenhaus-Gemälde wurden damals mit großem Beifall aufgenommen.[454] „Die Schönheiten des Palmenhauses erregten die Phantasie der Besucher und weiteten ihre Vorstellungen in exotische und märchenhafte Räume."[455] Insbesondere das „Landschaftliche"[456] wurde von Blechens Zeitgenossen als besondere Qualität empfunden.[457] „Die Realität der Einrichtung, ihre Schönheit und Atmosphäre fanden sich mit hoher Kunstfertigkeit und größter Sorgfalt wiedergegeben.

---

[448] Vgl. R.-M. Ullrich, S. 154-156. Vgl. auch B. Bergius, S. 163.
[449] Vgl. B. Bergius, S. 164. Vgl. auch Roland Günter, Fabrik-Architektur. Reduktive oder komplexe Ästhetik ?, in: Tilmann Buddensieg und Henning Rogge (Hrsg.), Die nützlichen Künste, 1981, Berlin, S. 175, G. Hartung, S. 181.
[450] Blechen setzte in den Palmenhaus-Bildern das tropisch wirkende Innere des Palmenhauses einfühlsam um. Vgl. I. Wirth, S. 112-114. Vgl. auch H. Börsch-Supan (2), S. 36.
Das begrünte Innere ist mit kostbaren exotischen Pflanzen ausgestattet. Die naturgetreue Darstellung der Innenraum-Veduten sowie die frei erfundenen Odalisken sollten den Reiz des Fremden erhöhen. Vgl. I. Wirth, S. 114. Vgl. auch L. Brauner, S. 16-17, H.R. Möller, S. 163, P.-K. Schuster (2), S. 20.
Blechen gelang dabei in seinen Gemälden perfekt die Lösung schwieriger perpektivischer, architektonischer und botanischer Probleme. Vgl. P.-K. Schuster (3), Katalogteil, S. 123.
[451] Vgl. I. Emmrich, S. 52-53, H.R. Möller, S.163, P.-K. Schuster (2), S. 20.
[452] Vgl. I. Wirth, S. 112-114. Vgl. auch G.J. Kern, S. 101, H. Börsch-Supan (2), S. 36, Staatliche Schlösser und Gärten Potsdam-Sanssouci (Hrsg.), Berliner Biedermeier, Potsdam, 1973, S. 5-6.
[453] Vgl. G. Heider, S. 30. Vgl. auch H. Börsch-Supan (2), S. 36, P.-K. Schuster (3), Katalogteil, S. 123.
[454] Vgl. I. Emmrich, S. 52-53, H.R. Möller, S. 163.
[455] H.R. Möller, S. 163.
[456] Alexander von Humboldt fühlte sich an die Urwälder Orinokos erinnert. Die Kunstkritiker, die 1834 begeistert über die Bilder berichteten, äußerten sich lobend über den landschaftlichen Charakter dieser Darstellungen. Auch Schinkel lobte Blechens Gemälde, seine Detailtreue und außerordentliche Sorgfalt bei der Ausführung. Vgl. ebd., S. 163-164.
[457] Vgl. ebd., S. 163.

Zugleich schien etwas anderes, Besonderes vermittelt. Der Genius loci war theatralisch, mit einer Akzentuierung des Orientalischen in der Inszenierung einer exotischen Welt."[458] Bei den Palmenhausbildern verschwimmen die Grenzen zwischen Realität und Phantasie. Das Märchenhafte tritt in die reale Welt ein.[459] Kompositorisch[460] waren sie wie ein Szenenbild angelegt.[461]

Laut Möller existieren vier Bilder vom Inneren des Palmenhauses: das Berliner Bild, das Hamburger Bild sowie zwei Potsdamer Bilder.[462] Die ersten beiden Bilder stellen nicht zwei Ansichten, sondern zwei Variationen eines Themas dar. In ihrer Durchführung unterscheiden sie sich aber und stellen eigenständige Bilder dar. In ihrer poetischen Phantasie, die die Realität des Raumes durchbricht, stimmen sie überein. Gemeinsam ist ihnen auch die „lichterfüllte Leichtigkeit", die die Farbgebung und den zeichnerischen Stil bestimmt.[463] Die beiden letzten Bilder stellen die Endfassungen der Palmenhausbilder dar, die sich nicht grundsätzlich von den Erstfassungen unterscheiden. Der wichtigste Unterschied zeigt sich in einem Detail. Bei den beiden später vom König erworbenen Bildern ist der Pflanzenbewuchs üppiger geworden als bei den beiden zuerst geschaffenen.[464] In den Endfassungen sind Sockel und Kübel der großen Palmen vollständig überwachsen.[465]

Die Gemälde, die die Innenansicht der Potsdamer Orangerie darstellen, zeigen, wie perfekt Blechen die schwierige Aufgabe löste, eine arrangierte Natur mit tropischen Gewächsen in einem geschlossenen, vorwiegend aus Glas bestehenden Gebäude künstlerisch umzusetzen.[466] Blechens Gemälde unterscheiden sich von anderen Palmenhausdarstellungen durch ihre sorgfältige Ausführung und weniger freie Gestaltungsweise[467]: „Der gläserne Pavillion in seiner anmutigen Architektur mit den schlanken Säulen und der reichen Ornamentik ist klar und scharf gezeichnet. Die üp-

---

[458] Ebd., S. 170.

[459] Vgl. ebd., S. 172.

[460] „Was jedoch bei den Bühnenentwürfen an Härten um der optischen Wirkung willen notwendig war, erscheint bei den sorgfältig mit feinstem Pinsel durchgearbeiteten Palmenhausbildern problematisch." I. Emmerich, S. 52.

[461] Vgl. ebd., S. 52.

[462] Vgl. H.R. Möller, S. 163-173. Vgl. auch Michael Seiler, Die königliche Pflaueninsel. Muster einer ländliche Parkanlage, in: Berlin durch die Blume oder Kraut und Rüben. Gartenkunst in Berlin-Brandenburg, Kat., Berlin, 1985, S. 123.

[463] Vgl. H.R. Möller, S. 167.

[464] Vgl. I. Wirth, S. 112-114. Vgl. auch G.J. Kern, S. 101, H. Börsch-Supan (2), S. 36.

[465] Vgl. H.R. Möller, S. 168.

[466] Vgl. G. Heider, S. 30. Vgl. auch P.-K. Schuster (3), Katalogteil, S. 123.

[467] Laut einem Bericht über die Berliner Kunstausstellung glaubt man bei der Betrachtung der *Palmenhaus*-Bilder „den leisen würzigen Dunst, den lauen Duft des Gewächshauses zu fühlen". Der Betrachter ist beeindruckt von der „unschuldigen Fülle und Zärtlichkeit" und dem „traumartigen Reiz orientalischer Vegitation". Diese Wirkung würde vollendet durch die leise, poetische Staffage. Die indischen Frauen- und Mädchenbilder, die zwischen dem warmen Lichtschimmer und der grünen Beschattung anmutig auf dem Boden gruppiert sind, selbst wie zarte Blumenleiber und leicht verschlungen wie ein Kranz, in ihren Gewanden blütenfarb mit kleinem Schmuck angetan und behangen wie mit Blütendolden und Kelchen." National-Galerie (Hrsg.), S. 35.

pigen tropischen Gewächse in diesem zierlich-leichten Gebäude und die in weichen Posen auf einem Teppich lagernden Odalisken führen den Beschauer in eine fremde, märchenhafte Welt. Die äußert schwierige koloristische Aufgabe – sattgrüne Pflanzen vor weißer Architektur im Licht der durch das Glasdach einfallenden Sonne wiederzugeben – löste Blechen mit großem künstlerischen Feingefühl."[468]
Im Gegensatz zu Blechens anderen – eindeutig kritischen – industriellen Darstellungen scheint er in den Palmenhaus-Bildern Industrialisierung und Natur miteinander versöhnt dargestellt zu haben. Fraglich bleibt an dieser Stelle jedoch, warum Blechen diese Darstellungsweise wählte – liegt sie darin begründet, daß der Künstler den Auftrag zur Darstellung vom König erhielt oder in seinem Interesse am Subjekt.

6.3.2. Gesellschaftlich bedingte Versöhnung

Die beginnende Industrialisierung erforderte eine Stellungsnahme von der betroffenen Umwelt, auch hinsichtlich künstlerischer Darstellungen. In der ersten Hälfte des 19. Jahrhunderts werden zwei antagonistische Ansichten deutlich, einerseits das bereits in dem vorangegangenen Kapitel beschriebene Bewußtsein für die Realität, andererseits ein Ignorieren und Verharmlosen der gesellschaftlichen Veränderungen.
Laut Luckhardt ist Alfred Rethels Gemälde *Harkortsche Fabrik auf Burg Wetter* (Abb.29) ein Beispiel für eine realistische Darstellung der veränderten Umwelt- und Lebensbedingungen.
Die Burg Wetter ging zu Beginn des 19. Jahrhunderts in den Besitz von Friedrich Harkort und Heinrich Kamp über. Diese gründeten dort eine Fabrik. Auf dem Gelände wurde 1826 der erste Hochofen errichtet und 1827 das erste Puddel- und Walzwerk. Rethel hat den Industriekomplex real und sorgfältig wiedergegeben.[469]

Sein Fabrikbild stellt nicht nur eine der ersten industriellen Werkstätten dar, es ermöglicht auch gleichzeitig, die bürgerliche Wahrnehmung der beginnenden Industrialisierung kennenzulernen.[470] Motivisch setzte er dabei die Auseinandersetzung zwischen alter und neuer Zeit dramatisch[471] um.[472] Rethel hielt die gesellschaftspolitische Bedeutung künstlerisch fest und stellte den Beginn des umfassenden Verän-

---

[468] G. Heider, S. 30. Vgl. auch National-Galerie (Hrsg.), S. 32; 35
[469] Vgl. J. Luckhardt, S. 11-13. Vgl. auch R. Fritz (5), S. 213-214, H.R. Möller, S. 158, P.-K. Schuster (3), Katalogteil, S. 276.
[470] Vgl. M. Hettling, S. 33.
[471] Die *Harkortsche Fabrik auf Burg Wetter* „zeigt die Veränderung und Verdrängung der Burganlage durch die Fabrik und deren Ausbau. Die Burganlage ist funktionslos geworden, während aus den Schornsteinen der Fabrik Rauch und Feuer als Zeichen menschlicher Arbeit dringen. Die Burg als Zeuge der feudalen Vergangenheit wird von dem Fabriksystem, dessen Vertreter das Industriebürgertum ist, abgelöst". P. Rautmann (1), S. 114.
[472] Vgl. J. Luckhardt, S. 13. Vgl. auch F. Rothe, S. 144, S. Salzmann (2), S. 17.

derungsprozesses der Industrialisierung dar. Das Gemälde, das seiner Zeit voraus[473] war, blieb ohne direkte Nachfolge.[474]
Laut Gafert ist Rethels Bild eine „scharfe Attacke der liberalen deutschen Industriebourgeoisie gegen das feudal-bürokratische Regime".[475] In ihm würde künstlerisch bewußt der Hauptwiderspruch der frühindustriellen Periode umgesetzt.[476]

Das Gemälde ist kein romantisierendes Porträt[477] einer Landschaft: Die Landschaft wird sogar vollständig ausgeklammert, alle Gegenstände im Gemälde wurden von Menschen geschaffen. Das betrifft sowohl die Fabrikanlage als auch die Ruinen bzw. Reste der alten Burganlage. Rethel stellte die Fabrik zwar mit traditionellen Mitteln dar, bettet die Fabrikanlage aber nicht in die Landschaft ein.[478]

Während Rethel die moderne Industrie zur Zeit seines Gemäldes *Harkortsche Fabrik auf Burg Wetter* noch an ihrem isolierten Platz, auf dem Mauern der alten Burg dargestellt, gehört die Industrie in seinem Holzschnittzyklus *Auch ein Totentanz* [479] (1848-1849; Abb.120-122) zum festen Bestandteil des Lebens in der Stadt. Auf dem zweiten Blatt des Zyklusses ist in der Ferne eine Stadt zu sehen, die nicht nur nach traditionellem Schema durch Mauern und Kirche charakterisiert wird, sondern die auch einen rauchenden Fabrikschornstein darstellt.[480]
Rethel erkennt in seinen industriellen Darstellungen die neue Zeit und deren Gegebenheiten an, ohne dabei die Technik oder die Industrialisierung überhöht darzustellen.

---

473 Laut Rothe stellt Rethels Gemäldes *Harkortsche Fabrik auf Burg Wetter* wie kein zweites deutsches Fabrikbild aus der ersten Hälfte des 19. Jahrhunderts die Bedrohung des Feudalismus durch die Produktivkräfte der Industriebourgeosie" dar. Vgl. F. Rothe, S. 144.

474 Vgl. J. Luckhardt, S. 13-15. Vgl. auch P. Betthausen, S. 159-160, R. Fritz (5), S. 221-222; 224, K. Gafert, S. 107, W. Hütt (1), S. 67-68, H.R. Möller, S. 159-160, S. Salzmann (2), S. 17, P.-K. Schuster (3), Katalogteil, S. 276, F. Ullrich, S. 31.

475 K. Gafert, S. 109.

476 Vgl. ebd., S. 107-110.

477 Im Gegensatz zu Blechens *Walzwerk bei Neustadt-Eberwalde*, das die Zerstörung der Natur durch die Industrie betont, und Schütz' *Lendersdorfer Walzwerk*, bei dem sich die Fabrik in hellem Sonnenlicht auf freiem Feld ungehindert nach allen Seiten entwickelt, betont Rethels *Harkortsche Fabrik auf Burg Wetter*, „daß sich die bürgerliche Industrie nur soweit entwickeln konnte, wie sie den Feudalismus verdrängte". Vgl. F. Rothe, S. 144-145.

478 Vgl. F. Ullrich, S. 31-32.

479 Der Holzschnittzyklus (Abb.120-122) zeigt Rethel im Verlauf der 1848er Revolution „als ideologischen Vertreter dieser liberalen Bourgeosie", die alle demokratischen Forderungen, „die über die nach der Einheit Deutschlands hinausgingen, im wahrsten Sinne verteufelte".
Rethel schuf mit diesem Zyklus ein Kunstwerk der Konterrevolution, indem er den Tod mit roter Hahnenfeder am Hut „als Agitator der ‚rothen Republik' ", in der Freiheit, Gleichheit und Brüderlichkeit herrschen, darstellt. „Mit diesen Forderungen hat der Tod jedoch nichts anderes im Sinn, als das Branntwein trinkende Volk vor die Gewehre der Konterrevolution zu führen".

Auch nach dem Scheitern der 1848er Revolution erwies sich Rethel „als typischer Liberaler", als „er in dem Augenblick, in dem die Konterrevolution mit brutalsten Mitteln gesiegt" hatte, über die kaltblütige Militärgewalt gegenüber den Revolutionären, „zu klagen beginnt". Vgl. F. Rothe, S. 145-146.

480 Vgl. P. Betthausen, S. 159. Vgl. auch F. Rothe, S. 145.

Stattdessen werden Fabrikanlagen oder Symbole der Industrie (z.B. Schornsteine) realistisch umgesetzt.

7. Zeitgenössische Rezeption

Romantische Landschaftsdarstellungen waren „Erlebnisräume mit außergewöhnlichen Motiven", die, ähnlich wie Romane, Gefühlsgenüsse mittels erregender oder unerwarteter Eindrücke ausdrücken sollten. Diese derart sentimentalen Darstellungsweisen wurden bereits von Friedrich[481] in seinen Gemälden überwunden.
„Das Romantische ist jetzt die Poesie[482] als metaphysischer Geist der Dinge, eine außersinnliche Kraft, ihr Transzendentalwert, und Malerei wird zur philosophischen Operation."[483] Durch die Poesie bzw. die Malerei soll die Trennung zwischen wirklicher und idealer Welt aufgehoben werden, intellektuelle Ideen und Anschauungen werden als Einheit von Subjekt und Objekt verstanden.[484] Carus, ein Zeitgenosse Friedrichs, entwickelte eine Theorie bezüglich dieser neuen Richtung in der Landschaftsmalerei: „Erst wenn man in der weiten großen Natur der Oberfläche des Planeten das lebendige geistige Prinzip erkannt oder erahnt hat, bekommt ja alle Szenerie der Landschaft einen höheren und mächtigeren Sinn. Erst von da aus verstehen und

---

[481] Bei Friedrich wird das Licht und seine malerische Umsetzung zum Ausdruck bestimmter Empfindungen und Gefühle. Er studierte zunächst eindringlich die Natur, bei diesem Studium nahm er insbesondere feinere Schwankungen, nicht nur die Tageszeiten, auf. So enthalten seine Bleistiftstudien Notizen über das Licht, den Farbton, den Augenpunkt und die Lage des Horizontes. Vgl. Siegfried Wichmann, Die Gruppe der Mondnachtbilder Caspar David Friedrich, in: Germanisches Nationalmuseum Nürnberg (Hrsg.), Klassizismus und Romantik in Deutschland. Gemälde und Zeichnungen aus der Sammlung Georg Schäfer, Ausstellung im Germanischen Nationalmuseum Nürnberg, München, 1966, S. 43.

[482] Auch im literarischen Bereich finden sich bereits Anfang des 19. Jahrhunderts Hinweise auf den Einfluß der Technik, die sich entwickelnde Industrialisierung und deren Folgen. Diese sind bereits in Goethes Alterswerken enthalten: Goethes lebenslange Beschäftigung mit den Naturwissenschaften sowie seine Verwaltungserfahrung in Wirtschaftsförderung, Wegebau und Bergbau hatten seine Sinne geschärft. Bereits in seinem Roman *Wilhelm Meisters Wanderjahre* (1829) wird das „heraufziehende ‚Maschinenwesen' sichtbar, das durch die Industrialisierung der Weberei die Heimindustrie unaufhaltsamen zerstören muß". Goethe erkannte dieses Problem mit einer Klarheit, die späteren dichterischen Behandlungen des Weberproblems oft abgeht".
In *Faust* (Teil 2; 1832) beschließt Faust sein Leben mit einem „wasserbautechnischen Großprojekt", wie es in der Regulierung des Oberrheins und dem Bau des Kunsthafens Bremerhaven zeitgenössische Realität war. „Goethe gestaltet dabei aber neben der frühkapitalistischen Skrupellosigkeit, mit der alte Rechte und Besitztitel hinweggefegt werden (Philemon und Baucis) auch das Doppelgesicht des Fortschritts: Was Faust für das ‚Geklirr der Spaten' auf seiner letzten Großbaustelle hält und was ihn zu seiner Hymne auf die Segnungen des Fortschritts, des freien Grundes und des freien Volkes veranlaßt, ist in Wirklichkeit das Geräusch beim Schaufeln seines Grabes."
Während bei Goethe Verherrlichung und Verteufelung der Technik noch gemeinsam betrachtet werden, trennen sich diese beiden Schienen danach in der Literatur. Vgl. V. Neuhaus, S. 228. Vgl. auch K.L. Schneider, S. 67.

[483] Werner Sumowski, Gotische Dome bei Caspar David Friedrich, in: Germanisches Nationalmuseum Nürnberg (Hrsg.), Klassizismus und Romantik in Deutschland. Gemälde und Zeichnungen aus der Sammlung Georg Schäfer, Ausstellung im Germanischen Nationalmuseum Nürnberg, München, 1966, S. 39.

[484] Ebd.

empfinden wir das geistige Band, welches die Regungen und Umgestaltungen des äußeren Naturlebens an die Gefühlsschwankungen unseres Inneren mit dieser geheimen Gewalt fesselt, und erst von da aus kann auch eigentlich klarer werden, was die wesentlichen Forderungen sind, welche wir an die Landschaftsmalerei zu machen berechtigt sind."[485]

Die Reaktionen der Zeitgenossen auf die Industriebilder und industriellen Darstellungen der Romantiker waren sehr vielfältig. Sie reichten von grenzenloser Bewunderung, über Unverständnis bis hin zu kompletter Ablehnung.

„Auf das Vorhandensein und die Art des Interesses" an Industriedarstellungen der Romantiker weist bereits die detailgetreue Kopie von Friedrichs *Glashütte in Döhlen*[486] (Abb.123) hin[487]: Die kolorierte Umrißradierung von Johann Friedrich Franz Bruder (1782-1838) unterscheidet sich von Friedrichs Original nur durch die veränderte Staffage und ändert daher die Aussage der Landschaftsdarstellung. Die Landschaftsdarstellung selbst wird bis ins Detail kopiert.[488]

Ähnlich positiv waren auch die Reaktionen auf Blechens *Palmenhaus*-Bilder (Abb.110-113). Die Berliner Presse lobte seinen ungewöhnlichen Blick „für das Charakteristische wie für das Phantastische, seine beispiellose Freizügigkeit in der Farbbehandlung sowie" seinen souveränen „Wechsel völlig verschiedener künstlerischer Haltungen".[489]

Gelobt[490] wurden seine Gemälde auch von den Kritikern[491], die 1834 die Akademie-Ausstellung, in der sie ausgestellt waren, besuchten.[492]

---

[485] Herbert von Einem, Die Symbollandschaft der deutschen Romantik, in: Germanisches Nationalmuseum Nürnberg (Hrsg.), Klassizismus und Romantik in Deutschland. Gemälde und Zeichnungen aus der Sammlung Georg Schäfer, Ausstellung im Germanischen Nationalmuseum Nürnberg, München, S. 37.

[486] Die *Glashütte in Döhlen* (Abb.27) von Caspar David Friedrich ist eine der ersten deutschen Industriedarstellungen der Romantik. „Die Begeisterung für das anmutige Tal der ‚wilden Weisseritz' " teilte Friedrich mit zahlreichen Dichtern und bildenden Künstlern Ende des 18./Anfang des 19. Jahrhunderts. Allerdings unterschieden sich seine Zeichnungen und Gemälde von denen gleichzeitiger Maler und Graphiker dadurch, daß er auch die dort gelegenen Mühlen realistisch und schonungslos darstellte. Vgl. Ch. Hoffmeister (5), S. 77.

[487] Ebd.

[488] Vgl. Ch. Hoffmeister (5), S. 77. Vgl. auch Deutsche Romantik, Katalogteil, S. 82.

[489] Vgl. P.-K. Schuster (1), S. 20.

[490] Vermutlich erfolgte 1835 aufgrund der *Palmenhaus*-Bilder Blechens Aufnahme als ordentliches Mitglied an die *Akademie der Künste*. Vgl. L. Brauner, 1973, S. 17, G. Heider, S. 30, P.-K. Schuster (1), S. 20.

Dennoch fühlte sich Blechen als Künstler zurückgesetzt – wie er in einem Brief an Schinkels Freund Beuth, den Vorsitzenden des *Vereins der Kunstfreunde im Preußischen Staat*, 1830 beschrieb. Vgl. P.-K. Schuster (1), S. 20.

[491] So beschrieb u.a. der Berichterstatter des *Museums* „die harmonische warme Feuchtigkeit des Ganzen (...), den leisen würzigen Dunst, den lauen Duft des Gewächshauses". P.-K. Schuster (3), Katalogteil, S. 124.

Man fühle sich „wahrhaft in eine fremde märchenhafte Welt versetzt". Weiterhin schrieb er: „Wir glauben nicht die Darstellung eines Gewächshauses vor uns zu sehen, es ist der Zauber einer üppigen

Auch Schinkel[493] war begeistert von Blechens Originalität bei der Umsetzung der *Palmenhauses*-Gemälde[494]: „In diesen Bildern, wenngleich nur von mäßigem Umfange, scheint mir die Größe gerade dem Gegenstande recht entsprechend gewählt. Das viele Detail der Pflanzen wird noch genügend charakterisiert und wird doch nicht leer, welches durch zu großen Maßstab leicht herbeigeführt wird. Die Auffassung des Gegenstandes ist höchst originell, die Ausführung mit großem Verstande, mit vielem Naturstudium und ausgezeichnetem Geschmack geleistet. Die tropische Pflanzenwelt in ihrer Fülle, wie sie sich hier zeigt, ist uns Nordländern fremd, und der Künstler hat zu kämpfen und hat Anstrengung nötig, um in dieser Region mit Freiheit zu produzieren. Die hierin verwendeten vielen Mühen sieht man den Bildern nicht an, und dies ist gerade ihre vortrefflichste Seite.“[495]

Anders verhielt es sich mit Blechens Gemälde *Kalksteinbrüche* (1828; Abb.101), irrtümlich als *Kreidefelsen auf Rügen*[496] benannt: In dem Gemälde stellte er „die „Zerstörung der Erdoberfläche“ dar. Blechen nahm hier nicht die ländliche Idylle wahr und widersprach damit „den Bestrebungen eines Lenné und gleichgesinnter Maler“, die der Mark Brandenburg landschaftliche Reize abzugewinnen und so die Liebe zur Heimat zu befestigen“ versuchten.[497]

Menzels *Eisenwalzwerk* (1875; Abb.18) rief wiederum unter zeitgenössischen „Kennern höchste Bewunderung“ hervor[498]: Menzel lieferte 1875 das fertige Bild an seinen Auftraggeber, den Berliner Bankier Adolph von Liebermann, der es in seinem Haus aufhängte. Dort wurde es von Max Jordan, dem Direktor der Nationalgalerie gesehen. Er überzeugte „den Besitzer[499], daß dieses neuartige und erste große Industriebild in

---

fremdartigen Vegitation, eines seltsam phantastischen Lebens, der aus den Bildern auf uns zutritt und durch die Staffage reizender indischer Weiber, welche sich auf bunten Teppichen gelagert haben, noch erhöht wird. Im übrigen sind die Bilder wirkliches Porträt des Vorgefundenen, mit sorgfältiger und innigster Nachbildung der mannigfachen Einzelheiten, aber auf eine künstlerische Weise zusammengefaßt und gehalten.“ H.R. Möller,
S. 163.
Die *Spenersche Zeitung* schrieb: „Man fühlt die Wärme des künstlichen Klimas.“ P.-K. Schuster (3), Katalogteil, S. 124.

492 Vgl. L. Brauner, S. 17, G. Heider, S. 30, P.-K. Schuster (1), S. 20. Vgl. auch I. Emmerich, S. 53, H.R. Möller, S. 164.

493 Schinkel unterstützte Blechens Forderung auf volle Bezahlung seiner Gemälde „in einem Schreiben an den Hofmarschall von Mahlzahn“. Er lobte dabei die Detailtreue und die Ausführung der Werke. Vgl. H.R. Möller, S. 163-164, P.-K. Schuster (3), Katalogteil, S. 124.

494 Vgl. P.-K. Schuster (3), Katalogteil, S. 124, Vgl. auch H.R. Möller, S. 163.

495 Zitat von K.F. Schinkel, in: P.-K. Schuster (3), Katalogteil, S. 124.

496 In Wahrheit werden die Kalksteinbrüche bei Rüdersdorf wiedergegeben. Vgl. H. Börsch-Supan (2), S. 35.

497 Vgl. H. Börsch-Supan (2), S. 35-36, H.J. Neidhardt, S. 120.

498 Vgl. I. Wirth, S. 294.

499 Der Niedergang seines Unternehmens zwang Liebermann, „1876 seinen gesamten Kunstbesitz deutscher Meister zu versteigern.“ Vgl. M. U. Riemann-Reyher (4), S. 288. Vgl. auch G. Lammel, S. 142.

ein öffentliches Museum[500] gehört".[501] Noch im selben Jahr wurde das Gemälde in der Nationalgalerie aufgehängt.[502]

Auch Theodor Fontane, Kunsthistoriker und Dichter, lobte Menzels Kunst und wies auf die spezifischen Lichteffekte des *Eisenwalzwerkes* hin: daß Menzel „sich an der malerischen Wiedergabe von Rot- und Weißglühlicht" versuchte und daß „aus einem dieser Versuche heraus (...) eines seiner merkwürdigsten und epochemachendsten Bilder" entstand.[503]

Im Katalog der Nationalgalerie 1876 schrieb Jordan über das *Eisenwalzwerk*: „Das konnte nur ein Künstler unserer Tage, dem es tiefer Ernst ist um den Heroismus im schmutzigen Kittel des Werkmannes, der ein Herz hat für das Volk in unkriegerischen Waffen, für Wohl und Wehe der Tausende, die im tagtäglichen Handgemenge mit der Gefahr dem Schicksal der Enterbten Trotz bieten."[504]

---

[500] In einem Brief an den königlichen Staatsminister lobte Max Jordan Menzels Gemälde, „um ihn zu überreden, die hohe Ankaufssumme für das Gemälde zu bewilligen". Jordan betonte, nicht nur die malerische Leistung, sondern auch die Bedeutung des originellen Inhalts. Vgl. F. Forster-Hahn, S. 122-123. Vgl. auch M.U. Riemann-Reyher (4), S. 289 und M.U. Riemann-Reyher (2), S. 42.

[501] Vgl. K. Kaiser (1), S. 29. Vgl. auch F. Forster-Hahn, S. 122.

[502] Vgl. K. Kaiser (1), S. 29.

[503] Vgl. Horst G. Ludwig, Inszenierung einer Ausstellung, in: Münchner Künstlerhaus-Verein e.V. (Hrsg.), Kunst und Technik, München, 1965, S. 65.

[504] F. Forster-Hahn, S. 123. Vgl. auch Susanne von Falkenhausen, Historie und Politik – Beliebigkeit und Sinngebung: Menzel und der Historismus, in: Adoph Menzel - Zeichnungen, Druckgraphik und illustrierte Bücher, Ein Bestandskatalog der Nationalgalerie, des Kupferstichkabinetts und der Kunstbibliothek, Staatliche Museen Preußischer Kulturbesitz, Berlin, 1984, S. 31.

8. Industriebilder – Industriedarstellungen auf dem Wege zum Realismus

8.1. Entstehung des Konflikts zwischen Tradition und sozialer Realität

Die industrielle Revolution beeinflußte alle Bereiche des gesellschaftlichen und politischen Lebens, insbesondere auch die sozialgeschichtlichen Strukturen.[505] Der Einfluß der Technik führt zu wirtschaftlichen, politischen und gesellschaftlichen Entscheidungen. Die Geschichte des 19. Jahrhunderts[506] ist daher einerseits durch eine sprunghafte industrielle Entwicklung gekennzeichnet, andererseits aber auch durch das massive Elend der Arbeiter.[507]

Diese Widersprüchlichkeiten und Gegensätze zeigten sich ebenfalls bei den vielfältigen Wechselbeziehungen zwischen Gesellschaft, Wissenschaft, Kunst und industrieller Entwicklung. „Dieser Antagonismus zwischen moderner Industrie und Wissenschaft auf der einen Seite und modernem Elend und Verfall auf der anderen Seite, dieser Antagonismus zwischen Produktivkräften und den gesellschaftlichen Beziehungen unserer Epoche ist", laut Marx, „eine handgreifliche, überwältigende und unbestreitbare Tatsache."[508] Entsprechend unterschiedlich sind auch die gesellschaftlichen und künstlerischen Ergebnisse und Resultate dieser Zeit.

Vor Beginn der Industrialisierung unterstanden die Arbeitsprozesse[509] dem Handwerker.[510] „Wie der Künstler, so lebte auch der Handwerker in seiner Arbeit, für seine Arbeit und durch seine Arbeit; die Belohnung für die Mühe war in der Tätigkeit selbst enthalten, und die Wirkung der Kunst lag eher in einer Förderung und Intensivierung dieser natürlichen organischen Prozesse als in einer Flucht vor dem Leben oder einer Kompensation."[511]

---

[505] Vgl. K.L. Pfeiffer, S. 273. Vgl. auch Leo Brandt, Die zweite industrielle Revolution, München, 1957, S. 11.

[506] Laut Hoffer erweise sich das „Zusammengehen der Intellektuellen mit den Massen als höchst wirkungsvolle Kombination" in der Geschichte, allerdings fehlte gerade dieses zur Zeit der industriellen Revolution komplett. Vgl. Eric Hoffer, Die Angst vor dem Neuen, Hamburg, 1968, S. 43.

[507] K.L. Pfeiffer, S. 274-275. Vgl. auch Wolfhard Weber, Soziale Konsequenzen der Industrialisierung, in: Buddensieg, Tilmann und Rogge, Henning (Hrsg.), Die nützlichen Künste, Berlin, 1981, S. 108.

[508] Vgl. Christine Hoffmeister (1), Francis D. Klingender: Kunst und industrielle Revolution, Weimarer Beiträge, Heft 6, 1977, S. 179, F.D. Klingender, S. 144.

[509] Arbeitsprozesse waren in den meisten Zeiten mühsam und schwer, allerdings gab es Punkte, die den Prozeß der industriell-technischen Entwicklung schmälerten. Der Handwerker bestimmte die Arbeitszeiten, indem er auf seinen körpereigenen Rhythmus hörte oder er plante und überlegte noch, während er seine Arbeit bereits begonnen hatte. Vgl. Levis Mumford, Kunst und Technik, Stuttgart, 1959, S. 55.

[510] Vgl. ebd.

[511] Ebd.

Bis zur Mitte des 19. Jahrhunderts war das Handwerk der vermittelnde Faktor zwischen Kunst und Technik[512].
Nach Beginn der industriellen Revolution kam es zu einem raschen Wechsel der bisherigen Produktionsweise sowie der Arbeits- und Lebensverhältnisse. Die handwerkliche Einzelproduktion entwickelte sich sehr schnell zur kollektiven Massenproduktion. Die eingeführten, schnell und billig arbeitenden Maschinen ersetzten die Menschen und führten insbesondere aufgrund der Arbeitsintensivierung zu einer gravierenden Lebensverschlechterung bei den niederen Klassen[513] – es herrschte extremes Elend.[514]
Besonders deutlich zeigte sich die Umwälzung im Leben des Volkes, d.h. bei dem Proletariat. Die Großproduktion und das Wertloswerden der Arbeitskraft führten zur Verarmung, Verelendung und Verproletarisierung breiter Volksschichten.[515]
„Dieser neue 4. Stand[516] kämpfte im 19. Jahrhundert einen Verzweiflungskampf um unerträgliche Lebensbedingungen, um Anerkennung und politische Gleichberechtigung. Die Ziele und Ideen des Sozialismus breiteten sich in allen Schichten des Volkes aus, und auch die Kunst[517] konnte sich ihrer Einwirkung nicht entziehen."[518]
Außerdem veränderte sich das Landschaftsbild – Fabriken entstanden, insbesondere in den Hüttengebieten, verunstalteten die Landschaft und verdunkelten mit ihren qualmenden Schornsteinen den Himmel.[519]

---

[512] Die meisten technischen Neuerungen stellten zunächst eine Arbeitserleichterung und/oder eine Steigerung der Produktion dar. Die daraus resultierenden sozialen Veränderungen waren vor Beginn der Industrialisierung geringfügig. Allerdings gab es zwei Bereiche der Technik, die stets von einer „entmenschlichten Lebensform“ bestimmt wurden – der Bergbau und die Kriegsführung. So warf die Kriegsführung alle menschlichen Normen und Interessen sowie schöpferisches Denken über Bord. Der Bergbau führte neben der Verunstaltung und Verschmutzung der Umwelt auch zur erbarmungslosen Ausbeutung und Vernichtung menschlichen Lebens. Vgl. ebd., S. 56-57.

[513] Die sozialen Mißstände und Ungerechtigkeiten führten wiederum zur ökonomischen Misere der Arbeiterklasse. Letztere ist u.a. belegt durch die Primitivität des Wohnens, die Verschuldung durch Heirat, durch Gicht oder Nervenfieber aufgrund unhygienischer Verhältnisse sowie durch mangelnde Armen- und Krankenpflege. So kam es bspw. bei Fabrikarbeitern im Ruhrgebiet verstärkt zu ansteckenden Krankheiten wie Syphilis und Brustkrankheiten. Vgl. Clemens Heselhaus, Die Ansichten des romantischen und malerischen Westfalen, in: Das malerische und romantische Westfalen, Münster, 1974, S. 186. Vgl. auch Anson Rabinbach, Der Motor Mensch – Ermüdung, Energie und Technologie des menschlichen Körpers im ausgehenden 19. Jahrhundert, Die Entdeckung der Ermüdung, in: Buddensieg, Tilmann und Rogge, Henning (Hrsg.), Die nützlichen Künste, 1981, Berlin, S. 129.

[514] Vgl. C. Heselhaus, S. 186. Vgl. auch H. Schmücker, S. 4.

[515] Vgl. Jürgen Kocka, Technik und Arbeitsplatz im 19. Jahrhundert, in: Tilmann Buddensieg und Henning Rogge (Hrsg.), Die nützlichen Künste, 1981, Berlin, S. 117, H. Schmücker, S. 4. Vgl. auch R. Rübberdt, S. 242-243.

[516] Der „vierte Stand“, auch als „Stand der Standlosen“ bezeichnet, ist schwer zu erfassen. Er bestand aus einer „Vielzahl verschiedenartiger Existenzen, die in der traditionellen Ständeordnung keinen Platz“ mehr besaßen. Vgl. auch R. Rübberdt, S. 243.

[517] So wurden ab Mitte des 19. Jahrhunderts industrielle Arbeitstätten und Industriearbeiter in die Malerei aufgenommen. Vgl. H. Schmücker, S. 4.

[518] Ebd.

[519] Vgl. L. Brandt, S. 17.

Aufgrund der Technisierung und Industrialisierung fast aller Wirtschaftszweige waren immer mehr Angehörige des Kleingewerbes, Handwerker und verarmte Bauern gezwungen, ihre ursprünglichen, relativ selbstständigen Arbeitsbereiche aufzugeben. Sie mußten sich als Fabrikarbeiter verdingen, d.h. ihre Arbeitskraft gegen Lohn verkaufen.[520]

Hinzu kam, daß die Landbevölkerung in die Großstädte und Industriezentren strömte. Die Umstellung großer Teile der Bevölkerung in die großstädtische Umwelt zwang zum Aufgeben von Anschauungen und Lebensformen, die seit Jahrhunderten existieren.[521]

Die soziale Situation der Fabrikarbeiter führte somit zu einer Vielzahl sozialer Probleme wie „Kriminalität, Alkoholismus, Zerstörung der Familie, Probleme nationaler Minoritäten, Arbeitslosigkeit oder städtische Wohnprobleme".[522]

Auch die Arbeitsbedingungen[523] in den industriellen Großbetrieben waren katastrophal und die gezahlten Löhne reichten nur in den seltensten Fällen aus, um das Existenzminimum abzudecken. Die durchschnittliche Arbeitszeit[524] lag zwischen 10 und 16 Stunden täglich.[525]

Insbesondere in der zweiten Hälften des 19. Jahrhunderts nahm die Kinder-[526] und Frauenarbeit zu, während männliche Arbeiter arbeitslos wurden. Das erleichterte das Niedrighalten der Löhne. Die Löhne der Arbeiterinnen waren um die Hälfte, oft sogar zwei Drittel geringer als die Löhne ungelernter männlicher Arbeiter. Kinder und Ju-

---

[520] Vgl. K. Gafert, S. 9-10. Vgl. auch W. Jacobeit, S. 196.

[521] Vgl. K.L. Schneider, S. 67.

[522] Vgl. R. Rübberdt, S. 225; 226-227.

[523] Die katastrophalen Arbeitsbedingungen werden u.a. durch die Tatsache belegt, daß die Fabriken, u.a. Textilfabriken, als Beschäftigungs- und Verwahranstalten für Arme betrachtet wurden. „‚Armenerziehung durch Arbeit!' war ein geflügeltes Wort bourgeoiser Auffassungen und Handlungen, (...)." Je größer die Gegensätze, die Kluft zwischen den „Unternehmern und ihren Arbeitssklaven" wurde, desto mehr häuften sich die Verunglimpfungen, die die Textilarbeiter als „entsittlichtes, arbeitsscheues und rohes Gesindel" bezeichneten. Vgl. W. Jacobeit, S. 198. Vgl. auch Wolfgang Büttner, Aufruhr im Eulengebirge. Fanal des sozialen Klassenkampfes, in: Helmut Bock (Hrsg.), Unzeit des Biedermeier, Köln, 1986, S. 230-231.

In den Spinn- und Webfabriken kam es zu außerordentlicher Lärmbelästigung. In der chemischen Industrie, den Bleiwerken, den Textilfabriken und im Bergbau erlitten die Arbeiter zahlreiche Erkrankungen und Gesundheitsschäden aufgrund von Staub, Abgasen und Giftstoffen. Die Maschinisierung führte zu einer Zunahme der Arbeitsunfälle. Im Kohlebergbau wuchs die Unfallhäufigkeit. Die Hitzebelastung bei der Metallherstellung und -verarbeitung ging weit über das vorindustrielle Maß hinaus. Die neuentstandenen Fabriken und Großbetriebe waren zumeist unhygienisch und dunkel. Vgl. J. Kocka, S. 119-120. Vgl. auch E. Kroker, S. 135-137.

[524] In den meisten Arbeiterfamilien waren auch Frauen und Kinder gezwungen, täglich zu arbeiten. Die Arbeitszeit der Kinder lag dabei bei ca. 10 Stunden täglich, die der Frauen bei 10 bis 16 Stunden. Vgl. K. Gafert, S. 12-13.

[525] Vgl. K. Gafert, S. 10-13.

[526] Nach amtlichen Zählungen im Rheinland waren die arbeitenden Kinder zwischen 9 bis 14 Jahre alt. Vgl. W. Jacobeit, S. 197.

gendliche erhielten nur Pfennigbeträge.[527] Von dem ohnehin kargen Lohn wurden häufig auch noch Strafgelder für geringfügige Vergehen, wie bspw. für jedes Zuspätkommen, abzogen.[528]
Die aussichtslose Lage und die extrem schlechte soziale Situation der Arbeiter[529] führte zunächst zur 1848er Revolution[530], später zu zahlreichen Streikbewegungen und Revolten, insbesondere in den siebziger Jahren des 19. Jahrhunderts.
Der Industrialisierungsprozeß war somit eine Periode[531] „ernsthafter sozialer Spannungen".[532]
So war es laut Gagel kein Zufall, daß der Höhepunkt der Düsseldorfer Malerschule und deren Zeit der realistischen Tendenz mit dem Beginn der gesellschaftlichen Auseinandersetzungen zusammenfielen. „Dieser Abschnitt" entsprach „genau der Zeit des Vormärz. Es waren „die Jahre der Unterdrückung, der Forderung nach Verfassung und nationaler Einheit[533] (...)." Diese Forderungen wurden nach der französischen Revolution (1830) noch verstärkt. Die wachsende Volksbewegung gipfelte[534] in der 1848er Revolution.[535]
Beispiele für die revolutionäre Gesinnung deutscher Romantiker sind u.a. Karl Wilhelm Hübners *Die schlesischen Weber* (1844; Abb.25), *Das Jagdrecht* (1846; Abb.124), *Abschied der Auswanderer von ihrer Heimat* (1846; Abb.125), Johann Peter Hasenclevers *Arbeiter vor dem Magistrat* (1849/50; Abb.26; zur Datierung: Vgl. auch F. Rothe, S.150 und K. Türk (4), S.166), *Freiligrath-Bild* (1851), Andreas Achenbachs *Düsseldorfer Demokraten* (1848; Abb.126), zahlreiche weitere politische Karikaturen, *Neusser Hütte* (1860; Abb.67), *Westfälische Mühle* (1869; Abb.68), Alfred Rethels

---

[527] Vgl. K. Gafert, S. 13. Vgl. auch R. Bendix, S. 189.
[528] Vgl. M. Tunn, S. 130.
[529] Laut Klima hängt die Entstehung der Arbeiterklasse eng mit dem Beginn der industriellen Revolution zusammen. In den 60/70er Jahren des 19. Jahrhunderts erreichte die Arbeiterbewegung ihren Höhepunkt. Dabei spielten viele Widersprüche der Industrialisierung und des Kapitalismus eine große Rolle für das Bewußtsein der Arbeiter. Vgl. Arnolt Klima, Die Entstehung der Arbeiterklasse und die Anfänge der Arbeiterbewegung in Böhmen, in: Fischer Wolfram (Hrsg.),Wirtschafts- und sozialgeschichtliche Probleme der frühen Industrialisierung, Berlin, 1968, S. 434-436.
[530] Vgl. K. Gafert, S. 16.
[531] Laut Rübberdt können die sozialen Probleme der Industrialisierung in drei Hauptperioden eingeteilt werden: erstens in eine frühe Phase bis Mitte des 19. Jahrhunderts, zweitens in eine mittlere von den fünfziger und Anfang der sechziger Jahren bis zum Ersten Weltkrieg und drittens in eine späte Phase, die bis heute anhält. Vgl. R. Rübberdt, S. 229-233.
[532] Vgl. ebd., S. 224.
[533] Diese Forderung bedeutete die Aufhebung der feudalen 39 deutschen Kleinstaaten. Vgl. H. Gagel, S. 68.
[534] Bei den Kämpfen im März 1848 in Berlin wurde das preußische Militär von der Berliner Bevölkerung aus der Stadt vertrieben. Ähnlich war die Situation in der Hauptstadt der Rheinprovinz, Düsseldorf. So erklärte der Düsseldorfer Regierungspräsident an 15. 2. 1848: Die Polizei könne nicht gegen die wachsende Volksbewegung eingesetzt werden, da es nicht helfen würde, „vielmehr nur den Funken ins Pulverfaß werfen und eine Explosion herbeiführen, deren Folgen sich nicht absehen lassen." Vgl. ebd.
[535] Vgl. ebd.

Harkortsche Fabrik auf Burg Wetter (1834), Holzschnittzyklus *Auch ein Totentanz*: *Der Tod auf der Barrikade* (1849; Abb.120), *Der Tod als Volksredner* (1849; Abb.121) und *Der Tod als Freund* (1851; Abb.122).

8.2. Soziale Situation der Arbeiter in den Darstellungen der Romantiker

In der abendländischen Kunst war die Darstellung der menschlichen Arbeit, deren Umstände und Auswirkungen[536], kein herausragendes Bildmotiv. Vielmehr beherrschte die künstlerlische Umsetzung idealistischer oder idealer Vorstellungen die Kunst.[537] Mit dem Beginn der Industrialisierung änderte sich dieses, wenn auch zunächst nur zaghaft und vereinzelt. So griffen in Deutschland[538] nur wenige Romantiker (Vgl. Kap. 5. bis 8.) das Neuartige dieser industriellen Umwälzung auf.
Laut Riess räumte „erst der sachlich-politische Geist des 19. Jahrhunderts mit dem süßlichen Ideal auf, das man sich in Literatur und Kunst vom einfachen Manne gemacht hatte, der da in seliger Zufriedenheit und beneidenswerter Bedürfnislosigkeit seine Tage hinbrachte. Die schwierige Lage des Lohnarbeiters in der Stadt wie auf dem Lande, der mit der zunehmenden Rolle, die die Maschine im Wirtschaftsleben spielt, sich immer mehr verschärfende Gegensatz zwischen Arbeitgeber und Arbeitnehmer" trat „mit der großen sozialen Bewegung um die Jahrhundertmitte weiten Kreisen[539] deutlicher ins Bewußtsein."[540]
Im Roman erfolgte zumeist eine symbolische oder direkte Gegenüberstellung der alten Feudalzeit mit der neuen industriell geprägten Zeit. Diese Technik wurde in der Malerei nur von Alfred Rethel in seiner *Harkortschen Fabrik auf Burg Wetter* angewandt.[541]

---

[536] Laut Schmidt wurde das Thema *Streik* mit dem ersten „Auftreten des Proletariats als politische Kraft, mit der französischen Revolution von 1830" in der europäische Kunst und Malerei aufgenommen. Bereits 1833 stellte Philipp August Jeanron sein Gemälde *Arbeiter im Streik* im Salon aus. Häufiger künstlerisch gestaltet wurde das Motiv jedoch erst seit Ende der siebziger Jahre des 19. Jahrhunderts. Vgl. Diether Schmidt, Streik als Bildmotiv im 19. Jahrhundert, in: Bildende Kunst, 5. Jg., 1957, S. 172.
Laut Hinkel hätten Darstellungen von arbeitenden Menschen die Künstler von jeher gereizt. Vgl. Hermann Hinkel, Mensch und Mensch und Arbeit im Spiegel der Malerei von 1880 bis zur Gegenwart, in: Hoesch AG (Hrsg.), Der Arbeit ewiglicher Strom, Dortmund, 1989, S. 165.

[537] Vgl. K. Türk (2), S. 13. Vgl. auch H. Hinkel, S. 165.

[538] Im Gegensatz zu Deutschland erlebte das Arbeitsbild in der zweiten Hälfte des 19. Jahrhunderts im hochindustrialisierten Belgien eine „Hoch-Zeit". Vgl. K. Türk (2), S. 14.

[539] Gründe für die künstlerische Umsetzung der Arbeiterproblematik schwankten zwischen „leidvollem Erbarmen mit den Armen und Geknechteten" bis hin zur Vermittlung sittlich-moralischer Werte. Umgesetzt wurden aber auch der harte Kampf der abhängigen Lohnarbeiter, ihre Arbeitsbedingungen und die massiven sozialen Probleme. Vgl. Margot Riess, Der Arbeiter in der bildenden Kunst, Berlin, 1925, S. 11-12.

[540] Ebd., S. 11.

[541] Vgl. K.L. Schneider, S. 67-68.

Während es in Deutschland in der Mitte des 19. Jahrhunderts zu einem sprunghaften Anstieg industrieller Darstellungen, d.h. von Darstellungen industrieller Anlagen, zumeist im Auftrag der Fabrikbesitzer, überwiegend im graphischen Bereich, kam, waren künstlerische Umsetzungen der Arbeiter bzw. der menschlichen Arbeit[542] äußerst selten, obgleich das Nichterscheinen[543] dieses Motivs auf den Industriedarstellungen Rückschlüsse auf ihre Anerkennung sowie die Wertigkeit ihrer Tätigkeit zuläßt. Zumeist wurden sie nur zur Demonstration technischer Vorgänge, nicht als menschliche Individuen dargestellt.[544]
Die sich ständig verschärfenden Klassenauseinandersetzungen und sozialen Konflikte in der ersten Hälfte des 19. Jahrhunderts schlugen sich auch in der Malerei[545] nieder. So wurden vereinzelt auch Elemente „kämpferischen Optimismusses" dargestellt. „Solche Tendenzen zeigten sich schon in den bedeutenden Anfängen des Vormärz besonders in der Düsseldorfer Genremalerei. Dabei verknüpfte sich „ein reformistisch-wehleidiger Appell um Mitleid mit den Opfern" mit „agitatorischen, antifeudalen Forderungen[546] sowie gelegentlichen Elementen siegesgewissen Selbstbewußtseins[547] des Proletariats."[548]

---

[542] Eine der wenigen Ausnahmen, bei der nicht nur Arbeiter dargestellt, sondern diese sogar in all ihrer Menschlichkeit und ihrer Abhängigkeit vom industriellen Prozeß gezeigt wurden, ist Menzels *Eisenwalzwerk*. Vgl. Ch. Bertsch (2), S. 250-252.

[543] Laut Ricke-Immel ist es „auffallend wie sehr sich die Genremaler scheuten, die Alltagswelt des Großstädters, des Arbeiters zu schildern. Die Darstellung des nackten Elends wurde peinlich vermieden; die Kritik an den sozialen Mißständen der Zeit erschöpfte sich – von wenigen Ausnahmen abgesehen – in antibürgerlicher Thematik voll romantisierender Gefühlsschwärmerei: (...) Die Genremaler sahen ihre Aufgabe nicht im Aufdecken von Mißständen und deren vielschichtiger, hintergründiger Problematik (...)." Ute Ricke-Immel, Die Düsseldorfer Genremalerei, in: Wend von Kalnein (Hrsg.), Die Düsseldorfer Malerschule, Düsseldorf, 1979, S. 161.
Nur wenige Maler – insbesondere junge Künstler wie Hübner und Hasenclever – setzen sich gegen die allgemeine Position der Genremalerei zur Wehr. Vgl. Knut Soine (2), „Der Abschied des Bürgerwehrmannes" 1848, Eine unbekannte Ölskizze Johann Peter Hasenclever, in: Romerike Berge, Zeitschrift für das Bergische Land, 44. Jg., Heft 3, 1994, S. 36.

[544] Vgl. Ch. Bertsch (2), S. 249-250.

[545] Laut Türk war Mitte des 19. Jahrhunderts Kritik an der neuen Produktionsweise in der Malerei weniger ausgeprägt als in der Literatur. Doch auch in der Kunst seien einige herausragende Werke zu finden. So habe Hosemann versucht, die Armut des vierten Standes in seiner Grafik *Proletarierwohnung* (1842; Abb.127) darzustellen. Achenbach geißelte per Karikatur (bspw. *Apotheose und Anbetung des Götzen unserer Zeit*; 1848; Abb.128) die Profit- und Akkumulationsgier der Bourgeoisie. Die wichtigsten, wenn auch nicht repräsentativen Werke, seien Hübners *Die schlesischen Weber* (1844) und Hasenclevers *Magistrat im Jahre 1848* (1850). Vgl. K, Türk (4), S. 166. Vgl. auch W. Hütt (2), S. 186-187.

[546] Vgl. Karl Wilhelm Hübners Gemälde und Karikaturen.

[547] Beispiel dafür ist Johann Peter Hasenclevers Gemälde *Magistrat aus dem Jahre 1848*. Vgl. Günter Meißner, Arbeiterbewegung und bildende Kunst. Soziale Tendenzen in der deutschen bildenden Kunst der 2. Hälfte des 19. Jahrhunderts, in: Bildende Kunst, 14. Jg., 1966, S. 244.

[548] G. Meißner, S. 244. Vgl. auch W. Hütt (1), S. 160-161, W. Hütt (2), S. 186-187.

„Der fortschrittlichste Maler des deutschen Vormärz, der am entschiedensten mit seinen Werken[549] im politischen Kampf der Jahre 1844 bis 1848 Partei ergriffen hat, war Karl Wilhelm Hübner.“[550]

Sein Gemälde *Die schlesischen Weber* (1844), welches zwei Monate vor dem Aufstand der schlesischen Weber entstand, steht in engem Zusammenhang mit der kommunistischen Bewegung in Deutschland.[551] „Die Themenstellung seiner Bilder (*Wohltätigkeit in der Hütte der Armen, Das Jagdrecht* und *Die Auswanderer*) und ihre politische Stoßrichtung zeigen ihn als den einzigen deutschen Maler dieser Jahre, der nicht nur mit der revolutionären Generallinie sympathisierte[552], sondern zugleich die besondere Taktik der Kommunisten in Deutschland, die von Marx und Engels vertreten wurde, mit seinen Gemälden propagierte. Er ließ sich nicht, wie andere fortschrittliche Künstler dieser Jahre, durch seine antikapitalistische Einstellung verleiten, die demokratischen Forderungen der liberalen Bourgeoisie gering zu schätzen und dagegen zu Felde zu ziehen, sondern unterstützte diese Forderungen bei gleichzeitiger Kritik an der Bourgeoisie. Damit machte er sich die Taktik der deutschen Kommunisten zu eigen, die Bourgeoisie überall, wo sie revolutionär auftrat, zu unterstützen, ohne darauf zu verzichten, gleichzeitig beim Proletariat ein klares Bewußtsein über den feindlichen Gegensatz zwischen Bourgeoisie und Proletariat herauszuarbeiten.“[553]

In seinem Gemälde *Die schlesischen Weber*[554] (1844; Abb.25) nahm Hübner als erster sozialkritischer Maler drei Elemente des Realismus auf: 1. die Darstellung des kapitalistischen Elends, 2. das Aufzeigen der Ursache dieses Elends, 3. die Andeutung des revolutionären Auswegs. Nicht immer gelang Hübner die Verbindung dieser drei Elemente; „im Unterschied aber zu den zahlreichen Elendsdarstellungen aus dieser Zeit“ versäumte „es Hübner auf den Gemälden der Jahre von 1844 bis 1848 nie, die Ursache des Elends aufzuzeigen, um den Haß des Volkes auf den Urheber zu lenken.“[555]

Auch Hübners Gemälde *Das Jagdrecht* (1845; Abb.124) steht im Zeichen seines antifeudalen Kampfes. Es betont, im Gegensatz zu anderen Darstellungen seiner Zeit, die die Tapferkeit und Verwegenheit eines Wilddiebes vor einem Wald- oder Gebirgshintergrund heroisieren, die wirtschaftliche Notwehr, die die Bauern zum Schutz ihrer Ernte zwang. Damit verstießen sie gegen das feudale Jagdrecht[556]. Auf dem Gemälde

---

[549] Karl Wilhelm Hübner malte Alltagszenen, die die sozial Lage des Volkes genau erfaßten. Vgl. H. Gagel, S. 75.

[550] F. Rothe, S. 147. Vgl. auch K. Gafert, S. 112, W. Hütt (2), S. 186.

[551] Vgl. F. Rothe, S. 147. Vgl. auch H. Gagel, S. 75, K. Haese, S. 95, W. Hütt (2), S.186, K. Türk (4), S. 167.

[552] Vgl. H. Gagel, S. 76. Vgl. auch K. Türk (4), S. 167.

[553] F. Rothe, S. 147.

[554] Hübners Gemälde wurde von der „Kölnischen Zeitung“ als „ ‚sozialistisch und folglich zeitgemäß‘ bezeichnet“, da es das Streben der Epoche „ ‚nach Aufhebung des schroffen Standesunterschiedes versinnbildlicht‘ “. Vgl. W. Hütt (1), S. 168, H. Gagel, S. 76.

[555] Vgl. F. Rothe, S. 147.

[556] Im Rheinland waren 1842 die Paragraphen des Jagdrechts noch verschärft worden. So drohte auf das Erlegen eines Hasen auf dem eigenen Grund und Boden eine Gefängnisstrafe. Vgl. ebd,. S. 148.

ist ein junger Bauer dargestellt, „der mit seinem alten zusammenbrechenden Vater ins Haus flüchtet, um dort Schutz zu suchen". Der alte Mann ist durch einen Nackenschuß des Försters, der den Befehl seines adligen Herrn ausführte, tödlich getroffen. Ein totes Schwein[557] berechtigte den Feudalherrn zu diesem Mord.[558]

Mit der Figur des Jungbauern[559] führt Hübner die Kraft[560] ein, die Rache nehmen wird, die die Adelswillkür nicht passiv ertragen wird.[561]

Der *Abschied der Auswanderer* (1846; Abb.125) propagiert „bürgerlich-demokratische Verhältnisse als Alternative zur feudalen Knechtschaft". Hübner greift damit ein damals aktuelles demokratisches Thema[562] auf. „Im Gegensatz zu den wahren Sozialisten zeigt Hübner am Elend der Auswanderer nicht nur die Seite des Elendes und warnt nicht nur wie diese vor den kapitalistischen Verhältnissen, die die Auswanderer in Amerika antreffen werden." Der gemeinsame Neuanfang des Dorfes in Amerika, „wo man von Feudallasten befreit ist", beinhaltet auch die reale Hoffnung auf ein besseres Leben.[563]

Während der 1848er Revolution kämpfte Hübner sogar als Bürgerwehroffizier[564] mit.[565] Ähnlich wie Hübner engagierte sich auch Hasenclever mit seiner Kunst für die revolutionäre Sache. Im Unterschied[566] zu vielen kleinbürgerlichen Intellektuellen und Künstlern, die sich bereits kurz nach der Niederlage der Revolution an die bestehenden Verhältnisse anpaßten oder resignierten, vertrat Johann Peter Hasenclever die revoluti-

---

[557] Das Schwein hatte das reife Kornfeld des Bauern verwüstet und war von diesem zum Schutz seiner Felder erschossen worden. Vgl. ebd., S. 148.

[558] Vgl. ebd.

[559] Die Figur des Jungbauern symbolisiert, analog zu den jungen Männern im Weberbild, neben äußersten Elend und Unterdrückung auch den Willen und die Kraft zum Widerstand. Vgl. ebd., S. 149.

[560] „Vergleicht man Hübners ‚Jagdrecht' mit dem gleichnamigen Gedicht von Wolfgang Müller, dann wird deutlich, daß Hübner die Darstellung der Adelswillkür mit der Handlungsperspektive des antifeudalen Kampfes verbindet." Das Gedicht schildert hingegen lediglich das Elend, der des Ernährers beraubten Familie und endet trostlos. Vgl. ebd.

[561] Vgl. F. Rothe, S. 149. Vgl. auch W. Hütt (1), S. 166; 168-169, U. Ricke-Immel, S. 156.

[562] Das Thema *Auswanderung* wurde damals als Pressekampagne demokratischer Blätter benutzt, um den Feudalabsolutismus anzugreifen. Nicht die Auswanderung stand im Mittelpunkt, stattdessen wurden die Vorteile bürgerlich-kapitalistischer Verhältnisse geschildert, die auch in Deutschland eingeführt werden sollten. Vgl. F. Rothe, S. 149.

[563] Vgl. F. Rothe, S. 149. Vgl. auch W. Hütt (1), S. 169.

[564] Im Gegensatz zu den meisten anderen Städten war die Düsseldorfer Bürgerwehr kein Instrument der bourgeoisen Herrschaft. Vgl. F. Rothe, S. 149.

[565] Vgl. F. Rothe, S.149, Vgl. auch W. Hütt (1), S.169

[566] Auch Adolf von Menzel vollendete sein Gemälde *Die Aufbahrung der Märzgefallenen* (Abb.129) nicht, sondern zog sich nach der gescheiterten Revolution von 1848 resigniert zurück. Vgl. W. Hütt (1), S. 113. Vgl. auch Ottomar Beta, Gespräch mit Adolph von Menzel, in: Gisolde Lammel (Hrsg.), Exzellenz lassen bitten. Erinnerungen an Adolph Menzel, 1. Aufl., Leipzig, 1992, S. 35, Peter Paret, Berlin zu Menzels Zeit, in: Keisch, Claude und Riemann-Reyher, Marie Ursula (Hrsg.), Adoph Menzel 1815-1905. Das Labyrinth der Wirklichkeit, Köln, 1996, S. 369-378.

onäre Sache auch später[567] mit zwei Werken: mit dem *Magistrat im Jahre 1848*[568] (Abb.26) und mit dem *Freiligrath-Porträt.*[569]
Hasenclever erkannte, daß der Kampf der Arbeiter nach der Niederlage der Revolution nicht mehr an der Seite der Bourgeoisie war, sondern gegen sie gerichtet war.[570] Dies findet besonders bei der Darstellung der Arbeiterdelegation vor den Magistrat[571] (Abb.24) seinen Ausdruck: „Im Bewußtsein ihrer Kraft als Vertreter ihrer Klasse betritt die Abordnung den Sitzungssaal des Magistrats, der im Rathaus von Düsseldorf tagt. Ein Ratsdiener schließt das Fenster und versucht die Verhandlung gegen die Rufe der Menge abzuschirmen, die auf dem Rathausplatz versammelt ist und den Forderungen der Delegierten Nachdruck verleiht. Die Bürger sind erstaunt, verblüfft, empört und fassungslos über die Kühnheit der Arbeiter, die ihnen nicht mehr mit Bittschriften, sondern mit Forderungen gegenübertreten."[572]
Anlaß für Hasenclevers Gemälde war die politisch brisante Situation im Herbst 1848, in der eine Arbeiterdelegation vor dem Düsseldorfer Stadtrat erschien. Diese wollte die Verlängerung der Arbeitsbeschaffungsmaßnahmen erreichen, die der Stadtrat abzu-

---

[567] Laut Rothe wurden Hasenclevers Werke wegen seiner Treue zur Revolution und ihrer Gedanken von der bürgerlichen Kunstgeschichte besonders häufig verfälscht. Nur als „Meister der humorvollen Karikatur und Gestalter des ‚weinseligen Künstlerlebens' " genoß er Ansehen: Diese einseitige Rezeption der bürgerlichen Kunstgeschichte wäre nicht unbegründet, da er auch auf seinen Gemälden nach 1848 Bilanz über die Revolution zog und auf den proletarischen Klassenkampf orientiert war. Vgl. F. Rothe, S. 149-150. Vgl. auch U. Ricke-Immel, S. 154.

[568] Das Gemälde entsprach laut Meißner „der noch unausgereiften, ungeklärten gesellschaftlichen Situation. Das neue Erlebnis des unverhüllten Zusammenstoßes der Klassen äußerte sich bildkünstlerisch meist in der aggressiven Gegenüberstellung ihrer typischen Vertreter." G. Meißner, S. 244. Vgl. auch H. Gagel, S. 79, E. Roters, S. 369-370.

[569] Vgl. F. Rothe, S. 149. Vgl. auch K. Gafert, S. 112, W. Hütt (1), S. 113; 116; 189, W. Hütt (2), S. 187, U. Ricke-Immel, S. 154, Knut Soiné (1), Johann Peter Hasenclever. Ein Maler im Vormärz, Neustadt/Aisch, 1990, S. 166.

[570] Vgl. F. Rothe, S. 150.

[571] *Magistrat im Jahre 1848*, später auch *Arbeiter vor dem Magistrat* benannt, wurde 1850 vollendet. Vgl. F. Rothe, S. 150.
Das Gemälde wurde in drei Versionen erstellt. Vgl. A. v. Specht, S. 29, K. Türk (4), S. 166.
Die frühe Ölskizze (Abb.130) „rückt die beiden Parteien auf engem Raum dramatisch nah aneinander".
In dieser Skizze schaut „einer der Ratsherren ängstlich aus dem Fenster auf die draußen versammelte Menge, die der Forderung der Deligierten den notwendigen Ausdruck verleiht".
In der zweiten bekannten Fassung (Abb.26) lockerte Hasenclever die Spannung etwas. Die o.g. Figur fehlt, „die Delegation ist personell schwächer besetzt, der Abstand zwischen den Parteien (...) größer, die Gesten der Arbeiter (...) bestimmt, aber höflich".
Bei den dritten, großen Fassung „aus dem Jahre 1850 verstärkte Hasenclever die Spannung wieder, die er" in der zweiten und bekanntesten Fassung vermutlich „aus politischen Rücksichten zurückgenommen hatte: 1848 war die Revolution überall gescheitert, viele ihrer Anführer waren verhaftet worden. In dieser letzten Fassung vermehrt der Künstler die Gruppe der Arbeiter um zwei Figuren und rückt sie zu einem festen Block eng zusammen. Der Abstand zwischen Arbeitern und Bürgern wird durch ein Podest betont." Vgl. A. v. Specht, S. 29-30. Vgl. auch W. Hütt, S. 190-194

[572] F. Rothe, S. 150.

schaffen bzw. einzuschränken gedachte. „Hunderte von Familien waren in Not." Bereits 1850 wurde in der *Düsseldorfer Zeitung* über Hasenclevers Gemälde berichtet, daß er eine „Geschichte gemalt und Zustände dargestellt" habe, „wie sie waren und wie sie (...) allen noch erinnerlich sind".Obwohl die Handlung des Gemäldes in Düsseldorf spielt, verweist Hasenclever doch gleichzeitig auf andere Städte Deutschlands, in denen die Situation ähnlich war. [573]

Hasenclever stellte in seinem Gemälde nicht nur die tatsächlichen Ereignisse der Revolution in Düsseldorf dar, sondern auch die „politische Stoßrichtung" für die Zukunft.[574] Laut Türk ging Hasenclever in seinem Gemälde noch einen Schritt weiter als Hübner bei seinen *Schlesischen Webern*: „Das Porträt wird nicht als in seiner mißlichen Lage zu bemitleidendes dargestellt, sondern als revolutionäre Klasse".[575]

Das *Freiligrath-Porträt* (1851) entstand, als der Dichter[576] besonders extrem von den staatlichen Behörden verfolgt wurde und aufgrund seines Gedichts *Die Revolution* nach London fliehen mußte. „Hasenclever solidarisiert sich durch" sein „Werk mit dem verfolgten Kommunisten, der mit seinem Gedicht gegenüber dem scheinbar unwiderruflichen Sieg der Konterrevolution auf die Gesetzmäßigkeit der Revolution hingewiesen hatte und schließlich ihren Triumph verkündete."[577]

Ein weiteres Gemälde, was Hasenclevers revolutionäre Gesinnung zum Ausdruck bringt, ist die Ölskizze *Der Abschied des Bürgerwehrmannes* [578] (1848; Abb.131). Dabei verabschiedet sich ein bewaffneter Bürger von seiner Frau. Die unter einer Fahne versammelte Menschenmenge, bestehend aus Kindern, Trommlern, einem Reiter sowie weiteren bewaffneten Bürgern, scheint zum Abzug bereit zu sein.

Die „gesteigerte Erregung, das Abschiedsmotiv, die große Menschenansammlung und die übrigen Attribute, wie Fahne und Waffen" stellen den Bezug zur 1848er Revolution[579] her.[580]

Auch „Menzel beklagt, daß die preußische Regierung nicht das Profitinteresse der Bourgeoisie gezügelt hat und hält die Hungerrevolte in der Hauptsache für berech-

---

[573] Vgl. A. v. Specht, S. 28.

[574] Vgl. F. Rothe, S. 150. Vgl. auch H. Gagel, S. 80-81, W. Hütt (1), S. 189-194, G. Meißner, S. 244, U. Ricke-Immel, S. 154, K. Soiné (1), S. 167-170, A. v. Specht, S. 29-30.

[575] Vgl. K. Türk (4), S. 168.

[576] Zu dem Freundeskreis von Freiligrath gehörten außer Hasenclever viele andere Maler der Düsseldorfer Malerschule wie bspw. Karl Wilhelm Hübner. Vgl. U. Ricke-Immel, S. 156. Vgl. auch W. Hütt (1), S. 163.

[577] F. Rothe, S. 150. Vgl. auch U. Ricke-Immel, S. 154.

[578] Dieses Bildchen tauchte erst 1993 in Privatbesitz auf. Die fehlende Datierung und Signatur erschwerten zunächst die Zuschreibung. Vgl. K. Soiné (2), S. 34.

[579] Laut Soiné wollte Hasenclever mit diesem gemäßigten Gemälde prüfen, was unter den sich verschärfenden Bedingungen politisch und künstlerisch noch möglich war, da durch die *Blutgesetze* vom Mai 1849 jeder mit dem Kriegsgericht bedroht wurde, der „durch Wort, Schrift, Druck oder bildliche Darstellung zum Widerstand gegen die gesetzlichen Anordnungen der Behörden reizt(e)". Vgl. ebd., S. 35.

[580] Vgl. ebd., S. 34.

tigt".[581] „Die sich verschärfenden Klassenauseinandersetzungen vergleicht er mit den aufgerührten Wogen des Bethesda-Sees, in denen die Kranken Heilung fanden."[582] Menzels Hoffnung auf Überwindung dieser Klassenwidersprüche manifestiert sich u.a. in seiner Ölskizze *Aufbahrung der Märzgefallenen*[583] (1848; Abb.129).[584]
„Vor dem einheitlichen, ehrfruchtgebietenden Hintergrund der aufgebahrten Särge, die diesem Gemälde den vorherrschenden Grundton geben", stellte Menzel „im Vordergrund das unterschiedliche Verhalten der Klassen zur Revolution[585] dar".[586]
„Von Rethels antifeudaler Fabrikdarstellung, über Menzels *Aufbahrung der Märzgefallenen*, Hübners antikapitalistischen und antifeudalen Agitationsbildern bis zu Hasenclevers nachrevolutionärer Darstellung des Widerspruchs zwischen Proletariat und Bourgeoisie läßt sich eine gemeinsame Tendenz verfolgen, die auf den politischen und sozialen Forschritt ausgerichtet ist. (...) Diese Fortschrittlichkeit bemißt sich daran, ob sie die politischen Kräfte unterstützen, die für die Durchführung der bürgerlich-demokratischen Revolution kämpften, oder ob sie in der Revolution für einen Kompromiß von Bourgeoisie und Adel auf Kosten des Volkes eintraten."[587]

---

[581] Vgl. F. Rothe, S. 146. Vgl. auch R. Hochmuth, S. 55.

[582] F. Rothe, S. 146.

[583] Menzels Einstellung zur 1848er Revolution kommt in einem Brief an seinen Freund C.H. Arnold in Kassel vom 23. 3. 1848 zum Ausdruck. Vgl. Jens Christian Jensen (2), Das Bild des Arbeiters, in: Jens Christian Jensen (Hrsg.), Adolph Menzel – Gemälde, Gouachen, Aquarelle, Zeichnungen, Druckgraphik, Schweinfurt, 1981, S. 282-284. Vgl. auch K. Kaiser (1), S. 18-19.
In diesem Brief schilderte Menzel seine Eindrücke und seine tiefe Erschütterung über die revolutionären Ereignisse in Berlin. Die *Aufbahrung der Märzgefallenen* bleibt aufgrund Menzels innerem Zwiespalt unvollendet. Vgl. K. Kaiser (1), S. 18-19.
Nach der Revolution begannen „in Berlin heftige politische Kämpfe" mit zahlreichen Versammlungen. Menzel zeichnete anschließend eine Anzahl Pastelle aus seiner Erinnerung an das Erlebte. Vgl. K. Kaiser (1), S. 68.

[584] Vgl. F. Rothe, S. 146. Vgl. auch R. Hochmuth, S. 55.

[585] „Links vom Sarg, ihn rechts gegen eine Masse von Proletariern und Handwerkern schützend, steht die Bourgeoisie und ihre Bürgerwehr in tiefes Schwarz gekleidet und versucht durch ihren Ernst, die Volksmasse auf der anderen Seite einzuschüchtern. Das Volk diskutiert lebhaft und strahlt eine Erregung aus, die anzeigt, daß die Revolution für die Masse noch nicht beendet ist. In der Mitte des Bildes steht ein vornehmer Herr, der durch die Eleganz seines taubenblauen Rockes deutlich von der in Trauer gekleideten Bourgeoisie absticht. Menzel scheint ihn als Mitglied der Hofpartei, der dritten politischen Kraft, ins Bild gebracht zu haben, denn er kehrt sowohl der Bourgeoisie als auch dem Volk den Rücken zu." F. Rothe, S. 146.

[586] Vgl. F. Rothe, S.146. Vgl. auch P. Paret, S. 369-378.

[587] F. Rothe, S. 150. Vgl. auch A. Springer, S. 49-50.

8.3. Darstellung der Arbeiter und der Arbeitssituationen in Bildern von Menzel besonders unter Betrachtung des Eisenwalzwerks (Auseinandersetzung der Malerei mit der Umwelt und der Technik)

Adolf von Menzel stellte als erster deutscher Maler der Romantik[588] in seinen *Eisenwalzwerk* [589] (Abb.18) das Innere einer Fabrik[590] dar. Er malte dabei die Fabrik mit ihren vielfältigen Formen und Farben, belebt von menschlichen Gestalten. Licht[591] und Bewegungen bilden die Grundidee seines Bildes, künstlerisch umgesetzt u.a. durch das rot-gelbglühende Eisenstück im Zentrum des Walzwerkes sowie durch die schwer arbeitenden Männer, von denen ein paar schwarze Schatten vor die helle Glut werfen.[592]

---

[588] Menzel schuf in seinen sieben Jahrzehnten künstlerischer Tätigkeit ein umfangreiches Werk von erstaunlicher Vielfältigkeit. Er wurde rasch zu einer führenden Künstlerpersönlichkeit des 19. Jahrhunderts, laut Schmücker zum Repräsentanten seiner Zeit überhaupt. In ihm vereinen sich die Bestrebungen Blechens und anderer Künstler zu vollendeter Einheit. Bei beispielloser malerischer Genauigkeit in der Nachahmung des Naturvorbildes war sein Werk von Leichtigkeit und Flüssigkeit geprägt. Neben intensiven Naturstudien beschäftigte ihn besonders das Lichtproblem. Vgl. H. Schmücker, S. 20.

Im Gegensatz zu früheren industriellen Darstellungen bzw. Industriebildern in der Romantik (z.B. von Friedrich oder Blechen) ist Menzels *Eisenwalzwerk* kein Stimmungsbild. Es ist fast ein naturalisches Genrebild. Mit früheren Darstellungen vor Blechen ist ihm jedoch die Freude am Erzählen gemeinsam. Hinzu kommt die Ähnlichkeit des Motives (z.B. Lichteffekte von Loutherbourg, Arbeitsdarstellungen von Bonhommé) – bei Menzel jedoch auf einer höheren Entwicklungsstufe. Letzteres zeigt sich sowohl bzgl. des dargestellten Gegenstandes als auch bei der künstlerischen Gestaltungskraft. Seinem Gemälde fehlt der Abstand zum Dargestellten – es ist kein skeptisches oder kühles Betrachten mehr. Vielmehr versetzt Blechen den Beschauer direkt in die Welt der Arbeit. Vgl. H. Schmücker, S. 18.

[589] Das *Eisenwalzwerk* stellt die Walzhalle der Könighütte in Oberschlesien, das damals modernste Werk Europas, dar. Laut Türk symbolisiert es auf doppelte Weise den Industrialisierungsprozeß: einerseits durch die Eisenverarbeitung als zentralen Prozeß der industriellen Produktion, andererseits durch die Herstellung von Eisenbahnschienen als Symbol „für die räumliche Erschließung der Landschaft als Wirtschaftsgebiet“. Vgl. Klaus Türk (3) (Hrsg.), Bilder der Arbeit. Menschliche Arbeit in der bildenden Kunst des 19. und 20. Jahrhunderts. Diaserie mit Begleitheft, Köln, 1989, S. 8. Vgl. auch H.G. Ludwig, S. 64.

[590] Laut Waldstein war Menzel der Entdecker des deutschen Industriemotivs und der größte deutsche Maler des 19. Jahrhunderts. Vgl. A. Waldstein, S. 14. Vgl. auch Arbeit und Technik gestalten, 2. Bremer Forum Arbeit und Technik vom 10. bis 13 Juni 1987, Bremen, 1987, Katalog, S. 57-58, K. Gafert, S. 119.

[591] Menzels *Eisenwalzwerk* wird durch zwei Lichtquellen in Szene gesetzt – zum einen durch das warme Rotlicht, das die Luppe am Walzgerüst verstrahlt, zum anderen durch das schräg von oben einfallende kühle Tageslicht. Diese modellieren Gegenstände und Körper und strukturieren das gesamte Bild. Vgl. K. Kaiser (1), S. 28; 110.

Seine Lichteffekte erinnern stark an Loutherbourgs *Coalbrookdale in der Nacht*. Bei Loutherbourg wird das nächtlich dargestellte Eisenwerk durch das rotglühend geschmolzene Eisen geradezu magisch beleuchtet.

[592] Vgl. A. Waldstein, S.14, Vgl. auch Arbeit und Technik gestalten (Katalog), S.57-58 und K. Kaiser (1), S. 28; 110.

In seinem *Eisenwalzwerk* [593] setzt Menzel beispielhaft Licht-, Glut- und Dunsteffekte ein. Laut Giesen erfaßt er dabei das Atmosphärische und die Schönheit der Technik.[594] Menzels Gemälde ermöglicht dem Betrachter den Blick in eine Fabrikhalle, die unübersichtlich, unordentlich und vollgestopft ist. Vor lauter Gegenständen und Menschen erhält man keinen Überblick, keine Klarheit über die räumlichen Verhältnisse.[595] „Das Auge wird verwirrt durch die Vielheit von Formen, ihre Einzelheiten, Dunkelheiten, Helligkeiten. Da sind Räder, Rollen, Wellen, ragendes und hängendes Gestänge, Menschen und Maschinen."[596]
Menzels offene Malweise bewegte sich zwischen den gegensätzlichsten Polen, die die unterschiedlichsten geistigen und sozialen Realitäten erfaßten, von der königlichen Welt bis hin zur Situation des Proletariats.[597] „Der Arbeitswelt jedoch hat Menzel in seinem vielleicht berühmtesten Werk, dem *Eisenwalzwerk*, ein mächtiges Denkmal gesetzt."[598]
Laut Jensen erstreckte sich die Vorbereitung[599] des *Eisenwalzwerkes* von den Heckmann-Studien (1869; Abb.132) bis zur Vollendung des Gemäldes (1875).[600] „Dem eigentlichen Beginn der Arbeit war ein über Jahre währender Prozeß gedanklicher und künstlerischer Annäherung an die erkannte, neuartige Aufgabe vorausgegangen, wiederholt von neuen Impulsen belebt."[601]
Erste Anregungen zum *Eisenwalzwerk* erhielt Menzel vermutlich durch seinen Freund, den Kunsthistoriker Eggers, der 1852 die Borsigsche Maschinenfabrik besuchte und anschließend enthusiatisch im *Deutschen Kunstblatt*[602] beschrieb.[603]

---

[593] Menzel bereitete die Ausführung des Gemäldes sorgfältig und mit Freude vor. Er verarbeitete seine Eindrücke in mehr als hundertfünfzig Bleistiftskizzen. Diese entstanden teilweise im Königshütter Walzwerk, teilweise in der königlichen Eisengießerei in Berlin, aber auch an Modellen. Vgl. M.U. Riemann-Reyher (2), S. 42. Vgl. auch S. v. Falkenhausen, S. 30, F. Forster-Hahn, S. 124, Max Jordan, Menzel und die Nationalgalerie, in: Gisolde Lammel (Hrsg.), Exzellenz lassen bitten. Erinnerungen an Adolph Menzel, 1. Aufl., Leipzig, 1992,
S. 270, H.G. Ludwig, S. 64-65, M. U. Riemann-Reyher (4), S. 278; 286, M. U. Riemann-Reyher (3), S. 8.

[594] Vgl. J. Giesen, S.113. Vgl. auch F. Forster-Hahn, S. 126, Werner Hofmann (2), Wie deutsch ist die deutsche Kunst? Eine Streitschrift, Leipzig, 1999, S. 54-55, K. Kaiser (1), S. 28; 110, M. U. Riemann-Reyher (4), S. 277-278, H.G. Ludwig, S. 65.

[595] Vgl. Paul Ortwin Rave, Menzels Eisenwalzwerk, in: Kuratorium Kunstausstellung Eisen und Stahl (Hrsg.), Kunstausstellung Eisen und Stahl, Ausstellungskatalog, Düsseldorf, 1952, S. 65. Vgl. auch Jens Christian Jensen (1), Caspar David Friedrich. Leben und Werk, 10. Aufl., Köln, 1995, S. 91.

[596] P.O. Rave, S. 65.

[597] Vgl. J. Ch. Jensen (1), S. 90.

[598] Ebd.

[599] Die Vorbereitung des Eisenwalzwerkes umfaßte zahlreiche Beobachtungen, Notizen, technische Zeichnungen, Skizzen, Modell- und Beleuchtungsstudien. Vgl. ebd., S. 91.

[600] Vgl. J. Ch. Jensen (1), S. 91, Vgl. auch S. v. Falkenhausen, S. 30, K. Kaiser (2), S. 16-21 und H. G. Ludwig, S. 64

[601] M.U. Riemann-Reyher (2), S. 39. Vgl. auch M.U. Riemann-Reyher (1), S. 156.

[602] Eggers Schilderung der Borsig-Walzwerke war fortschrittsgläubig und ignorierte die sozialen Tatsachen komplett. Er bewunderte die „ ,oft athletischen Glieder jener gut gehaltenen und rüstigen Ar-

Außerdem könnte Menzel bereits 1855 die großformatigen Industriegemälde[604] von François Bonhommé auf der Pariser Weltausstellung und in den Salons gesehen haben. So hielt Menzel in seinen Skizzenbuch, das er mit nach Paris nahm, einen *Arbeiter am Dampfhammer* (1855; Abb.134) fest. Hinzu kommen Skizzen[605] mit arbeitenden, sich waschenden oder essenden Arbeitern, eine Essen bringende Frau und ein Karrenzieher sowie Darstellungen von Arbeitsgeräten (Abb. 136-142).[606]

Die Tendenz, Szenen aus der Arbeitswelt und der sozialen Realität bzw. das Motiv des arbeitenden Menschen[607] künstlerisch umzusetzen, zeigte sich somit bei Menzel bereits in den späten 50er Jahren.[608] Eine seiner frühsten bildmäßigen Arbeitsdarstellungen ist der *Glasbläser* [609] (1869; Abb.135). Die nächsten Anregungen für Menzels intensive Beschäftigung mit der industriellen Revolution, die sozialen Auswirkungen sowie deren künstlerische Umsetzung aber gab der Auftrag der Industriellenfamilie Heckmann im Jahre 1869. Die Heckmanns wünschten sich zum Jubiläum des

---

beiter'. Mit der Schichtarbeit, einer Voraussetzung intensivierter Produktionsprozesse, vermochte Eggers einzig künstlerisch-dokumentarische Aspekte zu assoziieren. (...) Das Unwürdige, das in der Unterordung der elemantarsten Bedürfnisse der Menschen unter den rigorosen Lauf der Maschinen liegt", empfindet er nicht. Vgl. M.U. Riemann-Reyher (2), S. 40. Vgl. auch F. Forster-Hahn, S. 123, M.U. Riemann-Reyher (4), S. 286-287, M.U. Riemann-Reyher (1), S. 160, M.U. Riemann-Reyher (3), S. 8.

[603] Vgl. M.U. Riemann-Reyher (2), S. 39. Vgl. auch Sigrid Achenbach und Ingeborg Becker, Katalog der Druckgraphik: Einzelblätter und Mappenwerke, in: Adoph Menzel – Zeichnungen, Druckgraphik und illustrierte Bücher, Ein Bestandskatalog der Nationalgalerie, des Kupferstichkabinetts und der Kunstbibliothek, Staatliche Museen Preußischer Kulturbesitz, Berlin, 1984, S. 128, F. Forster-Hahn, S. 123, M.U. Riemann-Reyher (4), S. 286, M.U. Riemann-Reyher (1), S. 159-160.

[604] Auf Bonhommés Gemälden sind erstmals Darstellungen über die metallverarbeitende Industrie zu sehen und zwar die des Hüttenwerkes von Abainville (Meuse) und aus den Industriegebieten von Fourchambault und Creusot (Abb.133). Bonhommé hatte die Darstellung der Arbeiter und der Industrie zu seiner Lebensaufgabe gemacht. Vgl. M.U. Riemann-Reyher (2), S. 40. Vgl. auch M.U. Riemann-Reyher (1), S. 157-158.

[605] Alle diese Motive stellte auch Bonhommé auf seinem Gemälde dar. Vgl. M.U. Riemann-Reyher (2), S. 40.

[606] Vgl. M.U. Riemann-Reyher (2), S. 40. Vgl. auch M.U. Riemann-Reyher (4), S. 286, M.U. Riemann-Reyher (1), S. 157.

[607] In vielen seiner Skizzen stellte Menzel den arbeitenden Menschen dar. So malte er ihn „beim Hausbau auf dem Gerüst, beim Dachdecken, dem Fällen und Zersägen von Bäumen, beim Malen, Höbeln, Schmieden und als Pflasterer". Menzel versuchte dabei stets das Typische, Charakteristische und Spezifische in Bewegung und Haltung der jeweiligen Tätigkeit zu erfassen. In diesen Umkreis gehört auch sein Gemälde der *Glasbläser* (Abb.135). Vgl. M.U. Riemann-Reyher (2), S. 39.

[608] Vgl. J. Ch. Jensen (1), S. 90.
Nach Menzels Enttäuschung nach der 48er Revolution ging auch er zunächst den „Weg von Unmut und Unentschiedenheit gegenüber prinzipiellen Lebensfragen zu weltanschaulicher Toleranz und Kompromißbereitschaft, um dann zeitweilig illusionäre Zuversicht in die Allmacht von Industrie und wirtschaftlichen Aufschwung zu setzen". Vgl. M.U. Riemann-Reyher (2), S. 40.

[609] Menzels Augenmerk liegt dabei ebenso auf der ‚bizarren Gestalt' des Glasbläsers als auch auf dem rot leuchtenden und reflektierenden Licht der offenen Flamme. Vgl.ebd., S. 39.

50jährigen Bestehens ihres Eisen-, Kupfer- und Messingwerkes ein Gedenkblatt von Menzel.[610]

Zur Vorbereitung dieses Gemäldes fertigte Menzel Zeichnungen von Fabriken und Fabrikarbeitern[611] an, die er im Heckmannschen Werk in der Schlesischen Straße in Berlin anfertigte. Menzel war dabei von den technischen Vorgängen der Fertigung, den einzelnen Arbeitsvorgängen und den Maschinen fasziniert. [612]

Die sorgfältigen Vorarbeiten und Vorbereitungen für das *Gedenkblatt zum 50-jährigen Bestehen der Firma C. Heckmann* [613] (1869; Abb.76) stehen laut Jensen im keinen Verhältnis zu den beiden dort dargestellten Szenen aus dem Eisenwerk, welche schließlich im Gedenkblatt umgesetzt wurden. Sie erfüllen diese aber mit kraftvoller Realität, wobei ihre Darstellung die damals üblichen Grenzen überschritt, da die Darstellung der Arbeitswelt und der industriellen Produktion damals kein bildwürdiges Thema war.[614]

Den „letzten Anstoß, das Thema industrieller Arbeit in einem großen Gemälde zu gestalten, gab wohl der Auftrag[615], den sein Freund Paul Meyerheim 1872 von Albert Borsig“ erhielt.[616] „Die Entscheidung, die Folge nicht, wie zunächst beabsichtigt, symbolisch, sondern realistisch zu gestalten, legt den Gedanken an Menzels Einflußnahme nahe. Künstlerischer Austausch[617] zwischen den beiden war selbstverständlich und ist auch für das *Eisenwalzwerk* nachweisbar.“[618]

---

[610] Vgl. J. Ch. Jensen (1), S. 90. Vgl. auch S. Achenbach (1) und I. Becker, S. 128, S. v. Falkenhausen, S. 30, Christine Hoffmeister (3), Industriebild und Ideologierelevanz am Beispiel von Werken Adolph Menzels, in: Wissenschaftliche Zeitschrift der Humbolt-Universität zu Berlin, Gesellschaftswissenschaftliche Reihe, H.1/2, 1985, S. 118, M.U. Riemann-Reyher (1), S. 158, M.U. Riemann-Reyher (2), S. 40, Werner Schmidt, Verzeichnis und Erläuterungen, in: National-Galerie Berlin (Hrsg.), Adolph Menzel. Zeichnungen, Berlin, 1955, S. 187-188.

[611] Laut Jensen erscheinen die Arbeiter bei Menzel als neue Helden, die in der Realität jedoch nur „das Fußvolk des industriellen Fortschritt“ gewesen seien. Vgl. J. Ch. Jensen (1), S. 90.

[612] Vgl. ebd.

[613] Die Arbeit am *Heckmannschen-Gedenkblatt* stellte Menzel erstmals vor die Aufgabe, ein industrielles Thema (Eisenindustrie) zu gestalten. Obgleich die Heckmannsche Eisengießerei im Vergleich zur Schlesischen Königshütte ein kleiner Betrieb war, studierte Menzel schon hier die Arbeitsvorgänge und technischen Details genau an Ort und Stelle und machte sich zum ersten Mal mit der Wirklichkeit moderner Industriearbeit vertraut. Vgl. F. Forster-Hahn, S. 123. Vgl. auch M.U. Riemann-Reyher (1), S.158-159.

[614] Vgl. J. Ch. Jensen (1), S. 90. Vgl. auch F. Forster-Hahn, S. 123, K. Kaiser (2), S. 16-21.

[615] Meyerheim sollte die *Geschichte der Lokomotive* (Abb.78-84) auf sechs über drei Meter hohen Kupfertafeln darstellen. Vgl. M.U. Riemann-Reyher (2), S. 40. Vgl. auch J. Ch. Jensen (1), S. 90.

[616] Vgl. M.U. Riemann-Reyher (2), S. 40. Vgl. auch J. Ch. Jensen (1), S. 90, M.U. Riemann-Reyher (4), S. 287, M.U. Riemann-Reyher (3), S. 9; 12-14.

[617] Bemerkenswerterweise spart Meyerheim genau jenen Vorgang der Produktionsabfolge, das Grobwalzen, aus, den Menzel später in seinem Gemälde künstlerisch umsetzte. Vgl. M.U. Riemann-Reyher (2), S. 41.

[618] Vgl. M.U. Riemann-Reyher (2), S. 40-41, D. Vorsteher (2), S. 70.

1872 fuhr Menzel in das Industriegebiet nach Oberschlesien, um in der Könighütte die Herstellung von Eisen kennenzulernen und zu zeichnen. Weiterhin studierte er die Produktion von Eisen auch in der alten königlichen Eisengießerei in Berlin.[619]
„Wie sehr Menzel bei diesen Vorarbeiten beteiligt war, dokumentiert die Gouache *Studie zum Eisenwalzwerk* [620] (Abb.143) von 1872, in der sich der Künstler selbst hinter der Figur eines Arbeiters am Dampfhammer dargestellt hat, - eine für Menzel ganz ungewöhnliche Weise der Selbstdarstellung, die kaum eine Parallele in seinem Werk besitzt."[621] Die Zeichnung *Dampfhammer mit einem Eisenmeister* [622] (1872; Abb.144) „ist eine Vorstudie zu dieser Deckfarbenmalerei". [623]
Während der Arbeiter in dieser Zeichnung noch relativ klein gegenüber dem Dampfhammer dargestellt wurde, wurden die Arbeiter im *Eisenwalzwerk* in respektabler Größe gezeichnet. So verwirklichte sich der Gedanke Menzels, die Arbeiter zur Hauptperson des Geschehens zu machen, erst bei der künstlerischen Umsetzung im Gemälde.[624]
Dieser Gedanke wird auch dadurch verdeutlicht, daß das *Eisenwalzwerk*, obwohl vielfigurig und voller Details dargestellt, dennoch nicht den Eindruck eines fehlenden Zentrums entstehen läßt.[625] „Die Arbeiter, welche die glühende Luppe (Roheisen) in die Walze manövrieren, bilden den szenischen Mittelpunkt. Er ist, akzentuiert durch die Glut der Luppe, kompositorisch genau bestimmt und dramatisch hervorgehoben."[626]
Diese im Zentrum stehenden Arbeiter beweisen auch, daß Menzel „etwas anderes als Belehrung, Vorbild, Anweisung für den angehenden Techniker" bezweckte. „Alles zum Verständnis des Vorgangs Gehörige mußte gewissenhaft geschildert werden, ohne Zweifel."[627] Aber das zum Verständnis Notwendige ist für ihn jedoch nur der Hintergrund, von dem sich die Menschen abheben sollten. Für die zahlreichen im Bild dargestellten Arbeiter existieren massenhaft Skizzen[628], teilweise sehr detailliert. Diese Details wurden teils im Walzwerk selbst, teils an Modellen erfaßt. Weiterhin existieren

---

[619] Vgl. J. Ch. Jensen (1), S. 90. Vgl. auch S. Achenbach und I. Becker, S. 128, K. Kaiser (2), S. 23.
[620] *Studie zum Eisenwalzwerk* wird teilweise auch *Selbstbildnis im Walzwerk* genannt. Vgl. Ch. Hoffmeister (3), S. 118.
[621] J. Ch. Jensen (1), S. 90-91.
[622] In dieser kleinen Gouache greift er jene Arbeiterfigur wieder auf, die er bereits 1855 in seinem Skizzenbuch während seiner Parisreise festgehalten hatte. Vgl. M.U. Riemann-Reyher (2), S. 41-42.
[623] J. Ch. Jensen (1), S. 90-91.
[624] Vgl. M.U. Riemann-Reyher (2), S. 42. Vgl. auch S. v. Falkenhausen, S. 30.
[625] Vgl. S. v. Falkenhausen, S. 30. Vgl. auch K. Kaiser (2), S. 15.
[626] S. v. Falkenhausen, S. 30.
[627] P.O. Rave, S. 68.
[628] Die Studien seiner Figuren umfassen großzügig hingestrichene Bewegungsstudien bis hin zu detallierten Darstellungen einzelner Arbeiter in typischen Arbeitssituationen. So stellte er u.a. Wagenzieher, sich waschende und sich umkleidende Arbeiter sowie essende Figuren dar. Vgl. P.O. Rave, S. 69. Vgl. auch F. Forster-Hahn, S. 125, K. Kaiser (1), S. 28-29; 110, K. Kaiser (2), S.15; 25ff., M.U. Riemann-Reyher (4), S. 278, M.U. Riemann-Reyher (2), S. 42.

zahlreiche Studien[629] der Gerätschaften, der Arbeitstätte sowie der Arbeitsbedingungen.[630]
So habe die soziale Frage[631] Menzel veranlaßt, dieses Thema aufzugreifen, da das Maschinenzeitalter angebrochen und über die Menschheit hereingebrochen sei.[632]

„Dasein, Not und Lebenskampf des Arbeiters war mit Macht in Erscheinung getreten. Menzel sah das Gesicht der arbeitenden Klasse bildhaft, er als erster, und er gestaltete es im Eisenwalzwerk als eine geschichtliche Urkunde, die von keinem Gegenwert aus dem Bereich der Dichtung und des Schrifttums aufgewogen wird."[633] Der weitsehende Menzel stellte das Menschliche[634] realistisch[635], ohne Pathos oder Mitleid, dar.[636] Laut Rüdiger fesselte ihn das Neue dieser gesellschaftlichen und industriellen Umwälzung. Weiterhin habe er neuartige malerische Motive im Halbdunkel der mit Schmutz, Rauch und Glut durchzogenen Fabrikhalle entdeckt.[637]

Zur Zeit des *Eisenwalzwerkes* war aber der Glaube an den industriellen Fortschritt bereits erschüttert, ausgelöst durch die sich rasch entwickelnden sozialen Probleme. Das Hüttenrevier Oberschlesiens, in dem etwa dreitausend Arbeiter tätig waren, wurde durch das Klima sozialer Auseinandersetzungen gekennzeichnet. 1871

---

[629] Es existieren ca. 30 Zeichnungen, die die Arbeitstätte und die Arbeitsbedingungen wiedergegeben. Sie beinhalten Ansichten vom Inneren und Äußeren der Halle, ganze Maschinen oder Teile von ihnen, Öfen, den Querschnitt eines Hochofens, Krane, Karren, Ambosse, Zangen, Kannen, Eisenblöcke, Eisenstücke und Eisenschienen. Vgl. P.O. Rave, S. 69. Vgl. auch F. Forster-Hahn, S. 125, K. Kaiser (1), S. 28; 110, K. Kaiser (2), S.65ff., M.U. Riemann-Reyher (4), S. 278.

[630] Vgl. P.O. Rave, S. 68-69. Vgl. auch K. Gafert, S. 120, W. Hofmann (1), S. 182, K. Kaiser (1), S. 29; 110, Konrad Kaiser (3), Adolf Menzel, in: Der Frühe Realismus in Deutschland. 1800-1850, Gemälde und Zeichnungen aus der Sammlung Schäfer, Nürnberg, 1967, S. 108.

[631] Laut Kaiser müssen Menzel die unzureichenden hygienischen und sozialen Zustände bei seinem langen Aufenthalt in der Könighütte aufgefallen sein. Vgl. K. Kaiser (1), S. 29; 110, K. Kaiser (2), S. 15-16. Vgl. auch F. Forster-Hahn, S. 124.

[632] Vgl. P.O. Rave, S. 71. Vgl. auch K. Gafert, S. 119, L. Grote, ohne Seite, K. Kaiser (1), S. 29; 110, H.G. Ludwig, S. 65, M.U. Riemann-Reyher (2), S. 39; 42, W. Rüdiger, S. X.

[633] P.O. Rave, S. 72. Vgl. auch M. Jordan, S. 270.

[634] Die von Menzel dargestellten Arbeiter sind gleichzeitig Helden und Opfer des industriellen Prozesses. Vgl. Werner Hofmann (1), Poesie und Prosa. Rangfragen in der neuen Kunst, in: Jahrbuch der Hamburger Kunstsammlungen, Bd. 18, Hamburg, 1973, S. 182.

[635] Laut Radziewsky ist das *Eisenwalzwerk* weit mehr als eine interessenlose Wiedergabe der Realität, vielmehr spiegele es die Überhöhung und Feier menschlicher Leistungskraft wider. Es stelle gezielt „das Wahrzeichen der Gründerjahre", die „Vorbedingung des industriellen Fortschritt", die Eisenverarbeitung dar. Das Gemälde verdeutlicht die Mühe und Pein der körperlichen Arbeit, suggeriert aber auch die Übereinstimmung der Arbeiter mit diesem Leben. So ständen die „modernen Cyklopen", die von der Glut beleuchtet werden, im Zentrum des Bildes. Mit ihrer Kraft zwängen sie der „Materie ihren Willen" auf. Menzel habe somit zwar ein realistisches Industriegemälde geschaffen, nicht aber um den Existenzkampf der Arbeiter naturalistisch umzusetzen, sondern um seine idealistische Suche nach bürgerlichen Werten wie Fleiß und Ausdauer darzustellen. Vgl. Elke von Radziewsky, Menzel – ein Realist?, in: Hoffmann, Werner (Hrsg.), Menzel – der Beobachter, München, 1982, S. 18; 30

[636] Vgl. K. Kaiser (3), S. 113, W. Rüdiger, S. X. Vgl. auch R. Hochmuth, S. 27, K. Kaiser (2), S. 22-24.

[637] Vgl. W. Rüdiger, S. X. Vgl. auch K. Kaiser (1), S. 29; 110.

war es zu Arbeiteraufständen im Walzwerk Königshütte gekommen, die mittels Militärgewalt niedergeschlagen wurden.
„Sensibilisiert für die Erschütterungen der Zeit ist Menzel gewiß nichts davon entgangen. Ohne Zweifel war es das Erlebnis des gewaltigen Industriewerkes und der mit diesem hervorgerufenen Spannungen, die ihm nachdrückliche Einsichten in die Komplexität industrieller Produktion brachte".[638]
Laut Gafert dürfe jedoch nicht vergessen werden, daß Menzels Dastellung des belebten Fabrikinnenraumes[639] ein Auftragswerk[640] sei und als solches dem Geschmack des Auftraggebers zu entsprechen habe. Eine freiere Motivwahl und Gestaltungsweise sei nur selten möglich gewesen. Im Gegensatz zu seinen früheren Gemälden[641] habe Menzel hier jedoch die damaligen Verhältnisse[642], unter konsequenter Vermeidung idealisierender oder allegorisch-mythorisierender Formen, dargestellt. So wird der Betrachter mit den Verhältnissen der industriellen Produktion und deren Auswirkungen auf die Arbeiter konfrontiert[643]. Die Walzwerker werden nicht nur bei ihrer schweren Arbeit dargestellt, sondern ebenfalls bei ihren kurzen Ruhe- und Eßpausen, die unmittelbar neben den Maschinen stattfinden.[644] „Selbst der Hinweis auf die zugrundeliegenden Besitz- und Ausbeutungsverhältnisse[645] fehlt bei Menzel nicht: In der rußigen, staubflimmernden Atmosphäre kann der aufmerksame Betrachter hinter den angestrengt Arbeitenden eine nichtarbeitende Figur entdecken, die aufgrund ihrer inspirie-

---

[638] Vgl. M.U. Riemann-Reyher (1), S. 155, M.U. Riemann-Reyher (2), S. 39. Vgl. auch S. Achenbach (1) und I. Becker, S. 128, F. Forster-Hahn, S. 125, M.U. Riemann-Reyher (4), S. 286.
[639] Das Königshütter Walzwerk diente der Herstellung von Eisenbahnschienen in Oberschlesien. Vgl. K. Gafert, S. 120.
[640] Als Auftraggeber von Menzels *Eisenwalzwerk* gilt im Allgemeinen der Berliner Bankier Adolph von Liebermann. Vgl. G. Lammel, S. 141-142. Vgl. auch S. Achenbach (1) und I. Becker, S. 128, F. Forster-Hahn, S. 124, M.U. Riemann-Reyher (3), S. 10, W. Schmidt, S. 188.
Im Gegensatz zu den meisten Kunsthistorikern vertritt Hoffmeister die Meinung, daß nicht sicher sei, ob Liebermann bei der Auftragserteilung selbst „den Wunsch nach einer Industriedarstellung geäußert" habe. Vielmehr lasse sich nicht ausschließen, daß Menzel dieses Thema vorschlagen habe, da die Darstellung der Industriearbeit bei dem Heckmann-Gedenkblatt sein Interesse geweckt habe. Vgl. Ch. Hoffmeister (3), S. 118.
[641] Adolf von Menzels erste Industriedarstellung ist das *Gedenkblatt zum 50-jährigen Bestehen der Firma C. Heckmann* (1869). Die dort dargestellten Arbeitsszenen einer Eisengießerei bereiten das *Eisenwalzwerk* atmosphärisch und in seinen realistischen Einzelzügen vor. Vgl. K. Gafert, S. 120, K. Kaiser (2), S. 16-21.
[642] Ähnlich realistisch und konsequent stellten auch Vicent van Gogh und Constantin Meunier die damaligen Arbeits- und Lebensbedingungen der unteren sozialen Schichten dar. Vgl. auch Hoesch AG Dortmund (Hrsg.), Der Arbeit ewigwacher Strom, Dortmund, 1989, S. 168; 170.
[643] Laut Ludwig bekannte sich Menzel mit seinem *Eisenwalzwerk* zur Industrialisierung und zu dem Wandel der sozialen Verhältnisse seit 1848. Vgl. H.G. Ludwig, S. 65.
[644] Vgl. K. Gafert, S. 121. Vgl. auch J. Ch. Jensen (1), S. 91, M.U. Riemann-Reyher (4), S. 286.
[645] Laut Türk sei das einzige Bildmotiv, das bestimmte gesellschaftliche Verhältnisse andeute, der Direktor oder Ingenieur (Abb.145) im linken hinteren Viertel des Gemäldes. Die Rekonstruktion des Fluchtpunktes ergibt, daß dieser sich in dessen Augenhöhe befindet und sozusagen alles dirigiert. „Die Produktionsverhältnisse müssen erst entdeckt werden." Vgl. K. Türk (3), S. 9.

renden Haltung und vornehmen Kleidung unschwer als der Fabrikherr oder einer seiner Repräsentanten (Abb.145) zu deuten ist."[646]
Es scheint als würden sich alle „an der Wirklichkeit studierten Beobachtungen" im *Eisenwalzwerk* „zu einer sympathisierenden, realistischen Aussage über die Arbeitsbedingungen der Walzwerker Mitte der siebziger Jahre" verdichten.[647]
Besonders aufschlußreich ist dafür Menzels eigene Beschreibung[648] der in der Königshütte vorgefundenen Situation:[649]
„Der Schauplatz ist eine der großen Werkstätten für Eisenbahnschienen zu Königshütte in Oberschlesien – Schiebwände, die hochgezogen sind, lassen allseitig Tageslicht ein. Man blickt auf einen langen Walzenstrang, dessen erste Walze die aus einem Schweißofen geholte ‚Luppe' (das weißglühende Eisenstück) aufnehmen soll. Die beiden Arbeiter, welche dieselbe herangefahren haben, sind beschäftigt durch Hochdrängen der Deichsel des Handwagens die ‚Luppe' unter die Walze gleiten zu machen, während drei andere mit Sperrzangen der Luppe die Richtung zu geben bemüht sind. Die Arbeiter jenseits der Walze halten sich fertig die Luppe, (...) mit Zangen und Hebestangen, welche letztere beweglich an Ketten vom Gebälk herabhängen, in Empfang zu nehmen, um sie über den Walzengang hinüber der Vorigen wiederum zuzuschieben behufs weiterer Wiederholung desselben Verfahrens an den sämtlichen unter sich verschieden profilierten Gängen des ganzen Walzenstranges, bis zu schließlich vollendeter Umwandlung der Luppe in die fertige Eisenbahnschiene. Links fährt ein Arbeiter einen Eisenblock, dem der Dampfhammer die Form gegeben, zum Verkühlen hinweg. Auf derselben Seite, ganz im Hintergrunde wird ein Puddelofen von Leuten bedient, in deren Nähe der Dirigent sichtbar ist. Der Schichtwechsel steht bevor: während weiter im Mittelgrunde Arbeiter halbnackt beim Waschen sind, wird rechts Mittagbrot verzehrt, das ein junges Mädchen im Korbe gebracht hat."[650]

Laut Hoffmeister sei es erforderlich, „um die zeitgenössische und die Zeiten überdauernde Größe und Grenze des *Eisenwalzwerkes* zu beurteilen, um Menzels Sicht über die Industriearbeiter im Kontext sozialkritischer Kunst zu werten", „das Gemälde auch an der Malerei selbst zu messen, an deren spezifischen Möglichkeiten und Grenzen, es im Zusammenhang mit vorangegangenen, gleichzeitigen und folgenden Bildern zu betrachten, darunter mit den von Menzel selbst geschaffenen und sich der allein rund 150 zum *Eisenwalzwerk* angefertigten Studien zu erinnern, die nicht

---

[646] K. Gafert, S. 121. Vgl. auch J. Ch. Jensen (1), S. 91.
[647] J. Ch. Jensen (1), S. 91.
[648] Laut Achenbach und Becker biete Menzels sachliche und technisch korrekte Beschreibung keine Anhaltspunkte für eine weitergehende Interpertation. Nur die spätere Benennung des *Eisenwalzwerks* als *Moderne Cyklopen* deute die Interpretationsmöglichkeit, die Heroisierung des Arbeiters, an – nicht jedoch einen klassenkämpferischen Sinn. Vielmehr kennzeichne das Gemälde den ungebrochenen Fortschrittsglauben der Gründerzeit. Vgl. S. Achenbach (1) und I. Becker, S. 128. Vgl. auch S. v. Falkenhausen, S. 30, F. Forster-Hahn, S. 122.
[649] Vgl. S. Achenbach (1) und I. Becker, S. 128.
[650] F. Forster-Hahn, S. 122. Vgl. auch K. Kaiser (1), S. 110, K. Kaiser (2), S. 22, H.G. Ludwig, S. 64-65.

nur die Sorgfalt, sondern auch seine Weise der Begegnung mit Arbeitern während der Vorbereitung dieses Gemäldes offenbaren".[651]

Menzels Interesse an der künstlerischen Umsetzung der Industriearbeit, das sich bereits in einigen Frühwerken wie dem *Arbeiter am Dampfhammer* (1855; Abb.134) oder dem *Glasbläser* (1869; Abb.135) andeutete, zeigte sich insbesondere bei der Darstellung der beiden Arbeitszenen im Heckmannschen-Gedenkblatt. Letzteres unterscheidet sich von anderen damals gezeichneten oder lithographierten Blättern durch die von Menzel groß dargestellten Arbeiter. Nicht die technischen Anlagen, Werkhallen oder Fabrikgebäude stehen im Mittelpunkt des Geschehens, sondern die die Arbeit verrichtenden Proletarier.[652] „Farbige Bilder von Industriearbeitern gab es bereits früher, aber nicht derart bewegt und groß ins Bildformat gestellte wie diese."[653]

Eine weitere Arbeit, die Auskunft über Menzels Einstellung zur Industrialisierung gibt, ist die *Studie zum Eisenwalzwerk* (1872; Abb.143). Auch hier stehen nicht die technischen Neuerungen oder die beeindruckenden Werkanlagen im Mittelpunkt, sondern der am Dampfhammer tätige Arbeiter.[654]

Im *Eisenwalzwerk* (1872) stellte Menzel dann realistisch die damalige Arbeitswelt und die soziale Situation der Arbeiter dar. Im Gemälde wird die soziale Kritik bzw. klassenkämpferische Aspekte nur angedeutet durch die dort dargestellten sich waschenden und essenden Arbeiter.[655]

Noch deutlicher und bekenntnishafter zeigt sich Menzels Einstellung zur Industrialisierung in seinem Spätwerk *Besuch im Eisenwerk* [656] (1900; Abb.146). Im Bild existiert nichts, was eine Vergöttlichung der Arbeitswelt auch nur andeuten könnte.[657] „Hier tritt der ausgebeutete, aber den Ausbeutern im Hintergrund moralisch und historisch überlegene Proletarier auf."[658]

Menzels *Eisenwalzwerk* ist und bleibt der Höhepunkt industrieller Darstellungen, da es erstmals das „Phänomen der industriellen Produktion in seiner Problematik" durch die Schichtarbeit realistisch veranschaulicht.[659]

Menzel schildert mit seinem Gemälde schonungslos und sozialkritisch die damals herrschenden Verhältnisse – die rücksichtslose Ausbeutung der Arbeiter. Eine Privatsphäre gibt es nicht – alles (auch essen, waschen oder ruhen) ist dem gnadenlosen

---

651 Vgl. Ch. Hoffmeister (3), S. 118.
652 Vgl. Ch. Hoffmeister (3), S. 118. Vgl. auch F. Forster-Hahn, S. 123, J. Ch. Jensen (1), S. 90, K. Kaiser (2), S. 16-21.
653 Ch. Hoffmeister (3), S. 118.
654 Vgl. Ch. Hoffmeister (3), S. 118. Vgl. auch J. Ch. Jensen (1), S. 90-91.
655 Vgl. Ch. Hoffmeister (3), S. 119, P.O. Rave, S. 72. Vgl. auch K. Gafert, S. 120, W. Hoffmann (1), S. 182, K. Kaiser (1), S. 29; 110, K. Kaiser (3), S. 108 und W. Rüdiger, S. X.
656 Das Gemälde *Besuch in Eisenwerk* wurde später in *Besuch des Aufsichtsrats im Hüttenwerk* umbenannt. Vgl. Ch. Hoffmeister (3), S. 118.
657 Vgl. Ch. Hoffmeister (3), S.118. Vgl. auch M.U. Riemann-Reyher (3), S. 17.
658 Ch. Hoffmeister (3), S. 118.
659 Vgl. M.U. Riemann-Reyher (3), S. 8.

Rhythmus der Maschinerie und somit den damals herrschenden katastrophalen Produktionsverhältnissen und Arbeitsbedingungen (Hitze, Lärm, Schmutz) unterworfen. Diese entmenschlichende Arbeit und die permanente Kontrolle durch die Besitzenden oder Beherrschenden spiegelt sich, neben anderen stilistischen Mitteln (Farbgebung, Lichteffekten, Bildinhalt) auch in den Gesichtern der Arbeiter, insbesondere in denen der drei rechts im Vordergrund Sitzenden wider. Man erkennt ihre Leere und Müdigkeit, ihre Hoffnungslosigkeit und Traurigkeit. Besonders bei dem Mädchen, das dem Betrachter sein Gesicht zuwendet, spürt man die ganze Ausweglosigkeit seiner Lage – die Unmöglichkeit, diesem Rhythmus, diesem Leben zu entkommenen – und das Gefühl seines Gefangenseins.

9. Schlußfolgerung

Die Industrialisierung[660] begann am Anfang des 18. Jahrhunderts in die Bildkunst[661] einzudringen, so auch bei Friedrich, obwohl dieser sich nur am Rande mit ihr beschäftigte.[662] Die entstehenden marktorientierten Großbetriebe nahm er aber dennoch als Bedrohung seines Handwerkerideals wahr, wie aus seiner negativ formulierten Bewertung von „Maschine“ und „Fabrik“ hervorgeht.[663] In seinem Gemälde *Die Glashütte in Döhlen* (Abb.27) zeigt sich auch seine ambivalente Haltung, so stellte er einerseits die Schönheit und Unberührtheit der Natur dar, andererseits aber deren mutwillige Zerstörung durch den Menschen. Veranschaulicht wird die industrielle Entstellung der Landschaft durch den Qualm, der dem Schornstein entweicht und den Abendhimmel verdunkelt.[664] Dieser Gegensatz kann jedoch auch als bewußte Gegenüberstellung der alten (Schönheit) und der neuen Zeit (Umweltverschmutzung und Naturzerstörung) verstanden werden, insbesondere da Friedrich der Industrialisierung sehr ablehnend gegenüber stand. Bei genauerer Analyse des Gemäldes zeigt sich Friedrichs negative Sichtweise ganz eindeutig. Das gesamte Bild kann als Kritik an der beginnenden Industrialisierung verstanden werden.

Ähnlich wie Friedrichs *Die Glashütte in Döhlen* ist auch das Gemälde *Walzwerk bei Neustadt-Eberswalde* von Carl Blechen aufgebaut (Abb.28). Es stellt ebenfalls eine Fabrik mit einem bedrohlich qualmenden Schornstein dar, die in eine reizvolle Flußlandschaft eingebettet ist.[665] Das Walzwerk, ein typischer Zweckbau der damaligen Zeit, beherrscht mit seiner Häßlichkeit die Landschaft vollkommen. Es betont Blechens Skepsis gegenüber der Industrialisierung und der aus ihr resultierenden Einstellung zur Natur.[666]

---

[660] Laut Hoffmeister habe die Industrie mit „ihrer visuell-sinnlichen Vielfalt, ihren gesellschaftlichen Widersprüchen und Veränderungen“ seit dem 19. Jahrhundert dazu beigetragen, „über Methoden und Stile“ hinweg, „ständiger Stoff“ der deutschen Grafik und Malerei zu bleiben. Vgl. Hoffmeister (2), S. 131.

Pfeiffer behauptet hingegen, daß sich die Kunst nicht so besonders für die industrielle Revolution und ihre sozialen Auswirkungen interessiert habe, sondern daß vielmehr die Industrialisierung die Kunst und deren „Selbstverständlichkeiten“ durcheinandergebracht habe. Vgl. K.L. Pfeiffer, S. 275.

[661] Laut Schmücker begann die malerische Darstellung des Industriemotivs mit Carl Schütz‘ *Walzwerk zu Lendersdorf*, dessen naturgetreue Wiedergabe an eine Fotografie erinnert.

Jedoch seien die ersten drei Industriebilder (Schütz‘ *Walzwerk zu Lendersdorf*, Blechens *Walzwerk bei Neustadt-Eberswalde* und Rethels *Harkortsche Fabrik auf Berg Wetter*) nur Einzelfälle, die in der gleichzeitigen Kunst ohne Nachfolge geblieben wären. Vgl. H. Schmücker, S. 68.

[662] Vgl. F. Gross, S. 19.

[663] Vgl. Peter H. Feist (1), S. 18, P. Rautmann (1), S. 114.

[664] Vgl. H. Börsch-Supan (1) und K. W. Jähnig, S. 269.

[665] Vgl. F. Gross, S.19, Staatliche Museen zu Berlin/National Gallery (Hrsg.), Karl Blechen.1798-1840, Ölskizzen, Aquarelle, Sepiablätter, Zeichnungen, Entwürfe, Ausstellungskatalog, Berlin, 1973, Katalogteil, S. 16, I. Emmrich, S. 97, G. Heider, S. 32.

[666] Vgl. Helmut Börsch-Supan (3), Gemälde: Walzwerk Neustadt-Eberswalde, in: Peter-Klaus Schuster, Carl Blechen. Zwischen Romantik und Realismus, München, 1990, Katalogteil, S. 115-116.

Während seines Aufenthaltes in Neapel besuchte Blechen die Gegend von Amalfi, das Tal der Mühlen. Diese wild-romantische Landschaft mit den Papiermühlen übte eine so starke Anziehungskraft auf ihn aus, daß er eine Reihe von Bildstudien anfertigte, die alle die neue Beziehung von Natur und Architektur beinhalten.[667] Seine Bilder enthalten aber nicht mehr nur das malerische Amalfi, das in den harmlosen Darstellungen anderer Künstler gezeigt wurde, er entwickelte auch den Blick für die beginnende Umweltzerstörung, dargestellt durch das Abholzen des Waldes und die rauchenden Fabriken (*Schlucht bei Amalfi* 1831; Abb.93) sowie durch die schwere Fabrikarbeit im Tal.[668]
Auch in anderen Gemälden Blechens mit industriellen Darstellungen bzw. industriell angehauchten Inhalten z.B. der *Teufelsbrücke* (Abb.97) zeigt sich eindeutig seine kritische Haltung gegenüber der Industrialisierung.
Auch Alfred Rethel malte bereits 1834 ein Industriebild, *Die Harkortsche Fabrik auf der Burg Wetter* (Abb.29), etwa zeitgleich mit Blechens Industriebildern), in dem er den Antagonismus von Altem und Neuem, von verfallender Feudalgesellschaft und sich entwickelnder Industriegesellschaft aufgriff und kritisch darstellte.[669]
Die industrielle Revolution beschleunigte auch den deutschen Eisenbahnbau, der 1835 mit der Eröffnung der Strecke Nürnberg-Fürth begann. Adolph v. Menzel wurde so stark von dieser Entwicklung beeinflußt, daß er zum Maler der Eisenbahn und des Eisenwalzwerkes wurde.[670]
Sein Gemälde *Berlin-Potsdamer Bahn* (Abb.20) entstand bereits 1847, nur drei Jahre nach Turners Bahnlandschaft *Regen, Dampf und Geschwindigkeit – die große Westeisenbahn* [671] (Abb.14). Allerdings unterscheiden sich beide Gemälde gravierend.[672]
Während Turners Darstellung sehr romantisch ist, konfrontiert Menzel den Betrachter mit der für die Streckenführung notwendigen Planierung und den die Landschaft erbarmungslos zerschneidenden Gleis der Eisenbahn. Er stellt die Zerstörung der alten Wege dar sowie den Gegensatz zwischen der neuen mechanisierten, beschleunigten Fortbewegung (Bahn) und der alten gemächlichen Bewegung eines Wanderers (Fußweg). Die aufgezeigten Konfrontationen vermitteln keineswegs ein begeistertes Bild über Eisenbahn und Fortschritt, sondern eher ein kritisches und nachdenkliches.[673]

---

[667] Vgl. H. R. Möller, S. 25-27.
[668] Vgl. G. Heider, S. 14-15, 23-24, I. Emmrich, S. 78-79, P.-K. Schuster, Vielfalt und Brüche, S. 17 / Helmut Börsch-Supan (3), Gemälde: Schlucht bei Amalfi, S. 116-117, Staatliche Museen zu Berlin/National Gallery (Hrsg.), S. 16.
[669] Vgl. P. Rautmann (1), S. 114-116, W. Hütt, S. 67-68 und Peter-Klaus Schuster (3), Gemälde: Harkortsche Farbrik auf Burg Wetter, in: Peter-Klaus Schuster (Hrsg.), Carl Blechen zwischen Romantik und Realismus, Ausstellungskatalog, München, 1990, Katalogteil, S. 276.
[670] Vgl. F. Gross, S. 19.
[671] Laut Rosenthal verherrlicht Turner mit seinem Gemälde die Industrie bzw. die industrialisierte Landschaft. Vgl. Michael Rosenthal, Britisch landscape painting, Oxford, 1982, S. 96.
[672] Vgl. O. Bätschmann, S. 100, C. Keisch u. M. U. Riemann-Reyher (Hrsg.), S. 115-118, Peter-Klaus Schuster (3), Gemälde: Berlin-Potsdamer Bahn, in: P.-K. Schuster (Hrsg.), Carl Blechen zwischen Romantik und Realismus, Ausstellungskatalog, München, 1990, Katalogteil, S. 280.
[673] Vgl. O. Bätschmann, S.100-102.

Alle anderen Industriebilder Menzels[674], wie auch das *Eisenwalzwerk* (1875, Abb.18), entstanden erst am Beginn der 70er Jahre des 19. Jahrhunderts.[675] All diesen Gemälden und Zeichnungen ist gemeinsam, daß sie entweder die Schwerstarbeit der Fabrikarbeiter[676] (z.B. Abb.143 und Abb.147) in den Großfabriken darstellen oder aber die umweltzerstörende Kraft dieser Fabrikanlagen anhand rauchender Schlote[677] (Reiseskizzen aus Preußen [1872]: Abb.148-151). Seine realistische Darstellung zeigt die Fabriken schonungslos mit all ihren Widersprüchlichkeiten, ohne sie zu verklären.[678]
Während sich Friedrich oder Blechen bei ihren industriellen Darstellungen auf die landschaftlichen Auswirkungen der Industrialisierung (Naturzerstörung, Umweltverschmutzung) beschränkten, nahm Menzel zusätzlich noch sozialkritische Darstellungen der Folgen der industriellen Revolution in seine Gemälde auf. Das wird insbesondere in seinen *Eisenwalzwerk* und früheren Arbeitsdarstellungen deutlich.
In diesem Zusammenhang muß auch auf den Unterschied zwischen industriellen Darstellungen mit und ohne Auftraggeber eingegangen werden.
Auftragsgebundene Fabrik- oder Industriedarstellungen gaben zumeist bauliche oder landschaftliche Besonderheiten bzw. Eigenheiten, die die Fabrik charakterisieren, wieder. Sie zeigten „die repräsentativste Ansicht eines Gebäudes, der Gesamtanlage oder eine Seite, von der aus ein Einblick in Arbeitsvorgänge gewährleistet wird, die neue Produktionsmethoden vorführen“. Ziel dieser Gemälde oder Zeichnungen war es, die industrielle Revolution aus Sicht der jeweiligen Besitzer aufzuzeigen. Kritische oder soziale Aspekte waren nicht erwünscht. Stattdessen sollten die Leistungsfähigkeit und die wirtschaftliche Größe der Industrialisierung künstlerisch[679] umgesetzt werden.[680]
Die umgebende Landschaft[681] wird zumeist untergeordnet dargestellt. Je nach Art des Bildes hat sie verdeckende oder rahmende Funktion.
Im Gegensatz dazu zeigten nichtauftragsgebundene Fabrikdarstellungen Gießereien, Hammerwerke und Hütten in ihrem originalen, typischen baulichen Bestand, ohne sie zu verschönen oder bestimmte repräsentative Gebäude oder Ansichten auszuwählen.

---

[674] Die deutsche Industrieproduktion hatte sich erst in dieser Zeit in vollem Umfang entwickelt, so daß auch die darstellende Kunst auf sie und ihre Folgen aufmerksam wurde.
[675] Vgl. M. U. Riemann-Reyher (1), S. 155, K. Kaiser (2), S. 9.
[676] *Studie zum Eisenwalzwerk* (auch: *Selbstbildnis im Walzwerk*) (1872; Abb.143) und Die Schmiede (1872; Abb.147)
[677] Beispiele dafür sind bspw. seine Reiseskizzen aus Preußen (Abb. 148-151); *Hochofen in Königshütte* (1872, Abb.148), *Hochofen mit Rohrleitung* (1872; Abb.149), *Hochofenlandschaft mit brennenden Schloten* (1872; Abb.150), *Tagebau in Königshütte* (1872; Abb.151)
[678] Vgl. M.U. Riemann-Reyher (4), S. 274-289, J. Ch. Jensen (2), S. 91, Susanne von Falkenhausen, Historie und Politik – Beliebigkeit und Sinngebung: Menzel und der Historismus, S. 30-31, S. Achenbach und I. Becker, S. 128-133, M. U. Riemann-Reyher (1), S. 166-169 und E. v. Radziewsky, S. 18.
[679] Laut Motz seien Überschneidungen an den seitlichen Rändern und Untersicht stilistische Mittel, um die Größe der industriellen Komplexe zu unterstreichen. Vgl. S.-J. Motz, S. 86.
[680] Vgl. ebd.
[681] So konnte die Wirkung weitgehend dadurch bestimmt werden, indem der Gebäude- und Landschaftsausschnitt sowie die Sicht auf das Objekt vorher festgelegt worden war. Auch die Wahl des Künstlers dürfte bei diesem Problem mitgewirkt haben. Vgl. ebd.

Teilweise wird ein halbverfallener Bau oder eine ruinöse Fabrik als malerisches Motiv benutzt, teilweise wird die Fabrikanlage der Natur untergeordnet. Bildgegenstand kann dabei bspw. die durch die Industrie bedrohte Umwelt, die im „Absterben begriffene Natur" sein.[682]
So vermittelt Carl Blechen mit seiner *Waldigen Landschaft mit Fabrik* verschiedene Stimmungen: verdorrte und entwurzelte Bäume, geschlagene, ungeordnet herumliegende Holzstücke, Büsche als unkonturierte Masse, verschwommen, in den bewölkten Himmel übergehend. Beleuchtet wird die menschenleere Szene durch von links oben einfallendes Licht. Das Fabrikgebäude selbst, nur durch einen bereits gelagerten Baukörper und einen qualmenden Schornstein bezeichnet, tritt in den Hintergrund."[683]
Die meisten Künstler der Romantik fühlten dabei den Widerspruch zwischen Natur und Technik, zwischen Organischem und Anorganischem. „Technische Themen wie Industrieanlagen, Maschinen oder Brücken in der Landschaft stören mit „ihrer zweckhaften Härte und Starre" die Landschaft. Sie „ragen wie dunkle und kalte Fremdkörper" in die Luft und verschleiern mit ihrem Dunst die Natur.[684]
Laut Rüdiger ringe der Künstler „um Einbeziehung dieser fremden drohenden Gestalten in den Zusammenhang der Natur, und so mildert und verschleiert er die Härten, deckt er schamhaft die Bauten der Technik mit Rauch und Dunst zu. Wenn er malt, reizen ihn (...) nicht (...) die technischen Gegenstände selber, sondern viel mehr das Verbindende, Einhüllende, die ‚malerische Atmosphäre'[685] des Ganzen."[686]
Dieser Ansicht widersprechen die wichtigsten industriellen Darstellungen in der Zeit der Romantik. So werden weder bei Friedrich, Blechen, Rethel oder Menzel industrielle Gebäude oder deren Auswirkungen auf die Natur verschleiert. Im Gegenteil werden vielmehr in all diesen Darstellungen die damaligen Gegebenheiten realistisch mit all ihren Konsequenzen, u.a. auch den sozialen Problemen, dargestellt.
Das kann besonders durch Menzels *Eisenwalzwerk* belegt werden, in dem er trotz Auftrag die industriellen Folgen sozialkritisch aufgriff und künstlerisch schonungslos umsetzte.
Zusammenfassend kann man festhalten, daß die deutschen Maler der Romantik, die das Thema der Industrialisierung bzw. die Auswirkungen der industriellen Revolution

---

682 Vgl. ebd.
683 Ebd., S. 86-87 (Vgl. auch Kat.-Nr. 212).
684 Vgl. W. Rüdiger, S.XIII, Vgl. auch K. Haese, S. 98, Ch. Hoffmeister (7), S. 254.
685 So würden nicht die Fabriken und Maschinen den Künstler reizen, sondern „das Feuer im Walzwerk", „das flüssige glühende Eisen", die weißen Wolken des Dampfes, „die leuchtende Glut und der Feuerschein". Diese Entwicklung begänne bei Blechen und dem jungen Menzel (*Berlin-Potsdamer Eisenbahn*; 1847). Die Glätte der Natur würde zerrissen „durch die aufschießenden Schlote, durch den Geist der Maschine". Laut Rüdiger scheint es „ein ohnmächtiger, hoffnungsloser Kampf der Kunst mit einem übermächtigen Gegner zu sein". Vgl. W. Rüdiger, S. XIII-XIV. Vgl. auch W. Hofmann (1), S. 184-185.
686 Vgl. W. Rüdiger, S. XIII. Vgl. auch W. Hofmann (1), S.184-185, Ch. Hoffmeister (2), S. 254.

in ihre Kunst aufnahmen, diese realistisch und zumeist kritisch[687] darstellten. Allerdings gibt es einerseits natürlich Unterschiede zwischen auftragsgebundenen und nichtauftragsgebundenen Arbeiten (eine Ausnahme stellt hierbei – wie oben erwähnt – Menzels *Eisenwalzwerk* dar), andererseits waren derartige Darstellungen aber auch abhängig von den politischen und gesellschaftlichen Einstellungen der Künstler.
Auf die Unterschiede auftragsgebundener bzw. nichtauftragsgebundener Arbeiten wurde bereits oben eingegangen, so daß an dieser Stelle eine weitere Behandlung nicht notwendig ist.
Bezüglich ihrer politischen und gesellschaftlichen Einstellungen unterscheiden sich die Künstler teilweise gravierend. So stellte Rethel bspw. die Industrialisierung in seinem Gemälde *Harkortsche Fabrik auf Burg Wetter* realistisch dar und vergleicht die alte feudale mit der neuen bürgerlichen Zeit, ist aber politisch eher reaktionär. Letzteres zeigt sich besonders deutlich in seinem Holzschnittzyklus *Auch ein Totentanz* und kommt auch in seinen Schilderungen der 1848er Revolution zum Ausdruck.
Friedrich, Blechen und Menzel fühlten sich hingegen von der beginnenden Industrialisierung eher abgestoßen und verdeutlichten dies auch in ihren Werken. Sowohl in Friedrichs[688] *Glashütte in Döhlen* als auch in Blechens[689] *Walzwerk bei Neustadt-Eberswalde* wird ihre kritische Einstellung sichtbar. Beide Gemälde symbolisieren die beginnende Umweltzerstörung aufgrund der Technisierung und Industrialisierung. Friedrichs kritische Einstellung, ja ablehnende Haltung gegenüber der Industrie und ihrer Folgen wird auch in seinen Briefen deutlich.
Noch sichtbarer wird die Kritik der Industrialisierung in Menzels[690] Werken. Sowohl in der *Berlin-Potsdamer Eisenbahn* als auch in seinem *Eisenwalzwerk* kritisierte Menzel die damaligen Zustände. In der *Berlin-Potsdamer Eisenbahn* stellte der Künstler die Umweltzerstörung aufgrund der Technisierung dar, sein *Eisenwalzwerk* hinge-

[687] Positiv sind hingegen die unter Punkt 4.1.2. aufgeführten Werke von Neureuther und Meyerheim zu bewerten. Sowohl Neureuthers *Maschinenfabrik und Gießerei Klett und Co.* als auch Meyerheims 8teiliger Wandbildzyklus *Geschichte der Lokomotive* verherrlichen die Industrialisierung.
[688] Weitere Beispiele sind *Im Steinbruch* und *Der Steinbruch bei Krippen.*
[689] Auch die *Schlucht von Amalfi*, das *Mühlental von Amalfi*, der *Bau der Teufelsbrücke* sowie die zahlreichen Skizzen zu allen von Blechen ausgeführten Gemälden, die die entstehende Industrialisierung thematisch aufnahmen, sind ebenso kritische Zeugnisse seiner Einstellung.
[690] Neben den beiden im Text aufgeführten Werken verdeutlichen auch alle unter Punkt 5.3. aufgeführten Gemälde, Zeichnungen und Skizzen Menzels kritische und revolutionäre Einstellung.

gen vermittelt realistisch die Zustände in einem damals modernen Industriebetrieb. Menzel zeigt dabei die unmenschlichen Arbeitsbedingungen, die Härte der Arbeit, den Lärm und den Schmutz.

Literaturverzeichnis

- Arbeit und Technik gestalten, 2. Bremer Forum Arbeit und Technik vom 10. bis 13. Juni 1987, Ausstellungskatalog, Bremen, 1987

- Achenbach, Sigrid (1), Becker, Ingeborg, Katalog der Druckgraphik: Einzelblätter und Mappenwerke. Die Zeichnungen zum Eisenwalzwerk, 1872-1875 in: Staatliche Museen Preußischer Kulturbesitz (Hrsg.), Adoph Menzel – Zeichnungen, Druckgraphik und illustrierte Bücher, Bestandskatalog der Nationalgalerie, des Kupferstichkabinetts und der Kunstbibliothek, Berlin, 1984, S.128-133

- Achenbach, Sigrid (2), Der Zeichner und Graphiker, in: Schuster, Peter-Klaus (Hrsg.), Carl Blechen. Zwischen Romantik und Realismus, Ausstellungskatalog, München, 1990, S.44-52

- Bandmann, Günter, Einleitung, in: Deutsche Bundesbahn (Hrsg.), Die Eisenbahn in der Kunst, Ausstellungskatalog, Bonn, 1958, S.7-11

- Bätschmann, Oskar, Entfernung der Natur – Landschaftsmalerei 1750-1920, Köln, 1989

- Bartoschek, Gerd, Berliner Biedermeier. Malerei und Graphik aus den Sammlungen der Staatlichen Schlösser und Gärtner, Potsdam-Sanssouci, 1973

- Bayerische Akademie der Schönen Künste (Hrsg.), Mensch und Landschaft im technischen Zeitalter, Gestalt und Gedanke 10, München, 1966

- Bendix, Reinhard, Modernsierung und soziale Gleichheit, in: Wirtschafts- und sozialgeschichtliche Probleme der frühen Industrialisierung, Berlin, 1968, S.179-246

- Berg, Fritz, Einleitung, in: Fritz, Rolf (2) (Hrsg.), Das Bild der deutschen Industrie 1800-1850, Ausstellung veranstaltet mit Unterstützung des Bundesverbandes der Deutschen Industrie e.V., Schloß Cappenberg, 15. Mai - 20. Juli 1958, ohne Seitenangabe

- Beta, Ottomar, Gespräche mit Adolph Menzel, in: Lammel, Gisolde (Hrsg.), Exzellenz lassen bitten. Erinnerungen an Adolph Menzel, 1. Aufl., Leipzig, 1992, S.5-83

- Betthausen, Peter, Gemalte Industrielandschaft. Die Harkortsche Fabrik auf Burg Wetter, in: Bock, Helmut (Hrsg.), Unzeit des Biedermeier, Köln, 1986, S.155-161

- Bergius, Burkhard, Glaspaläste der Künstlichen Nützlichkeit. Ausstellungsarchitektur des 19.Jahrhunderts, in: Buddensieg, Tilmann und Rogge, Henning (Hrsg.), Die nützlichen Künste, 1981, Berlin, S.163-173

- Berckenhagen, Ekkehard, Dresdner Malerei des frühen Realismus, in: Germanisches Nationalmuseum Nürnberg (Hrsg.), Der frühe Realismus in Deutschland 1800-1850. Gemälde aus der Sammlung Georg Schäfer/Schweinfurt, Ausstellungskatalog, München, 1967, S.69-75

- Bertsch, Christoph (1), Das Industriebild in der Malerei der ersten Hälfte des 19. Jahrhunderts am Beispiel eines Gemäldes von J.K. Rick, in: Alte und moderne Kunst, 26. Jg., 1981, S.29-32

- Bertsch, Christoph (2), Industrielle Revolution in der Bildenden Kunst des 19. Jahrhunderts, in: Guderian, Dietmar (Hrsg.), Technik und Kunst, Düsseldorf, 1994, S.233-261

- Bieber, Dietrich und Mai, Ekkehard, Gebhardt und Janssen – Religiöse und Monumentalmalerei im späten 19. Jahrhundert, in: von Kalnein, Wend (Hrsg.), Die Düsseldorfer Malerschule, Ausstellungskatalog, Düsseldorf, 1979, S.165

- Biermann, Einleitung, in: Galerie Arnold (Hrsg.), Stätten der Arbeit, Ausstellungskatalog, Dresden, 1972,

- Bockemühl, Michael, J.M.W. Turner 1775-1851. Die Welt des Lichtes und der Farbe, Köln, 1991

- Borchardt, Knut, Die industrielle Revolution in Deutschland, in: Borchardt, Knut (Hrsg.), Die industrielle Revolution in Deutschland, München, 1972, S.22-115

- Börsch-Supan, Helmut (1) und Jähnig, Karl Wilhelm, C.D.Friedrich. Gemälde, Druckgraphik und bildmäßige Zeichnungen, Ausstellungskatalog, München, 1973

- Börsch-Supan, Helmut (2), „Das rechte Herz, das warme Blut und der Geist in der Kunst". Carl Blechen – Malerei in der Mark, in: Schuster, Peter-Klaus (Hrsg.), Carl Blechen. Zwischen Romantik und Realismus, Ausstellungskatalog, München, 1990, S.27-38

- Börsch-Supan, Helmut (3), Gemälde, in: Schuster, Peter-Klaus (Hrsg.), Carl Blechen. Zwischen Romantik und Realismus, Ausstellungskatalog, München, 1990, S.100-134

- Margot Th. Brandhuber, Die Wissenschaft vom „Eisernen Zeitalter" – Léonard Defrance, Pehr Hilleström d. Ä und Joseph Wright of Derby, in: Sabine Beneke und Hans Ottomeyer (Hrsg.), Die zweite Schöpfung. Bilder der industriellen Welt vom 18. Jahrhundert bis in die Gegenwart, Berlin, 2002, S. 54-59

- Brandt, Leo, Die zweite industrielle Revolution, München, 1957

- Brandt, Paul, Schaffende Arbeit und Bildende Kunst im Altertum und Mittelalter, Leipzig, 1927

- Braun, Hans-Joachim, Die Dampfmaschine. Technische Entwicklung, wirtschaftliche und gesellschaftliche Ursachen und Auswirkungen, in: Buddensieg, Tilmann und Rogge, Henning (Hrsg.), Die nützlichen Künste, 1981, Berlin, S.82-90

- Braun-Feldweg, Wilhelm, Industrial Design heute. Umwelt aus der Fabrik, Rembele bei Hamburg, 1966

- Brauner, Lothar, Einführung, in: Staatliche Museum zu Berlin (Hrsg.), Karl Blechen. 1789-1840, Ausstellungskatalog, Berlin, 1973, S.7-19

- Braunfels, Wolfgang, Industrielle Frühzeit im Gemälde, Erzbergbau und Eisenhütte in der europäischen Malerei 1500 bis 1850, Düsseldorf, 1957

- Brockschmidt, Rolf, Expansion und Depession, Die industrielle Entwicklung in Belgien und Deutschland von 1830-1914, in: Ruhrfestspiele Recklingshausen (Hrsg.), Aus Schacht und Hütte. Ein Jahrhundert Industriearbeit im Bild 1830-1930, Ausstellungskatalog, Recklingshausen, 1980, S.6-10

- Buddensieg, Tilmann (1), Das Alte bewahren, das Neue verwirklichen. Zur Fortschrittsproblematik im 19. Jahrhundert, in: Buddensieg, Tilmann und Rogge, Henning (Hrsg.), Die nützlichen Künste, 1981, Berlin, S.47-66

- Buddensieg, Tilmann (2), Von der Industriemythologie zur „Kunst in der Produktion", in: Jahresring 78-79, Vorwurf Industrie, Stuttgart, 1978, S.46-72

- Buderath, Bernhard und Makowski, Henry, Die Natur dem Menschen untertan. Ökologie im Spiegel der Landschaftsmalerei, München, 1983

- Büttner, Wolfgang, Aufruhr im Eulengebirge. Fanal des sozialen Klassenkampfes, in: Bock, Helmut (Hrsg.), Unzeit des Biedermeier, Köln, 1986, S.230-237

- Cipolla, Carlo M., Einleitung, in: Borchardt, Knut, Die industrielle Revolution in Deutschland, München, 1972, S.7-21

- Deutsches Bergbau-Museum (Hrsg.), Meisterwerke bergbaulicher Kunst vom 13. bis 19. Jahrhundert, Ausstellungskatalog, Bochum, 1990, Katalogteil

- Dienel, Hans-Liudger, Bilder der Technik. Industriegemälde im Deutschen Museum, in: Kultur und Technik, Heft 2, 1995, S.26-33

- Eiler, Klaus (Hrsg.), Hessen im Zeitalter der industriellen Revolution, Text- und Bilddokumente aus hessischen Archiven beschreiben Hessens Weg in die Industriegesellschaft während des 19. Jhs., 1.Aufl., Frankfurt/a.M., 1984

- von Einem, Herbert, Die Symbollandschaft der deutschen Romantik, in: Germanisches Nationalmuseum Nürnberg (Hrsg.), Klassizismus und Romantik. Gemälde und Zeichnungen aus der Sammlung Georg Schäfer, Ausstellungskatalog, München, 1966, S.28-38

- Eisler, Colin, Meisterwerke in Berlin. Die Gemälde von Mittelalter zur Moderne, Köln, 1996

- Eisen und Stahl, Ausstellung Kunstmuseum Düsseldorf, Düsseldorf, 1952, Katalogteil

- Emmrich, Irma, Carl Blechen, München, 1989

- Engels, Friedrich, Die Lage der arbeitenden Klasse in England, in: MEW, Bd.2, Berlin, 1972

- von Falkenhausen, Susanne, Historie und Politik – Beliebigkeit und Sinngebung: Menzel und der Historismus, in: Staatliche Museen Preußischer Kulturbesitz (Hrsg.), Adoph Menzel – Zeichnungen, Druckgraphik und illustrierte Bücher, Bestandskatalog der Nationalgalerie, des Kupferstichkabinetts und der Kunstbibliothek, Berlin, 1984, S.30-34

- Feist, Peter H. (1), Romantik und Realismus, in: Gemäldegalerie Neue Meister (Hrsg.), Caspar David Friedrich und sein Kreis, Ausstellung im Albertinum, Dresden, 1974, S.11-21

- Feist, Peter H. (2), Caspar David Friedrich in der europäischen Romantik, in: Caspar David Friedrich, I. Greifswalder Romantik-Konferenz, Sonderband der wissenschaftlichen Zeitschrift der Ernst-Moritz-Arndt-Universität Greifswald, Greifswald, 1974, S.13-17

- Feudel, Werner, Vom Unbehagen der Zeitgenossen, Industrielle Revolution im Roman, in: Bock, Helmut (Hrsg.), Unzeit des Biedermeier, Köln, 1986, S.136-142

- Fischer, Wolfram (1), Wirtschaft und Gesellschaft im Zeitalter der Industrialisierung, Göttingen, 1972

- Fischer, Wolfram (2), Ökonomische und soziologische Aspekte der frühen Industrialisierung, in: Wolfram Fischer (Hrsg.), Wirtschafts- und sozialgeschichtliche Probleme der frühen Industrialisierung, Berlin, 1968, S.1-20

- Forster-Hahn, François, Adolph Menzels Eisenwalzwerk: Kunst im Konflikt zwischen Tradition und sozialer Wirklichkeit, in: Buddensieg, Tilmann und Rogge, Henning (Hrsg.), Die nützlichen Künste, 1981, Berlin, S. 122-129

- Freyer, Hans, Landschaft und Geschichte, in: Bayerische Akademie der schönen Künste (Hrsg.), Mensch und Landschaft im technischen Zeitalter, Oldenburg/München, 1966, S.39-70

- Friemert, Chups, Die gläserne Arche. Kristallpalast London 1851 und 1854, München, 1984

- Fritz, Rolf (1), Dortmund. Bilder aus vier Jahrhunderten, 2. Aufl., Dortmund, 1957

- Fritz, Rolf (2) (Hrsg.), Das Bild der deutschen Industrie 1800-1850, Ausstellung veranstaltet mit Unterstützung des Bundesverbandes der Deutschen Industrie e.V., Schloß Cappenberg, 15. Mai - 20. Juli 1958

- Fritz, Rolf (3), Das deutsche Industriebild 1800-1850, in: Tradition, 1957, S.333-336

- Fritz, Rolf (4), Vorwort, in: AG von Museen, Bibliotheken und Archiven des Reviers (Hrsg.), Das Ruhrgebiet vor hundert Jahren, Gesicht einer Landschaft, Dortmund, 1956, ohne Seitenangabe

- Fritz, Rolf (5), Ein unbekanntes Jugendwerk von Alfred Rethel, in: Wallraf-Richartz-Jahrbuch XX, 1958, S.213-224

- Gafert, Karin, Die soziale Frage in Literatur und Kunst des 19. Jahrhunderts, Kronberg/Ts., 1973

- Gagel, Hanna, Die Düsseldorfer Malerschule in der politischen Situation des Vormärz und 1848, in: von Kalnein, Wend (Hrsg.), Die Düsseldorfer Malerschule, Ausstellungskatalog, Düsseldorf, 1979, S.68-85

- Galerie Arnold (Hrsg.), Stätten der Arbeit, Ausstellungskatalog, Dresden, 1972

- Galerie Seide (Hrsg.), Malerei als Ausdruck und Überwindung der Technischen Welt. Veranlaßt durch Bilder von Gustav Deppe und Zeichnungen von Günter Drehbuch, in: Schriften der Galerie Seide, Nr. 4, Hannover, 1959, ohne Seitenangabe

- Gemäldegalerie Neue Meister (Hrsg.), Caspar David Friedrich und sein Kreis, Ausstellung im Albertinum, Dresden, 1974, Katalogteil

- Germanisches Nationalmuseum Nürnberg (Hrsg.),Klassizismus und Romantik in Deutschland. Gemälde und Zeichnungen aus der Sammlung Georg Schäfer, Ausstellungskatalog, München, 1966, Katalogteil

- Gerschenkron, Alexander, Vorbedingung der europäische Industrialisierung, in: Wolfram Fischer (Hrsg.), Wirtschafts- und sozialgeschichtliche Probleme der frühen Industrialisierung), Berlin, 1968, S.21-28

- Giesen, Josef, Künstler vor Maschinen. Die Darstellung des Technischen in der Kunst, in: Die Kunst und das Schöne Heim, 66 (3), 1968, S.110-113

- Gross, Friedrich, Fremde Natur. C.D. Friedrichs Landschaften gestern und heute, in: Wettengl, Kurt (Hrsg.), C.D.Friedrich – Winterlandschaften, Heidelberg, 1990, S.7-19

- Grote, Ludwig, Einleitung, in: Forschung und Technik in der Kunst, Ausstellung des Kunstvereins Ludwighafen (Hrsg.), 1. April bis 31. Mai 1965, Ludwighafen am Rhein, 1965, ohne Seite

- Grütter, Tina, Fragment und Künstlichkeit im Werke von C. D. Friedrich am Beispiel der Dortmunder Winterlandschaft mit Kirche, in: Kurt Wettengl (Hrsg.), Winterlandschaften, Heidelberg, 1990, S.60-66

- Guderian, Dietmar, Der Arbeitsprozeß und der Mensch im Arbeitsprozeß – vom Beginn der Industrialisierung bis zur Gegenwart, in: Guderian, Dietmar (Hrsg.), Technik und Kunst,

Düsseldorf, 1994, S.262-276

- Günter, Roland, Fabrik-Architektur. Reduktive oder komplexe Ästhetik ?, in: Buddensieg, Tilmann und Rogge, Henning (Hrsg.), Die nützlichen Künste, Berlin, 1981, S.173-180

- Haese, Klaus (1), Spannung in der Bildwelt der deutschen Kunst von 1815 bis 1850, in: Wissenschaftliche Zeitschrift der Ernst-Moritz-Arndt-Universität Greiswald, 1986, S.95-98

- Haese, Klaus (2), Zum Problem des Realismus bei Caspar David Friedrich, in: Caspar David Friedrich, I. Greifswalder Romantik-Konferenz, Sonderband der wissenschaftlichen Zeitschrift der Ernst-Moritz-Arndt-Universität Greifswald, Greifswald, 1974, S.57-59

- Haltern, Utz, Landschaft und Geschichte, in: Westfälisches Landesmuseum für Kunst und Kulturgeschichte (Hrsg.), Das malerische und romantische Westfalen, Ausstellungskatalog, Münster, 1974, S.199-210

- Hartung, Giselher, Aktuelle Aspekte früher Eisenkonstruktionen, in: Buddensieg, Tilmann und Rogge, Henning (Hrsg.), Die nützlichen Künste, 1981, Berlin, S.180-186

- Häusler, Wolfgang, The fallcies of Hope – Turners Kunst und die Revolutionen seiner Epoche, in: Brown, David Blayney, Schröder, Klaus Albrecht (Hrsg.), Joseph Mallord William Turner, München/New York, 1997, S.65-94

- Heider, Gertrud, Carl Blechen, Leipzig, 1970

- Heilmann, Christoph, „Wenig Rivalitäten, viele gemeinsame Ziele“. Kulturelle Beziehungen zwischen England und Deutschland, in: Hamlyn, Robin, Heilmann, Christoph, Newall, Christopher und Treuherz, Julian (Hrsg.), Viktorianische Malerei. Von Turner bis Whistler, Ausstellungskatalog, München, 1993, S.15-22

- Herding, Klaus (1), Industriebild und Moderne. Zur künstlerischen Bewältigung der Technik im Übergang zur Großmaschinerie (1830-1890), in: Pfeiffer, Helmut et al. (Hrsg.), Art Social und Art Industriel, München, 1987, S.424-467

- Herding, Klaus (2), Notiz zur Industriekritik: Die Zerstörung der Natur, in: Kritische Berichte, 8 (Heft 1/2), Gießen, 1980, S.11-16

- Herding, Klaus (3), Industrie als ‚zweite Schöpfung‘, in: Sabine Beneke und Hans Ottomeyer (Hrsg.), Die zweite Schöpfung. Bilder der industriellen Welt vom 18. Jahrhundert bis in die Gegenwart, Berlin, 2002, S.10-27

- Heselhaus, Clemens, Die Autoren des „Malerischen und romantischen Westphalen“, in: Westfälisches Landesmuseum für Kunst und Kulturgeschichte (Hrsg.), Das malerische und romantische Westfalen, Ausstellungskatalog, Münster, 1974, S.143-198

- Hettling, Manfred, Alfred Rethel, Die Harkortsche Fabrik auf Burg Wetter (1834), in: Kultur und Technik, 1989, S.32-33

- Hielscher, Meike, Umweltbilder aus dem „Schwarzen Land“, in: Ruhrfestspiele Recklingshausen (Hrsg.), Aus Schacht und Hütte. Ein Jahrhundert Industrie im Bild 1830-1930, Ausstellungskatalog, Recklingshausen, 1980, S.11-14

- Hielscher, Peter, „Vom vollkommenen Ausdruck des Elends zum Bezwinger der Welt“. Anmerkung zur Darstellung des Arbeiters im 19. Jahrhunderts, in: Ruhrfestspiele Recklingshausen (Hrsg.), Aus Schacht und Hütte. Ein Jahrhundert Industrie im Bild 1830-1930, Ausstellungskatalog, Recklingshausen, 1980, S.33-36

- Hinkel, Hermann, Mensch und Mensch und Arbeit im Spiegel der Malerei von 1880 bis zur Gegenwart, in: Hoesch AG (Hrsg.), Der Arbeit ewiglicher Strom, Dortmund, 1989, S.165-196

- Hinz, Sigrid (1), Caspar David Friedrich als Zeichner, in: Gemäldegalerie Neue Meister (Hrsg.), Caspar David Friedrich und sein Kreis, Ausstellung im Albertinum, Dresden, 1974, S.71-89

- Hinz, Sigrid (2) (Hrsg.), Caspar David Friedrich – Was die fühlende Seele sucht – Briefe und Bekenntnisse, Berlin, 1991

- Hochmuth, Rolf, Menzel. Maler des Lichts, Frankfurt/a.M., Leipzig, 1991

- Hoesch AG Dortmund (Hrsg.), Der Arbeit ewigwacher Strom, Dortmund, Jahresausgabe, 1989

- Hoffer, Eric, Die Angst vor dem Neuen. Freiheit als Herausforderung und Aufgabe, Hamburg, 1968

- Hoffmeister, Christine (1), Francis D. Klingender: Kunst und industrielle Revolution, in: Weimarer Beiträge, Heft 6, 1977, S.174-180

- Hoffmeister, Christine (2), Industrie als Gegenstand der Kunst, Teil I und II, in: Bildende Kunst, Berlin, 1965, S.129-134, S.250-255

- Hoffmeister, Christine (3), Industriebild und Ideologierelevanz am Beispiel von Werken Adolph Menzels, in: Wissenschaftliche Zeitschrift der Humbolt-Universität zu Berlin, Gesellschaftswissenschaftliche Reihe, Heft 1/2, 1985, S.115-120

- Hoffmeister, Christine (4), Zur Theorie und Genesis des Industriemotivs in der deutschen Malerei und Graphik, Dissertation, Berlin, 1987

- Hoffmeister, Christine (5), Werke und Wegbereiter der Industrielandschaft. Bilder Caspar David Friedrichs und ihm nahestehender Zeitgenossen, in: Caspar David Friedrich, I. Greifswalder Romantik-Konferenz, Sonderband der wissenschaftlichen Zeitschrift der Ernst-Moritz-Arndt-Universität Greifswald, Greifswald, 1974, S.75-78

- Hoffmeister, Christine (6), Industrielandschaft als Zeitaussage, in: Bildende Kunst, Berlin, 1967, S.196-200

- Hoffmeister, Christine (7), Europäische Industriegemälde zwischen Rokoko und Romantik, in: Klaus Türk (1) (Hrsg.), Arbeit und Industrie in der bildenden Kunst. Beiträge eines interdisziplinären Symposiums, Stuttgart, 1997, S.27-39

- Hofmann, Werner (1), Poesie und Prosa. Rangfragen in der neuen Kunst, in: Jahrbuch der Hamburger Kunstsammlungen, Bd. 18, Hamburg, 1973, S.173-192

- Hofmann, Werner (2), Wie deutsch ist die deutsche Kunst? Eine Streitschrift, Leipzig, 1999

- Hofmann, Werner (3), Das Irdische Paradies. Motive und Ideen des 19. Jahrhunderts, 3.Aufl., München, 1991

- Hütt, Wolfgang (1), Die Düsseldorfer Malerschule. 1819-1869, 1.Aufl., Leipzig, 1995

- Hütt, Wolfgang (2), Der kritische Realismus und die Anfänge der proletarischen Kunst in Deutschland, in: Wissenschaftliche Zeitschrift der Universität Halle, 1958, S.183-212

- Hummel, Georg, Der Maler, Johann Erdmann Hummel. Leben und Werk, Leipzig, 1954

- Jacobeit, Wolfgang, Fabrikmenschen. Vom Anfang neuer Lebensweise, in: Bock, Helmut (Hrsg.), Unzeit des Biedermeier, Köln, 1986, S.193-199

- Janke, Karl und Wagner, Monika, Das Verhältnis von Arbeiter und Maschinerie im Industriebild, Rekonstruktion einer Bilderfolge zur Schwerindustrie von Fran◊ois Bonhomme, in: Kritische Berichte, 4. Jg., Heft 5/6, Gießen, 1976, S.5-26

- Jensen, Jens Christian (1), Das Bild des Arbeiters, in: Jensen, Jens Christian (Hrsg.), Adolph Menzel – Gemälde, Gouachen, Aquarelle, Zeichnungen, Druckgraphik, Schweinfurt, 1981, S.90-95

- Jensen, Jens Christian (2) (Hrsg.), Adolph Menzel. Gemälde, Gouachen, Aquarelle, Zeichnungen, Durckgraphik, Schweinfurt, 1981, Katalogteil

- Jensen, Jens Christian (3), Caspar David Friedrich. Leben und Werk, 10. Aufl., Köln, 1995

- Jordan, Max, Menzel und die Nationalgalerie in: Lammel, Gisolde (Hrsg.), Exzellenz lassen bitten. Erinnerungen an Adolph Menzel, 1. Aufl., Leipzig, 1992, 265-271

- Kaiser, Konrad (1), Adolph Menzel. Der Maler, Stuttgart, 1965

- Kaiser, Konrad (2), Adolph Menzels Eisenwalzwerk, Berlin, 1953

- Kaiser, Konrad (3), Adolf Menzel, in: Germanisches Nationalmuseum Nürnberg (Hrsg.),

Der Frühe Realismus in Deutschland. 1800-1850, Gemälde und Zeichnungen aus der Sammlung Georg Schäfer, München, 1967, S. 107-114

- von Kalnein, Wend, (Hrsg.), Die Düsseldorfer Malerschule, Ausstellungskatalog, Düsseldorf, 1979, Katalogteil
- Karlinger, Hans, München und die Kunst des 19. Jahrhunderts, München, 1966
- Keisch, Claude und Riemann-Reyher, Marie Ursula (Hrsg.), Adoph Menzel 1815-1905. Das Labyrinth der Wirklichkeit, Ausstellungskatalog, Köln, 1996, Katalogteil
- Kleßmann, Eckart, Die deutsche Romantik, 6. Aufl., Köln, 1996
- Kern, Guido Josef, Karl Blechen. Sein Leben und seine Werke, Berlin, 1911
- Kessemeier, Siegfried (1), Einführung, in: Westfälisches Landesmuseum für Kunst und Kulturgeschichte Münster (Hrsg.), Industrie im Bild. Gemälde 1850-1950. Eine deutsche Privatsammlung, Westfalen-Lippe, 1990, S.8-11
- Kessemeier, Siegfried (2), Zur Einführung, in: Westfälisches Landesmuseum für Kunst und Kulturgeschichte Münster (Hrsg.), Industriebilder aus Westfalen. Gemälde, Aquarelle, Handzeichnungen, Druckgrafik 1800-1960, Ausstellungskatalog, Münster, 1979, S.9-10
- Klima, Arnolt, Die Entstehung der Arbeiterklasse und die Anfänge der Arbeiterbewegung in Böhmen, in: Fischer Wolfram (Hrsg.), Wirtschafts- und sozialgeschichtliche Probleme der frühen Industrialisierung, Berlin, 1968, S.434-448
- Klingender, Francis Donald, Kunst und industrielle Revolution, Dresden, 1974
- Kocka, Jürgen, Technik und Arbeitsplatz im 19. Jahrhundert, in: Buddensieg, Tilmann und Rogge, Henning (Hrsg.), Die nützlichen Künste, 1981, Berlin, S.117-121
- Kroker, Evelyn, Arbeitsplatz und Unfallverhüttung in der Industrie, in: Buddensieg, Tilmann und Rogge, Henning (Hrsg.), Die nützlichen Künste, 1981, Berlin, S.135-142
- Kulturstiftung Ruhr Essen (Hrsg.), Metropole London. Macht und Glanz einer Weltstadt 1800-1840, Recklingshausen, 1992
- Kulturwille (Hrsg.), Die Arbeit in der Bildenden Kunst, Themenheft Nr.8, Leipzig, 1925, S.153-154
- Kurze, Johannes, Die Eisenbahn in der Kunst, in: Deutsche Bundesbahn (Hrsg.), Die Eisenbahn in der Kunst, Ausstellungskatalog, Bonn, 1958, S.4-5
- Lammel, Gisold, Adolph Menzel und seine Kreise, Dresden/Basel, 1993
- Lankheit, Klaus, Revolution und Restauration 1785-1855, Köln, 1988

- Lange R., Einführung, in: Städtisches Museum Gelsenkirchen (Hrsg.), Bilder der Industrie und Arbeitswelt, Gelsenkirchen, 1985, S.1-2

- Lexikon der Kunst, Bd. 6, München, 1996

- von Löhneysen, Wolfgang Freiherr, Kunst und Kunstgeschmack von der Reichsgründung bis zur Jahrhundertwende, in: Schoeps, Hans Joachim (Hrsg.), Zeitgeist im Wandel. Das Wilhelminische Zeitalter, Stuttgart, 1967, S.87-120

- Ludwig, Horst G., Inszenierung einer Ausstellung, in: Münchner Künstlerhaus-Verein e.V. (Hrsg.), Kunst und Technik, München, 1965

- Luckhardt, Jochen, Zum Verhätnis von Landschaft und Industrie in westfälischen Ansichten des 19. Jahrhunderts, in: Westfälisches Landesmuseum für Kunst und Kulturgeschichte Münster (Hrsg.), Industriebilder aus Westfalen: Gemälde, Aquarelle, Handzeichnungen, Druckgrafik 1800-1960, Ausstellungskatalog, Münster, 1979, S.11-18

- Manchester City Art Gallery (Hrsg.), Art and the Industrial Revolution, London, 1968

- Martius, Lilli, Die Villa Borsig in Berlin Moabit, in: Der Bär von Berlin, Berlin, 1965, S.261-280

- Markowitz, Irene, Der frühe Realismus in Düsseldorf, in: Germanisches Nationalmuseum Nürnberg (Hrsg.), Der frühe Realismus in Deutschland, München, 1967, S.84-92

- Marquard, Odo, Zur Bedeutung der Theorie des Unbewussten für eine Theorie der nicht mehr schönen Kunst, in: Jauß, Hans Robert (Hrsg.), Die nicht mehr schönen Künste, München, 1968, S.375-392

- Mauel, Kurt, Zur Geschichte der Dampfmaschine, in: Buddensieg, Tilmann und Rogge, Henning (Hrsg.), Die nützlichen Künste, 1981, Berlin, S.76-82

- Maurer, Karl, Ästhetische Entgrenzung und Auflösung des Gattungsgefüges in der europäischen Romantik und Vorromantik, in: Jauß, Hans Robert (Hrsg.), Die nicht mehr schönen Künste, München, 1968, S.319-341

- Meißner, Günter, Arbeiterbewegung und bildende Kunst. Soziale Tendenzen in der deutschen bildenden Kunst der 2. Hälfte des 19. Jahrhunderts, in: Bildende Kunst, 14. Jg., 1966, S.244-249

- Motz, Sigrid-Jutta, Fabrikdarstellungen in der deutschen Malerei von 1800 bis 1850, Frankfurt/a.M., 1980

- Möller, Heino R., Carl Blechen. Romantische Malerei und Ironie, Weimar, 1995

- Mönnich, Horst, Aufbruch ins Revier. Aufbruch nach Europa, München, 1971

- Museum Georg Schäfer Schweinfurt (Hrsg.), Deutsche Romantik. Aquarelle und Zeichnungen, Ausstellungskatalog, München, London, New-York, 2000, Katalogteil

- Müller, Helmut M., Schlaglichter der deutschen Geschichte, 2., akt. u. erw. Aufl., Bonn, 1990

- Müller, Helmut M., Schlaglichter der Weltgeschichte, Bonn, 1992

- Müller-Schlösser, Heiter, Industrielle Natur, Düsseldorf, 1961

- Mumford, Levis, Kunst und Technik, Stuttgart, 1959

- Muther, Richard, Geschichte der Malerei im 19. Jahrhundert, Bd.2, München, 1893, S.258f., in: Paul Ortwin Rave, Karl Blechen, Leben, Würdigungen, Werk, Berlin, 1940, S.88-89

- National-Galerie Berlin (Hrsg.), Karl Blechen. Leben, Würdigungen, Werke, Berlin, 1940

- Neidhardt, Hans Joachim, Deutsche Malerei des 19. Jahrhunderts, 1.Aufl., Leipzig, 1990

- Nerdinger, Winfried, Zwischen Glaspalast und Maximilianeum – Aufbruch und Rückblick, in: Winfried Nerdinger (Hrsg.), Zwischen Glaspalast und Maximilianeum, Architektur in Bayern zur Zeit Maximilians II. 1848-1864, München, 1997, S.8-15

- Nerdinger, Winfried (Hrsg.), Zwischen Glaspalast und Maximilianeum, Architektur in Bayern zur Zeit Maximilians II. 1848-1864, Ausstellungskatalog, München, 1997, Katalogteil, S.112-376

- Neue Gesellschaft für bildene Kunst (Hrsg.), Englische Arbeiterkunst, Ausstellungskatalog, Berlin, 1977

- Neuhaus, Volker, Zur Darstellung von Industrie und Technik in der deutschen Literatur, in: Buddensieg, Tilmann und Rogge, Henning (Hrsg.), Die nützlichen Künste, Berlin, 1981 S.228-236

- Neumann, Eberhardt G., Einführung, in: Vereinigung westfälischer Museen (Hrsg.), Industrie-Architektur in Westfalen. Zeugen der Technikgeschichte, Ausstellungskatalog, Münster, 1975, S.4-7

- Otto, Karen, Darstellung der Arbeit in der bildenden Kunst 1830-1930, in: Arbeit und Technik gestalten, Ausstellungskatalog, Bremen, 1987, S. 56-62

- Overbeck, Gerta, Industriebilder, in: Der Wachsbogen, Heft 7/8, Hannover, 1932, S.1-2

- Paret, Peter, Berlin zu Menzels Zeit, in: Keisch, Claude und Riemann-Reyher, Marie Ursula (4) (Hrsg.), Adoph Menzel 1815-1905. Das Labyrinth der Wirklichkeit,

Ausstellungskatalog, Köln, 1996, S.369-378

- Parissien, Steven, Bahnhöfe der Welt. eine Architektur- und Kulturgeschichte, aus dem Eng. von Martin Rometsch, München, 1997

- Pfannmüller, Hans, Abschied von der Kathedrale. Kunst zwischen Religion und Technik, Wien/München, 1966

- Pfeiffer, Karl Ludwig, Kunst und Industrielle Revolution oder die Vertracktheit des Trivialen, in: Pfeiffer, Helmut et al. (Hrsg.), Art Social und Art Industriel, München, 1987, S.273-280

- Plöse, Renate, Die erste deutsche Eisenbahn. Umsturz von Raum und Zeit, in: Bock, Helmut (Hrsg.), Unzeit des Biedermeier, Köln, 1986, S.166-173

- Powell, Cecilia, William Turner in Deutschland, München, 1995

- Posener, Julius, Schinkel und die Technik. Die englische Reise, in: Buddensieg, Tilmann und Rogge, Henning (Hrsg.), Die nützlichen Künste, Berlin, 1981, S.143-153

- Rabinbach, Anson, Der Motor Mensch – Ermüdung, Energie und Technologie des menschlichen Körpers im ausgehenden 19. Jahrhundert, Die Entdeckung der Ermüdung, in: Buddensieg, Tilmann und Rogge, Henning (Hrsg.), Die nützlichen Künste, 1981, Berlin, S.129-135

- von Radziewsky, Elke, Menzel – ein Realist ?, in: Hoffmann, Werner (Hrsg.), Menzel – der Beobachter, München, 1982, S.17-30

- Rautmann, Peter (1), C.D.Friedrich. Landschaft als Sinnbild entfalteter bürgerlicher Wirklichkeitsaneignung, Frankfurt/a.M., Bern, Las Vegas, 1979

- Rautmann, Peter (2), Der Hamburger Sepiazyklus. Natur und bürgerliche Emanzipation bei Caspar David Friedrich, in: Bredekamp, Horst, Herding, Klaus, Heusinger, Lutz, Hinz, Berthold, Kemp, Wolfgang (Hrsg.), Bürgerliche Revolution und Romantik. Natur und Gesellschaft bei Caspar David Friedrich, Gießen, 1976, S.73-109

- Rave, Paul Ortwin, Menzels Eisenwalzwerk, in: Kuratorium Kunstausstellung Eisen und Stahl (Hrsg.), Kunstausstellung Eisen und Stahl, Ausstellungskatalog, Düsseldorf, 1952, S.65-73

- Ress, Franz Michael, Bauten, Denkmäler und Stiftungen deutscher Eisenhüttenleute, Düsseldorf, 1960

- Ricke-Immel, Ute, Die Düsseldorfer Genremalerei, in: von Kalnein, Wend (Hrsg.), Die Düsseldorfer Malerschule, Ausstellungskatalog, Düsseldorf, 1979, S.149-164

- Riemann-Reyher, Marie Ursula (1), Adolph von Menzel – Reiseskizzen aus

Preußen, München, 1997

- Riemann-Reyher, Marie Ursula (2), Arbeiter im Walzwerk, in: Jensen, Jens Christian (2) (Hrsg.), Adolph Menzel. Gemälde, Gouachen, Aquarelle, Zeichnungen im Museum Georg Schäfer, München, 1998, S.39-43

- Riemann-Reyher, Marie Ursula (3), Moderne Cyklopen – 100 Jahre „Eisenwalzwerk" von Adolph Menzel, Ausstellung der Staatliche Museen zu Berlin von März bis Mai 1976, Berlin, 1976

- Riemann-Reyher, Marie Ursula (4), Katalog, in: Keisch, Claude und Riemann-Reyher, Marie Ursula (Hrsg.), Adoph Menzel 1815-1905. Das Labyrinth der Wirklichkeit, Ausstellungskatalog, Köln, 1996, Katalogteil, S. 115-118; 201-205; 274-289

- Riess, Margot, Der Arbeiter in der bildenden Kunst, Jugendbücher der neuen Gesellschaft, Bd.7, Berlin, 1925

- Rosenthal, Michael, Britisch Landscape painting, Oxford, 1982

- Rothe, Friedrich, Klassenposition fortschrittlicher Maler im Vormärz. Kommentar zu Werken von Rethel, Menzel, Hübner und Hasenclever, in: Neue Gesellschaft für Bildende Kunst Berlin (Hrsg.), Kunst der bürgerlichen Revolution von 1830 bis 1848/49, 3., verbesserte Aufl., Berlin, 1973, S.144-150

- Roters, Eberhard, Malerei des 19. Jahrhunderts. Themen und Motive, Bd. I., Köln, 1998

- Rübberdt, Rudolf, Geschichte der Industrialisierung. Wirtschaft und Gesellschaft auf dem Weg in unsere Zeit, München, 1972

- Rüdiger, Wilhelm, Kunst und Technik, München, 1941

- Salewski, Wilhelm (1), Alte Eisenwerke in Schlesien und Mähren, Essen, 1962

- Salewski, Wilhelm (2), Das Eisen in der Kunst (3 Bildmappen mit Begleittexten), Düsseldorf, 1958

- Salewski, Wilhelm (3), Eisenindustrielle als Förderer der Kunst, in: Kuratorium Kunstausstellung Eisen und Stahl (Hrsg.), Kunstausstellung Eisen und Stahl, Ausstellungskatalog, Düsseldorf, 1952, S.25-35

- Salewski, Wilhelm (4), Kunst und Eisen, in: Westermanns Monatshefte, 93. Jg, Heft 7, 1952/53, S.20-24

- Salewski, Wilhelm (5), Mitteldeutsche Eisenwerke in alter Zeit, Essen, 1965

- Salzmann, Siegfried (1), Industrialisierung in der Malerei des 19. Jahrhunderts, in: Schmacke, Ernst, Industriebilder. Gemälde einer Epoche, Münster, 1994, S.9-17

- Salzmann, Siegfried (2), Einleitung, in: Wilhelm-Lehmbruck-Museum der Stadt Duisburg (Hrsg.), Industrie und Technik in der deutschen Malerei von Romantik zur Gegenwart, Ausstellungskatalog, Duisburg, 1969, S.9-11

- Schadewaldt, Wolfgang, Natur, Technik und Kunst. Drei Beiträge zum Selbstverständnis der Technik in unserer Zeit, Wiesbaden, Berlin, 1958

- Schadendorf, Wulf, Das Jahrhundert der Eisenbahn, München, 1965

- Schäfer, Peter (Hrsg.), Deutsche Malerei im 19. Jahrhundert, Ausstellung der Sammlung Georg Schäfer im Germanischen National Museum, Ausstellungskatalog, Nürnberg, 1977

- Schenk-Sorge, Jutta, Neapel sehen und ... malen! Eine italienische Reise, in: Schuster, Peter-Klaus (Hrsg.), Carl Blechen. Zwischen Romantik und Realismus, Ausstellungskatalog, München, 1990, S.39-43

- Schivelbusch, Wolfgang, Geschichte der Eisenbahnreise. Zur Industrialisierung von Raum und Zeit im 19. Jahrhundert, Frankfurt/a.M., 2000

- Schmacke, Ernst, Gemälde als Dokumente der Zeitgeschichte, in: Schmacke, Ernst (Hrsg.), Industriebilder. Gemälder einer Epoche, Münster, 1994, S.26-30

- Schmidt, Diether, Streik als Bildmotiv im 19. Jahrhundert, in: Bildende Kunst, 5. Jg., 1957, S.172-177

- Schmidt, J. Heinrich, Ein Skizzenbuch des jungen Alfred Rethel, Düsseldorf, 1940

- Schmidt, R.W., Die Technik in der Kunst, Stuttgart, 1922

- Schmidt, Werner, Verzeichnis und Erläuterungen, in: National-Galerie Berlin (Hrsg.), Adolph Menzel. Zeichnungen, Berlin, 1955, S.17-191

- Schmücker, Hedwig, Das Industriemotiv in der deutschen Malerei des 19. und 20. Jahrhunderts, Emsdetten, 1930

- Schneider, Karl Ludwig, Die alte und die neue Zeit. Bauwerke als Sinnbilder des Epochengegensatzes in Texten von Wilhelm Raabe, Max Kretzer und Stefan George, in: Buddensieg, Tilmann und Rogge, Henning (Hrsg.), Die nützlichen Künste, 1981, Berlin, S.67-70

- Schneider, Norbert, Natur und Religiosität in der deutschen Frühromantik – Zu Caspar David Friedrichs „Tetschener Altar“, in: Bredekamp, Horst, Herding, Klaus, Heusinger, Lutz, Hinz, Berthold, Kemp, Wolfgang (Hrsg.), Bürgerliche Revolution und Romantik. Natur und Gesellschaft bei Caspar David Friedrich, Gießen, 1976, S.111-143

- Schrenk, Klaus, Industriedarstellungen in der Mitte des 19. Jahrhunderts und Aspekte ihres gesellschaftlichen Charakter, in: Kritische Berichte, Heft 5/6, Gießen, 1975, S.13-31

- Schröder, Anneliese, Zur Ausstellung, in: Ruhrfestspiele Recklingshausen (Hrsg.), Aus Schacht und Hütte. Ein Jahrhundert Industriearbeit im Bild 1830-1930, Ausstellungskatalog, Recklingshausen, 1980, S.1-5

- Schuster, Peter-Klaus (1), Vielfalt und Brüche, in: Schuster, Peter-Klaus (Hrsg.), Carl Blechen. Zwischen Romantik und Realismus, Ausstellungskatalog, München, 1990, S.9-26

- Schuster, Peter-Klaus (2), Die Faszination der Wirklichkeit, in: Schuster, Peter-Klaus (Hrsg.), Carl Blechen. Zwischen Romantik und Realismus, Ausstellungskatalog, München, 1990, S.255-258

- Schuster, Peter-Klaus (3), Gemälde, in: Schuster, Peter-Klaus (Hrsg.), Carl Blechen. Zwischen Romantik und Realismus, Ausstellungskatalog, München, 1990, Katalogteil

- Schwarze, Wolfgang, Romantische Reise durch den historischen Deutschen Osten, Wuppertal, 1975

- Seifert, Alwin, Technik in der Landschaft, in: Bayerische Akademie der schönen Künste (Hrsg.), Mensch und Landschaft im technischen Zeitalter, Oldenburg/München, 1966, S.71-92

- Seiler, Michael, Die königliche Pfaueninsel. Muster einer ländliche Parkanlage, in: Plessen, Marie-Louise (Hrsg.), Berlin durch die Blume oder Kraut und Rüben. Gartenkunst in Berlin-Brandenburg, Berlin, 1985, S.110-124

- Semper, Gottfried, Vorschläge zur Anregung nationalen Kunstgefühls. Bei dem Schlusse der Londoner Industrie-Ausstellung. Wissenschaft, Industrie und Kunst, Braunschweig, 1852

- Semrau, Jens, Geschichte der Lokomotive. Zu Paul Meyerheims Wandbildzyklus – Ein bürgerliches Gesellschaftsmodell der 1870er Jahre, in: Bildende Kunst, 1987, S.213-216

- Slotta, Rainer und Bartels, Christoph, Einführung, in: Deutsches Bergbau-Museum (Hrsg.), Meisterwerke bergbaulicher Kunst, Ausstellungskatalog, Bochum, 1990, S.26-47

- Soiné, Knut (1), Johann Peter Hasenclever. Ein Maler im Vormärz, Neustadt/Aisch, 1990

- Soiné, Knut (2), „Der Abschied des Bürgerwehrmannes" 1848. Eine unbekannte Ölskizze Johann Peter Hasenclever, in: Romerike Berge, Zeitschrift für das Bergische Land, 44. Jg., Heft 3, 1994, S.34-39

- von Specht, Agnete (Hrsg.), Streik - Realität und Mythos, Berlin, 1992

- Springer, August, Arbeiter und Kunst, Stuttgart, 1911

- Staatliche Museen zu Berlin, National Gallery (Hrsg.), Karl Blechen.1798-1840. Ölskizzen, Aquarelle, Sepiablätter, Zeichnungen, Entwürfe, Ausstellungskatalog, Berlin, 1973, Katalogteil

- Staatliche Schlösser und Gärten Potsdam-Sanssouci (Hrsg.), Berliner Biedermeier. Malerei und Grafik aus den Sammlungen der Staatlichen Schlösser und Gärten Potsdam-Sanssouci, Ausstellungskatalog, Potsdam, 1973, S.5-6

- Städtisches Museum Gelsenkirschen (Hrsg.), Bilder der Industrie- und Arbeitswelt. Malerei und Grafik, Ausstellungskatalog, Gelsenkirschen, 1985, Katalogteil

- Starke, Hans, Geleitwort, in: Gemäldegalerie Neue Meister (Hrsg.), Caspar David Friedrich und sein Kreis, Ausstellung im Albertinum, Dresden, 1974, S.5

- Strzelewicz, Willy, Industrialisierung und Demokratisierung der modernen Gesellschaft, Hannover, 1958

- Stürmer, Michael, Höfische Kultur in Alteuropa: Die Erbe an die Industrie-Wirtschaft, in: Tilmann Buddensieg und Henning Rogge (Hrsg.), Die nützlichen Künste, Berlin, 1981, S.42-46

- Sumowski, Werner, Gotische Dome bei Caspar David Friedrich, in: Germanisches Nationalmuseum Nürnberg (Hrsg.), Klassizismus und Romantik. Gemälde und Zeichnungen aus der Sammlung Georg Schäfer, Ausstellungskatalog, München, 1966, S.39-42

- Trier, Eduard (1), Der Mensch an der Maschine. Bemerkungen zu einer Ikonographie von Industriemotiven in der bildenden Kunst des 20.Jahrhunderts, in: Jahresring 78-79, Vorwurf Industrie, Stuttgart, 1978, S.31-45

- Trier, Eduard (2), Der Bergbau im Bild des industriellen Zeitalters, in: Winkelmann, Heinrich (Hrsg.), Der Bergbau in der Kunst, Essen, 1958, S.325-446

- Tunn, Manfred, Anbruch des Industriezeitalters. Maschinen revolutionieren Produktivkräfte, in: Bock, Helmut (Hrsg.), Unzeit des Biedermeier, Köln, 1986, S.128-135

- Türk, Klaus (1) (Hrsg.), Arbeit und Industrie in der bildenden Kunst. Beiträge eines interdisziplinären Symposiums, Stuttgart, 1997

- Türk, Klaus (2) (Hrsg.), Bilder der Arbeit. Malerei Graphik Skulptur, Ausstellungskatalog der Universität Trier / Bundesanstalt für Arbeitsschutz, Trier/Dortmund, 1990

- Türk, Klaus (3), Bilder der Arbeit. Menschliche Arbeit in der bildenden Kunst des 19. und 20. Jahrhunderts. Diaserie mit Begleitheft, Köln, 1989

- Türk, Klaus (4), Bilder der Arbeiter. Eine ikonographische Anthologie, Wiesbaden, 2000

- Ullrich, Ferdinand, Zur Darstellung industrieller Wirklichkeit in der Malerei des 19. Jahrhunderts, in: Westfälisches Landesmuseum für Kunst und Kulturgeschichte Münster (Hrsg.), Industriebilder aus Westfalen. Gemälde, Aquarelle, Handzeichnungen, Druckgrafik 1800 – 1960, Ausstellungskatalog, Münster, 1979, S.19-35

- Ullrich, Ruth-Maria, Pflanzenhäuser aus Glas und Eisen – ein technisches, architektonisches und gesellschaftliches Phänomen des 19.Jahrhunderts, in: Buddensieg, Tilmann und Rogge, Henning (Hrsg.), Die nützlichen Künste, 1981, Berlin, S.154-163

- Valentin, Veit, Über Kunst, Künstler und Kunstwerke, Frankfurt a.M., 1889

- Vereinigung westfälischer Museen (Hrsg.), Industrie-Architektur in Westfalen, Zeugen der Technikgeschichte, Ausstellungskatalog, Münster, 1975, Katalogteil

- Vorsteher, Dieter (1), Ein Industriebild zwischen „Jubelfeier" und Revolution, in: Kritische Berichte, 8 (Heft 4/5), Gießen, 1980, S. 35-48

- Vorsteher, Dieter (2), Das Industriebild als Auftrag zwischen Vormärz und Gründerzeit, in: Sabine Beneke und Hans Ottomeyer (Hrsg.), Die zweite Schöpfung. Bilder der industriellen Welt vom 18. Jahrhundert bis in die Gegenwart, Berlin, 2002, S. 66-71

- Vorsteher, Dieter (3), Borsig. Eisengießerei und Maschinenbauanstalt zu Berlin, Berlin, 1983

- Wagner, Monika, Industrielandschaft in der englischen Malerei, Frankfurt/M., Bern, Las Vegas, 1979

- Waldstein, Agnes, Das Industriebild. Vom Werden einer neuen Kunst, Berlin, 1929

- Warner, Malcolm u.a. (Hrsg.), The victorians. Britisch Painting 1837-1901, National Gallery of Art, Ausstellungskatalog, Washington, 1996

- Weber, Wolfhard, Soziale Konsequenzen der Industrialisierung, in: Buddensieg, Tilmann und Rogge, Henning (Hrsg.), Die nützlichen Künste, 1981, Berlin, S.108-112

- Weinhold, Renate, Menzel und die Eisenbahn. Die Eisenbahn als Motiv als Motiv der Malerei, Dissertation, Leipzig, 1956

- Westfälisches Landesmuseum für Kunst und Kulturgeschichte (Hrsg.), Industriebilder aus Westfalen. Gemälde, Aquarell, Handzeichnungen, Druckgrafik 1800-1960, Ausstellungskatalog, Münster, 1979, Katalogteil

- Westfälisches Landesmuseum für Kunst und Kulturgeschichte (Hrsg.), Das malerische und romantische Westfalen. Aspekte eines Buches, Ausstellungskatalog, Münster, 1974, Katalogteil

- Whyte, Ian Boyd, Das Erhabene, in: Vitali, Christoph (Hrsg.), Ernste Spiele. Der Geist der

Romantik in der deutschen Kunst 1770-1990, Stuttgart, 1995, S.573-580

- Welter, Erich, Der Weg der deutschen Industrie, Frankfurt/a.M., 1943

- Weyergraf, Bernd und Braunbehrens, Volkmar, Deutsche Bourgeosie, ökonomisches Wachstum und Industrielle Revolution, in: Kunst der bürgerlichen Revolution 1830-1848/49, Neue Gesellschaft für bildende Kunst, Berlin, 1972, S.159-167

- Wichmann, Siegfried, Die Gruppe der Mondnachtbilder Caspar David Friedrich, in: Germanisches Nationalmuseum Nürnberg (Hrsg.), Klassizismus und Romantik in Deutschland. Gemälde und Zeichnungen aus der Sammlung Georg Schäfer, Ausstellungskatalog, München, 1966, S.43-45

- Wilhelm-Kästner, K., Einführung, in: Folkwang-Museum (Hrsg.), Kunst und Technik, Ausstellung anläßlich der Tagung des Vereins Deutscher Ingenieure, 8. Juni bis 22. Juli 1928, Folkwang-Museum Essen, 1928, S.8-12

- Wilhelm-Lehmbruck-Museum (Hrsg.), Industrie und Technik in der deutschen Malerei von der Romantik bis zur Gegenwart, Ausstellungskatalog, Duisburg, 1969, Katalogteil

- Winkelmann, Heinrich, Der Bergbau in der Kunst, Essen, 1958

- Winklbauer, Andrea, Sturm, Dampf, Licht. Über Turners Landschaftswahrnehmung, in: Brown, David Blayney, Schröder, Klaus Albrecht (Hrsg.), Joseph Mallord William Turner, München/New York, 1997, S.95-100

- Wirth, Irmgard, Berliner Malerei im 19. Jahrhundert. Von der Zeit Friedrichs des Großen bis zum Ersten Weltkrieg, Berlin, 1990

Abbildungsverzeichnis

Abb.1: Lucas van Valckenborch, Gebirgslandschaft mit Berg- und Hüttenwerk (ca. 1590), aus: Klaus Türk (4), Bilder der Arbeiter. Eine ikonographische Anthologie, Wiesbaden, 2000

Abb.2: Harraton Hall und die Kohleverladeplätze am Wear-Fluß – Detail (1680), aus: Francis Donald Klingender, Kunst und industrielle Revolution, Dresden, 1974

Abb.3: Francis Vivares, Ansicht der oberen Werke in Coalbrookdale (1758), aus: Francis Donald Klingender, Kunst und industrielle Revolution, Dresden, 1974

Abb.4: George Robertson, Brücke in Coalbrookdale (Schönheiten des Tales) (1788), aus: Francis Donald Klingender, Kunst und industrielle Revolution, Dresden, 1974

Abb.5: George Robertson, Eisenhütte (Schrecken des Tales) (1788), aus: Francis Donald Klingender, Kunst und industrielle Revolution, Dresden, 1974

Abb.6: John Martin, Das Eisenbergwerk in Dannemora (1809), aus: Francis Donald Klingender, Kunst und industrielle Revolution, Dresden, 1974

Abb.7: John Martin, Hoch auf königlichem Throne (aus: Illustrationen zum Verlorenen Paradies) (1825), aus: Francis Donald Klingender, Kunst und industrielle Revolution, Dresden, 1974

Abb.8: John Martin, Am Rande des Chaos (aus: Illustrationen zum Verlorenen Paradies) (1826), aus: Francis Donald Klingender, Kunst und industrielle Revolution, Dresden, 1974

Abb.9: John Martin, Der Höllenschlund (aus: Illustrationen zum Verlorenen Paradies) (1826), aus: Francis Donald Klingender, Kunst und industrielle Revolution, Dresden, 1974

Abb.10: Philippe Jaques de Loutherbourg, Eisenwerke in Coalbrookdale (1805), aus: Sabine Beneke und Hans Ottomeyer (Hrsg.), Die zweite Schöpfung. Bilder der industriellen Welt vom 18. Jahrhundert bis in die Gegenwart, Berlin, 2002, Katalogteil

Abb.11: Philippe Jaques de Loutherbourg, Coalbrookdale in der Nacht (1801), aus: Klaus Türk (4), Bilder der Arbeiter. Eine ikonographische Anthologie, Wiesbaden, 2000

Abb.12: Joseph Mallord William Turner, New Castle am Tyne (1823), aus: Francis Donald Klingender, Kunst und industrielle Revolution, Dresden, 1974

Abb.13: Joseph Mallord William Turner, Staffa, Fingals-Höhle (1832), aus: Michael Bockemühl, J.M.W. Turner 1775-1851. Die Welt des Lichtes und der

Farbe, Köln, 1991

Abb.14: Joseph Mallord William Turner, Regen, Dampf und Geschwindigkeit – Die große Westeisenbahn (1844),
aus: Michael Bockemühl, J.M.W. Turner 1775-1851. Die Welt des Lichtes und der Farbe, Köln, 1991

Abb.15: Joseph Wright of Derby, Die Schmiedewerkstatt (1771-72),
aus: Francis Donald Klingender, Kunst und industrielle Revolution, Dresden, 1974

Abb.16: Joseph Wright of Derby, Eine Eisenhütte (1773),
aus: Francis Donald Klingender, Kunst und industrielle Revolution, Dresden, 1974

Abb.17: Joseph Wright of Derby, Arkwrights, Baumwollspinnerei (1773),
aus: Sabine Beneke und Hans Ottomeyer (Hrsg.), Die zweite Schöpfung. Bilder der industriellen Welt vom 18. Jahrhundert bis in die Gegenwart, Berlin, 2002, Katalogteil

Abb.18: Adolph von Menzel, Eisenwalzwerk (1875),
aus: Klaus Türk (4), Bilder der Arbeiter. Eine ikonographische Anthologie, Wiesbaden, 2000

Abb.19: J. Baumhauer, Eisenbahn bei Nacht (Nächtliche Fahrt der „Adler")
aus: Sabine Beneke und Hans Ottomeyer (Hrsg.), Die zweite Schöpfung. Bilder der industriellen Welt vom 18. Jahrhundert bis in die Gegenwart, Berlin, 2002, Katalogteil

Abb.20: Adolph von Menzel, Berlin-Potsdamer Eisenbahn (1847),
aus: Rolf Hochmuth, Menzel. Maler des Lichts, Frankfurt/a.M., Leipzig, 1991

Abb.21: William Bell Scott, Eisen und Stahl (1861),
aus: Klaus Türk (4), Bilder der Arbeiter. Eine ikonographische Anthologie, Wiesbaden, 2000

Abb.22: Johann Kaspar Rick, Spinnerei Juchen der Textilwerke Herrburger und Rhomberg (ca. 1850),
aus: Christoph Bertsch (1), Das Industriebild in der Malerei der ersten Hälfte des 19. Jahrhunderts am Beispiel eines Gemäldes von J.K. Rick, in: Alte und moderne Kunst, 26. Jg., 1981, S.29-32

Abb.23: M. Jehly, Spinnerei Brunnental (1831),
aus: Christoph Bertsch (2), Industrielle Revolution in der Bildenden Kunst des 19. Jahrhunderts, in: Guderian, Dietmar (Hrsg.), Technik und Kunst, Düsseldorf, 1994, S.233-261

Abb.24: Wilhelm Joseph Heine, Gottesdienst in der Zuchthauskirche (1837),
aus: Wolfgang Hütt (1), Die Düsseldorfer Malerschule. 1819-1869, 1.Aufl., Leipzig,

1995

Abb.25: Karl Wilhelm Hübner, Die schlesischen Weber (1844),
aus: Wolfgang Hütt (1), Die Düsseldorfer Malerschule. 1819-1869, 1.Aufl., Leipzig, 1995

Abb.26: Johann Peter Hasenclever, Ein Magistrat aus dem Jahre 1848 – Version 2 (1848-49),
aus: Wolfgang Hütt (1), Die Düsseldorfer Malerschule. 1819-1869, 1.Aufl., Leipzig, 1995

Abb.27: Caspar David Friedrich, Die Glashütte in Döhlen (Potschappel) (1802-03),
aus: Museum Georg Schäfer Schweinfurt (Hrsg.), Deutsche Romantik. Aquarelle und Zeichnungen, Ausstellungskatalog, München, London, New-York, 2000, Katalogteil

Abb.28: Carl Blechen, Walzwerk bei Neustadt-Eberswalde (1834),
aus: Klaus Türk (4), Bilder der Arbeiter. Eine ikonographische Anthologie, Wiesbaden, 2000

Abb.29: Alfred Rethel, Harkortsche Fabrik auf Burg Wetter (1834),
aus: Klaus Türk (4), Bilder der Arbeiter. Eine ikonographische Anthologie, Wiesbaden, 2000

Abb.30: Pehr Hilleström Besuch in einem Hammerwerk deutscher Art (1781),
aus: Klaus Türk (4), Bilder der Arbeiter. Eine ikonographische Anthologie, Wiesbaden, 2000

Abb.31: Léonard Défrance, Besuch in einer Tabakmanufaktur (ca. 1780),
aus: Klaus Türk (4), Bilder der Arbeiter. Eine ikonographische Anthologie, Wiesbaden, 2000

Abb.32: Léonard Défrance, Die Steinkohlenzeche (1778),
aus: Klaus Türk (4), Bilder der Arbeiter. Eine ikonographische Anthologie, Wiesbaden, 2000

Abb.33: Pehr Hilleström, Gichtbühne eines Hochofens in Berkinge bei Forsmarks Bruk (1792),
aus: Klaus Türk (4), Bilder der Arbeiter. Eine ikonographische Anthologie, Wiesbaden, 2000

Abb.34: Pehr Hilleström, Ankerschmiede von Söderfors (1782),
aus: Klaus Türk (4), Bilder der Arbeiter. Eine ikonographische Anthologie, Wiesbaden, 2000

Abb.35: J.W. Wallander, Herrschaftlicher Besuch in der Stahlstäbeschmiede von Forsmarks Bruk (1869),
aus: Klaus Türk (4), Bilder der Arbeiter. Eine ikonographische Anthologie,

Wiesbaden, 2000

Abb.36: Pehr Hilleström, Festmahl in der Grube (1788),
aus: Klaus Türk (4), Bilder der Arbeiter. Eine ikonographische Anthologie, Wiesbaden, 2000

Abb.37: Friedrich Weber, Kgl.-Württembergische Eisenschmelze zu Heidenheim (1805),
aus: Rolf Fritz (2) (Hrsg.), Das Bild der deutschen Industrie 1800-1850, Ausstellung veranstaltet mit Unterstützung des Bundesverbandes der Deutschen Industrie e.V., Schloß Cappenberg, 15. Mai - 20. Juli 1958

Abb.38: Léonard Défrance, Interieur einer Gießerei (ca. 1790),
aus: Klaus Türk (4), Bilder der Arbeiter. Eine ikonographische Anthologie, Wiesbaden, 2000

Abb.39: Léonard Défrance, Interieur eines Hammerwerkes (ca. 1780),
aus: Klaus Türk (4), Bilder der Arbeiter. Eine ikonographische Anthologie, Wiesbaden, 2000

Abb.40: Joseph Mallord William Turner, Die Eisenhütte von Quint (1839),
aus: Cecilia Powell, William Turner in Deutschland, München, 1995

Abb.41: Julius Cesar Ibbetson, Kupfermine Parys bei Menai (1792),
aus: Francis Donald Klingender, Kunst und industrielle Revolution, Dresden, 1974

Abb.42: Julius Cesar Ibbetson, Cyfarthfa-Eisenhütte in Methyr Tydfil (1795),
aus: Francis Donald Klingender, Kunst und industrielle Revolution, Dresden, 1974

Abb.43: James Williams Muller, Ankerschmiede (ca. 1860),
aus: Klaus Türk (4), Bilder der Arbeiter. Eine ikonographische Anthologie, Wiesbaden, 2000

Abb.44: François Bonhommé, Les Usines du Creusot en 1855 (1855),
aus: Klaus Türk (4), Bilder der Arbeiter. Eine ikonographische Anthologie, Wiesbaden, 2000

Abb.45: François Bonhommé, Coulee de fonte au Creusot (1864),
aus: Klaus Türk (4), Bilder der Arbeiter. Eine ikonographische Anthologie, Wiesbaden, 2000

Abb.46: François Bonhommé, Einfahrt französischer Bergleute bei Creusot (1854),
aus: Klaus Türk (4), Bilder der Arbeiter. Eine ikonographische Anthologie, Wiesbaden, 2000

Abb.47: François Bonhommé, Montchanin (1860),
aus: Klaus Türk (4), Bilder der Arbeiter. Eine ikonographische Anthologie, Wiesbaden, 2000

Abb.48: François Bonhommé, Forgeage au marteau-pilon dans les ateliers d'Indret de l'arbre counde d' une fregate de 600 cv (Schmieden einer Schiffskurbelwelle) (1865),
aus: Klaus Türk (4), Bilder der Arbeiter. Eine ikonographische Anthologie, Wiesbaden, 2000

Abb.49: Joseph Wright of Derby, Ausbruch des Vesuvs (1774),
aus: Oskar Bätschmann, Entfernung der Natur – Landschaftsmalerei 1750-1920, Köln, 1989

Abb.50: John Sell Cotman, Hochofen in Bedlam (1802),
aus: Sabine Beneke und Hans Ottomeyer (Hrsg.), Die zweite Schöpfung. Bilder der industriellen Welt vom 18. Jahrhundert bis in die Gegenwart, Berlin, 2002, Katalogteil

Abb.51: Thomas Honor, Walzwerk in Merthyr Tydfil (1817),
aus: Sabine Beneke und Hans Ottomeyer (Hrsg.), Die zweite Schöpfung. Bilder der industriellen Welt vom 18. Jahrhundert bis in die Gegenwart, Berlin, 2002, Katalogteil

Abb.52: Louis Krevel, Heinrich Kraemer vor der Eisenhütte Quint (1838),
aus: Rolf Fritz (2) (Hrsg.), Das Bild der deutschen Industrie 1800-1850, Ausstellung veranstaltet mit Unterstützung des Bundesverbandes der Deutschen Industrie e.V., Schloß Cappenberg, 15. Mai - 20. Juli 1958

Abb.53: Louis Krevel, Henriette Kraemer vor der Eisenhütte Quint (1838),
aus: Christoph Bertsch (2), Industrielle Revolution in der Bildenden Kunst des 19. Jahrhunderts, in: Guderian, Dietmar (Hrsg.), Technik und Kunst, Düsseldorf, 1994, S.233-261

Abb.54: Louis Krevel, Fritz Kraemer und seine Familie vor der Eisenhütte in St. Ingbert – Ausschnitt (1838),
aus: Rolf Fritz (2) (Hrsg.), Das Bild der deutschen Industrie 1800-1850, Ausstellung veranstaltet mit Unterstützung des Bundesverbandes der Deutschen Industrie e.V., Schloß Cappenberg, 15. Mai - 20. Juli 1958

Abb.55: J. Raffelt, In der Gießerei (1837),
aus: Klaus Schrenk, Industriedarstellungen in der Mitte des 19. Jahrhunderts und Aspekte ihres gesellschaftlichen Charakter, in: Kritische Berichte, Heft 5/6, Gießen, 1975, S.13-31

Abb.56: J. Raffelt, Inneres der Stahlgießerei Fischer (1845),
aus: Klaus Schrenk, Industriedarstellungen in der Mitte des 19. Jahrhunderts und Aspekte ihres gesellschaftlichen Charakter, in: Kritische Berichte, Heft 5/6, Gießen, 1975, S.13-31

Abb.57: Carl Schütz, Lendersdorfer Walzwerk bei Düren (1838), aus: Sabine Beneke und Hans Ottomeyer (Hrsg.), Die zweite Schöpfung. Bilder der industriellen Welt vom 18. Jahrhundert bis in die Gegenwart, Berlin, 2002, Katalogteil

Abb.58: Carl Schütz, Die Kaisermühle in Düren (ca. 1830), aus: Rolf Fritz (2) (Hrsg.), Das Bild der deutschen Industrie 1800-1850, Ausstellung veranstaltet mit Unterstützung des Bundesverbandes der Deutschen Industrie e.V., Schloß Cappenberg, 15. Mai - 20. Juli 1958

Abb.59: Caspar David Friedrich, Die Königsmühle im Plauenschen Grund (1802-03), aus: Museum Georg Schäfer Schweinfurt (Hrsg.), Deutsche Romantik. Aquarelle und Zeichnungen, Ausstellungskatalog, München, London, New-York, 2000, Katalogteil

Abb.60: Caspar David Friedrich, Die Pulvermühle im Plauenschen Grund (1802-03), aus: Christine Hoffmeister, Werke und Wegbereiter der Industrielandschaft. Bilder Caspar David Friedrichs und ihm nahestehender Zeitgenossen, Gärtner, Hannelore (Hrsg.), Caspar David Friedrich. Leben – Werk – Diskussion, Berlin, 1977, S.174-178

Abb.61: Caspar David Friedrich, Die Neumühle im Plauenschen Grund (1802-03), aus: Museum Georg Schäfer Schweinfurt (Hrsg.), Deutsche Romantik. Aquarelle und Zeichnungen, Ausstellungskatalog, München, London, New-York, 2000, Katalogteil

Abb.62: Carl Blechen, Messingwerk bei Eberswalde – Skizze (nach 1830), aus: Peter-Klaus Schuster (3), Gemälde, in: Schuster, Peter-Klaus (Hrsg.), Carl Blechen. Zwischen Romantik und Realismus, Ausstellungskatalog, München, 1990, Katalogteil

Abb.63: Carl Blechen, Eisenspalterei bei Eberswalde – Skizze (nach 1830), aus: Gertrud Heider, Carl Blechen, Leipzig, 1970

Abb.64: Carl Blechen, Fabrikanlage am Wasser – Skizze (nach 1830), aus: Irma Emmrich, Carl Blechen, München, 1989

Abb.65: Carl Blechen, Walzwerk-Skizzen (1) (1834), aus: Irma Emmrich, Carl Blechen, München, 1989

Abb.66: Carl Blechen, Walzwerk-Skizzen (2) (1834), aus: Irma Emmrich,, Carl Blechen, München, 1989

Abb.67: Andreas Achenbach, Neusser Hütte (1860), aus: Sabine Beneke und Hans Ottomeyer (Hrsg.), Die zweite Schöpfung. Bilder der industriellen Welt vom 18. Jahrhundert bis in die Gegenwart, Berlin, 2002, Katalogteil

Abb.68: Andreas Achenbach, Westfälische Mühle (1869),
aus: Wolfgang Hütt (1), Die Düsseldorfer Malerschule. 1819-1869, 1.Aufl., Leipzig, 1995

Abb.69: E.W. Knippel, Hüttenplatz von Henrikow (ca. 1850),
aus: Klaus Türk (4), Bilder der Arbeiter. Eine ikonographische Anthologie, Wiesbaden, 2000

Abb.70: E.W. Knippel, Coak-Platz zu Könighütte (undatiert),
aus: Rolf Fritz (2) (Hrsg.), Das Bild der deutschen Industrie 1800-1850, Ausstellung veranstaltet mit Unterstützung des Bundesverbandes der Deutschen Industrie e.V., Schloß Cappenberg, 15. Mai - 20. Juli 1958

Abb.71: Eduard Biermann, Borsigsche Werkstatt am Oranienburger Tor 1847 (1847),
aus: Dieter Vorsteher (2), Das Industriebild als Auftrag zwischen Vormärz und Gründerzeit, in: Sabine Beneke und Hans Ottomeyer (Hrsg.), Die zweite Schöpfung. Bilder der industriellen Welt vom 18. Jahrhundert bis in die Gegenwart, Berlin, 2002, S. 66-71

Abb.72: Eduard Biermann, Borsig's Maschinenbau-Anstalt zu Berlin (1847),
aus: Sabine Beneke und Hans Ottomeyer (Hrsg.), Die zweite Schöpfung. Bilder der industriellen Welt vom 18. Jahrhundert bis in die Gegenwart, Berlin, 2002, Katalogteil

Abb.73: Alfred Rethel, Harkortsche Fabrik auf Burg Wetter – Vorzeichnung (1831),
aus: Klaus Türk (4), Bilder der Arbeiter. Eine ikonographische Anthologie, Wiesbaden, 2000

Abb.74: Alfred Rethel, Burghof auf Burg Wetter – Skizze (1831),
aus: Rolf Fritz (5), Ein unbekanntes Jugendwerk von Alfred Rethel, in: Wallraf-Richartz-Jahrbuch XX, 1958, S.213-224

Abb.75: Eugen Napoleon, Neureuther Maschinenfabrik Klett + Co (1858),
aus: Klaus Türk (4), Bilder der Arbeiter. Eine ikonographische Anthologie, Wiesbaden, 2000

Abb.76: Adolph von Menzel, Gedenkblatt zum 50-jährigen Bestehen der Firma C. Heckmann (1869),
aus: Klaus Türk (4), Bilder der Arbeiter. Eine ikonographische Anthologie, Wiesbaden, 2000

Abb.77: Johann Erdmann Hummel, Das Schleifen der Granitschale (1831),
aus: Schuster, Peter-Klaus (2), Die Faszination der Wirklichkeit, in: Schuster, Peter-Klaus (Hrsg.), Carl Blechen. Zwischen Romantik und Realismus, Ausstellungskatalog, München, 1990, S.255-258

Abb.78: Paul Meyerheim, Gewinnung des Erzes (Zyklus - Geschichte der Lokomotive)

(ca. 1874),
aus: Klaus Türk (4), Bilder der Arbeiter. Eine ikonographische Anthologie, Wiesbaden, 2000

Abb.79: Paul Meyerheim, Hochofenabstrich (Zyklus – Geschichte der Lokomotive) (1874), aus: Klaus Türk (4), Bilder der Arbeiter. Eine ikonographische Anthologie, Wiesbaden, 2000

Abb.80: Paul Meyerheim, Maschinenfabrik (Zyklus – Geschichte der Lokomotive) (1873), aus: Klaus Türk (4), Bilder der Arbeiter. Eine ikonographische Anthologie, Wiesbaden, 2000

Abb.81: Paul Meyerheim, Vollendung der Lokomotive (Zyklus – Geschichte der Lokomotive) (ca. 1873),
aus: Klaus Türk (4), Bilder der Arbeiter. Eine ikonographische Anthologie, Wiesbaden, 2000

Abb.82: Paul Meyerheim, Die Postkutsche (Eisenbahnbrücke über den Rhein bei Ehrenbreitstein) (Zyklus – Geschichte der Lokomotive) (1875),
aus: Klaus Türk (4), Bilder der Arbeiter. Eine ikonographische Anthologie, Wiesbaden, 2000

Abb.83: Paul Meyerheim, Welthandel (Zyklus – Geschichte der Lokomotive) (1876), aus: Klaus Türk (4), Bilder der Arbeiter. Eine ikonographische Anthologie, Wiesbaden, 2000

Abb.84: Paul Meyerheim, Familienbild (Zyklus – Geschichte der Lokomotive) (1873-76), aus: Dieter Vorsteher (2), Das Industriebild als Auftrag zwischen Vormärz und Gründerzeit, in: Sabine Beneke und Hans Ottomeyer (Hrsg.), Die zweite Schöpfung. Bilder der industriellen Welt vom 18. Jahrhundert bis in die Gegenwart, Berlin, 2002, S. 66-71

Abb.85: Krupp-Werbeplakat mit Ansichten der Gußstahlfabriken Essen (1857), aus: Klaus Türk (4), Bilder der Arbeiter. Eine ikonographische Anthologie, Wiesbaden, 2000

Abb.86: Borsig – Gartenhalle,
aus: Klaus Türk (4), Bilder der Arbeiter. Eine ikonographische Anthologie, Wiesbaden, 2000

Abb.87: Carl Schlickum, Ansicht von Wetter an der Ruhr (1841), aus: Klaus Türk (4), Bilder der Arbeiter. Eine ikonographische Anthologie, Wiesbaden, 2000

Abb.88: Carl Schlickum, Ansicht von Wetter an der Ruhr (1872), aus: Klaus Türk (4), Bilder der Arbeiter. Eine ikonographische Anthologie, Wiesbaden, 2000

Abb.89: Wilhelm Ludwig Riefstahl, Ansichten von Dortmund (1863),
aus: Rolf Fritz (1), Dortmund. Bilder aus vier Jahrhunderten, 2. Aufl., Dortmund, 1957

Abb.90: Christian Zucchi, Dortmund von der Nordseite (1854),
aus: Rolf Fritz (1), Dortmund. Bilder aus vier Jahrhunderten, 2. Aufl., Dortmund, 1957

Abb.91: Caspar David Friedrich, Im Steinbruch (1812),
aus: Willi Geismeier, Caspar David Friedrich, 6. Aufl., Leipzig, 1998

Abb.92: Caspar David Friedrich, Steinbruch bei Krippen in der Sächsischen Schweiz (1813),
aus: Willi Geismeier, Caspar David Friedrich, 6. Aufl., Leipzig, 1998

Abb.93: Carl Blechen, Schlucht von Amalfi (1831),
aus: Peter-Klaus Schuster (3), Farbtafeln; Carl Blechen, in: Schuster, Peter-Klaus (Hrsg.), Carl Blechen. Zwischen Romantik und Realismus, Ausstellungskatalog, München, 1990, S.53-98

Abb.94: Carl Blechen, Mühlental von Amalfi (1831),
aus: Peter-Klaus Schuster (3), Farbtafeln; Carl Blechen, in: Schuster, Peter-Klaus (Hrsg.), Carl Blechen. Zwischen Romantik und Realismus, Ausstellungskatalog, München, 1990, S.53-98

Abb.95: Carl Blechen, Messingwerk bei Eberswalde (nach 1830 unvollendet),
aus: Paul Ortwin Rave, Karl Blechen, Leben, Würdigungen, Werk, Berlin, 1940

Abb.96: Carl Blechen, Abend am Flußufer,
aus: Paul Ortwin Rave, Karl Blechen, Leben, Würdigungen, Werk, Berlin, 1940

Abb.97: Carl Blechen, Bau der Teufelsbrücke (ca. 1833),
aus: Peter-Klaus Schuster (3), Farbtafeln; Carl Blechen, in: Schuster, Peter-Klaus (Hrsg.), Carl Blechen. Zwischen Romantik und Realismus, Ausstellungskatalog, München, 1990, S.53-98

Abb.98: Carl Blechen, Bau der Teufelsbrücke – Vorstudie (ca. 1833),
aus: Peter-Klaus Schuster (3), Gemälde, in: Schuster, Peter-Klaus (Hrsg.), Carl Blechen. Zwischen Romantik und Realismus, Ausstellungskatalog, München, 1990, Katalogteil

Abb.99: Joseph Mallord William Turner, Die Teufelsbrücke am St. Gotthard (1803-04),
aus: Bernhard Buderath und Henry Makowski, Die Natur dem Menschen untertan. Ökologie im Spiegel der Landschaftsmalerei, München, 1983

Abb.100: Caspar Wolf, Teufelsbrücke in der Schöllenen (1777),
aus: Peter-Klaus Schuster (3), Farbtafeln; zwischen Romantik und Realismus, in:

Schuster, Peter-Klaus (Hrsg.), Carl Blechen. Zwischen Romantik und Realismus, Ausstellungskatalog, München, 1990, S.191-217

Abb.101: Carl Blechen, Kalksteinbrüche (1828),
aus: Peter-Klaus Schuster (3), Farbtafeln; Carl Blechen, in: Schuster, Peter-Klaus (Hrsg.), Carl Blechen. Zwischen Romantik und Realismus, Ausstellungskatalog, München, 1990, S.53-98

Abb.102: Kristallpalast – südliches Querschiff von Außen (1851),
aus: Francis Donald Klingender, Kunst und industrielle Revolution, Dresden, 1974

Abb.103: Kristallpalast – südliches Querschiff (1851),
aus: Francis Donald Klingender, Kunst und industrielle Revolution, Dresden, 1974

Abb.104: Kristallpalast – Halle mit Natur (1851),
aus: Hofmann, Werner (3), Das Irdische Paradies. Motive und Ideen des 19. Jahrhunderts, 3.Aufl., München, 1991

Abb.105: Kristallpalast – Ostseite (1851),
aus: Francis Donald Klingender, Kunst und industrielle Revolution, Dresden, 1974

Abb.106: Wintergarten-Entwürfe (1) von August Voit (1848-49),
aus: Winfried Nerdinger (Hrsg.), Zwischen Glaspalast und Maximilianeum, Architektur in Bayern zur Zeit Maximilians II. 1848-1864, Ausstellungskatalog, München, 1997, Katalogteil, S.112-376

Abb.107: Wintergarten-Entwürfe (2) von Franz Jacob Kreuter (1850),
aus: Winfried Nerdinger (Hrsg.), Zwischen Glaspalast und Maximilianeum, Architektur in Bayern zur Zeit Maximilians II. 1848-1864, Ausstellungskatalog, München, 1997, Katalogteil, S.112-376

Abb.108: Wintergarten-Entwürfe (2) von Franz Jacob Kreuter – Aufriß (1850),
aus: Winfried Nerdinger (Hrsg.), Zwischen Glaspalast und Maximilianeum, Architektur in Bayern zur Zeit Maximilians II. 1848-1864, Ausstellungskatalog, München, 1997, Katalogteil, S.112-376

Abb.109: Wintergarten-Entwürfe (2) von Franz Jacob Kreuter – Schnitt (1850),
aus: Winfried Nerdinger (Hrsg.), Zwischen Glaspalast und Maximilianeum, Architektur in Bayern zur Zeit Maximilians II. 1848-1864, Ausstellungskatalog, München, 1997, Katalogteil, S.112-376

Abb.110: Carl Blechen, Innere des Palmenhauses (1) (1832-34),
aus: Peter-Klaus Schuster (3), Gemälde, in: Schuster, Peter-Klaus (Hrsg.), Carl Blechen. Zwischen Romantik und Realismus, Ausstellungskatalog, München, 1990, Katalogteil

Abb.111: Carl Blechen, Innere des Palmenhauses (2) (1832-34), aus: Peter-Klaus Schuster (3), Gemälde, in: Schuster, Peter-Klaus (Hrsg.), Carl Blechen. Zwischen Romantik und Realismus, Ausstellungskatalog, München, 1990, Katalogteil

Abb.112: Carl Blechen, Innere des Palmenhauses (3) (1832-34),
aus: Peter-Klaus Schuster (3), Farbtafeln; Carl Blechen, in: Schuster, Peter-Klaus (Hrsg.), Carl Blechen. Zwischen Romantik und Realismus, Ausstellungskatalog, München, 1990, S.53-98

Abb.113: Carl Blechen, Innere des Palmenhauses (4) (1832-34),
aus: Peter-Klaus Schuster (3), Farbtafeln; Carl Blechen, in: Schuster, Peter-Klaus (Hrsg.), Carl Blechen. Zwischen Romantik und Realismus, Ausstellungskatalog, München, 1990, S.53-98

Abb.114: Carl Blechen, Architekturskizze (Palmenhaus)
aus: Paul Ortwin Rave, Karl Blechen, Leben, Würdigungen, Werk, Berlin, 1940

Abb.115: Carl Blechen, Pflanzenskizzen (1) (Palmenhaus)
aus: Paul Ortwin Rave, Karl Blechen, Leben, Würdigungen, Werk, Berlin, 1940

Abb.116: Carl Blechen, Pflanzenskizzen (2) (Palmenhaus),
aus: Paul Ortwin Rave, Karl Blechen, Leben, Würdigungen, Werk, Berlin, 1940

Abb.117: Carl Blechen, Frauenskizzen (1) (Palmenhaus),
aus: Paul Ortwin Rave, Karl Blechen, Leben, Würdigungen, Werk, Berlin, 1940

Abb.118: Carl Blechen, Frauenskizzen (2) (Palmenhaus),
aus: Paul Ortwin Rave Karl Blechen, Leben, Würdigungen, Werk, Berlin, 1940

Abb.119: Carl Blechen, Frauenskizzen (3)(Palmenhaus),
aus: Paul Ortwin Rave, Karl Blechen, Leben, Würdigungen, Werk, Berlin, 1940

Abb.120: Alfred Rethel, Der Tod auf der Barrikade (1849) (Holzschnittzyklus – Auch ein Totentanz),
aus: Wolfgang Hütt (1), Die Düsseldorfer Malerschule. 1819-1869, 1. Aufl., Leipzig, 1995

Abb.121: Alfred Rethel, Der Tod als Volksredner (1849) (Holzschnittzyklus – Auch ein Totentanz) (1849),
aus: Wolfgang Hütt (1), Die Düsseldorfer Malerschule. 1819-1869, 1. Aufl., Leipzig, 1995

Abb.122: Alfred Rethel, Der Tod als Freund (1849) (Holzschnittzyklus – Auch ein Totentanz) (1851),
aus: Wolfgang Hütt (1), Die Düsseldorfer Malerschule. 1819-1869, 1. Aufl., Leipzig, 1995

Abb.123: Johann Friedrich Franz Bruder, Radierung nach Friedrichs Glashütte in Döhlen, aus: Christine Hoffmeister, Werke und Wegbereiter der Industrielandschaft. Bilder Caspar David Friedrichs und ihm nahestehender Zeitgenossen, Gärtner, Hannelore (Hrsg.), Caspar David Friedrich. Leben – Werk – Diskussion, Berlin, 1977, S.174-178

Abb.124: Karl Wilhelm Hübner, Jagdrecht (1846), aus: Wolfgang Hütt (1), Die Düsseldorfer Malerschule. 1819-1869, 1. Aufl., Leipzig, 1995

Abb.125: Karl Wilhelm Hübner, Abschied der Auswanderer (1846), aus: Wolfgang Hütt (1), Die Düsseldorfer Malerschule. 1819-1869, 1. Aufl., Leipzig, 1995

Abb. 126: Andreas Achenbach, Düsseldorfer Demokraten (Karikatur) (1848), aus: Wolfgang Hütt (1), Die Düsseldorfer Malerschule. 1819-1869, 1. Aufl., Leipzig, 1995

Abb. 127: Theodor Hosemann, Proletarierwohnung (ca. 1842), aus: Klaus Türk (4), Bilder der Arbeiter. Eine ikonographische Anthologie, Wiesbaden, 2000

Abb.128: Andreas Achenbach, Apotheose und Anbetung des Götzen unserer Zeit (Karikatur) (1848), aus: Wolfgang Hütt (1), Die Düsseldorfer Malerschule. 1819-1869, 1. Aufl., Leipzig, 1995

Abb.129: Adolph von Menzel, Aufbahrung der Märzgefallenen (1848), aus: von Falkenhausen, Susanne, Zeitzeuge der Leere - zum Scheitern nationaler Bildformeln bei Menzel, in: Keisch, Claude und Riemann-Reyher, Marie Ursula (4) (Hrsg.), Adoph Menzel 1815-1905. Das Labyrinth der Wirklichkeit, Ausstellungskatalog, Köln, 1996, S.493-502

Abb.130: Johann Peter Hasenclever, Ein Magistrat aus dem Jahre 1848 – Version 1 (1848-49), aus: Eberhard Roters, Malerei des 19. Jahrhunderts. Themen und Motive, Bd. I., Köln, 1998

Abb.131: Johann Peter Hasenclever, Der Abschied des Bürgerwehrmannes (1848), aus: Klaus Türk (4), Bilder der Arbeiter. Eine ikonographische Anthologie, Wiesbaden, 2000

Abb.132: Adolph von Menzel, Arbeiter in der Heckmannschen Fabrik - Studie zum Gedenkblatt zum 50-jährigen Bestehen der Firma C. Heckmann (1869-71), aus: Claude Keisch und Marie Ursula Riemann-Reyher (Hrsg.), Adoph Menzel 1815-1905. Das Labyrinth der Wirklichkeit, Ausstellungskatalog, Köln, 1996, Katalogteil

Abb.133 : Francois Bonhommé, Fourchambault – Un lamineur – Parallele zu Menzel (1839-40),
aus: Marie Ursula Riemann-Reyher (2), Arbeiter im Walzwerk, in: Jensen, Jens Christian (2) (Hrsg.), Adolph Menzel. Gemälde, Gouachen, Aquarelle, Zeichnungen im Museum Georg Schäfer, München, 1998, S.39-43

Abb.134: Adolph von Menzel, Arbeiter am Dampfhammer – Arbeiterstudie (Skizzebuch 14) (1855),
aus: Marie Ursula Riemann-Reyher (2), Arbeiter im Walzwerk, in: Jensen, Jens Christian (2) (Hrsg.), Adolph Menzel. Gemälde, Gouachen, Aquarelle, Zeichnungen im Museum Georg Schäfer, München, 1998, S.39-43

Abb.135: Adolph von Menzel, Glasbläser (ca. 1848),
aus: Rolf Hochmuth, Menzel. Maler des Lichts, Frankfurt/a.M., Leipzig, 1991

Abb.136: Adolph von Menzel, Studie zum Eisenwalzwerk – Waschende und anziehende Arbeiter (1875),
aus: Rolf Hochmuth, Menzel. Maler des Lichts, Frankfurt/a.M., Leipzig, 1991

Abb.137: Adolph von Menzel, Studie zum Eisenwalzwerk – Arbeiter bei der Arbeit (1) (1875),
aus: Rolf Hochmuth, Menzel. Maler des Lichts, Frankfurt/a.M., Leipzig, 1991

Abb.138: Adolph von Menzel, Studie zum Eisenwalzwerk – Arbeiter bei der Arbeit (2) (1875),
aus: Rolf Hochmuth, Menzel. Maler des Lichts, Frankfurt/a.M., Leipzig, 1991

Abb.139: Adolph von Menzel, Studie zum Eisenwalzwerk – Essende und trinkende Arbeiter (1875),
aus: Rolf Hochmuth, Menzel. Maler des Lichts, Frankfurt/a.M., Leipzig, 1991

Abb.140: Adolph von Menzel, Studie zum Eisenwalzwerk – Arbeitsgeräte (Gusskelle) (1872-1874),
aus: Claude Keisch und Marie Ursula Riemann-Reyher (Hrsg.), Adoph Menzel 1815-1905. Das Labyrinth der Wirklichkeit, Ausstellungskatalog, Köln, 1996, Katalogteil

Abb.141: Adolph von Menzel, Studie zum Eisenwalzwerk – Arbeiterstudie (1875),
aus: Rolf Hochmuth, Menzel. Maler des Lichts, Frankfurt/a.M., Leipzig, 1991

Abb.142: Adolph von Menzel, Studie zum Eisenwalzwerk,
- Innenraum des Walzwerkes (1875)
- Blick in ein Eisenwalzwerk (1875)
- Schmiede; Arbeiter in Eisenwalzwerk (1875)

aus: Rolf Hochmuth, Menzel. Maler des Lichts, Frankfurt/a.M., Leipzig, 1991

Abb.143: Adolph von Menzel, Selbstbildnis im Walzwerk (1872),
aus: Rolf Hochmuth, Menzel. Maler des Lichts, Frankfurt/a.M., Leipzig, 1991

Abb.144: Adolph von Menzel, Dampfhammer mit Eisenmeister (1872),
aus: Jensen, Jens Christian (2) (Hrsg.), Adolph Menzel. Gemälde, Gouachen, Aquarelle, Zeichnungen im Museum Georg Schäfer, München, 1998

Abb.145: Adolph von Menzel, Eisenwalzwerk (1875) – Detail – Der Dirigent,
aus: Klaus Türk (4), Bilder der Arbeiter. Eine ikonographische Anthologie, Wiesbaden, 2000

Abb.146: Adolph von Menzel, Besuch im Eisenwerk (1900),
aus: Claude Keisch und Marie Ursula Riemann-Reyher (Hrsg.), Adoph Menzel 1815-1905. Das Labyrinth der Wirklichkeit, Ausstellungskatalog, Köln, 1996, Katalogteil

Abb.147: Adolph von Menzel, Die Schmiede (1872),
aus: Claude Keisch und Marie Ursula Riemann-Reyher (Hrsg.), Adoph Menzel 1815-1905. Das Labyrinth der Wirklichkeit, Ausstellungskatalog, Köln, 1996, Katalogteil

Abb.148: Adolph von Menzel, Hochofen in Königshütte (ca. 1872),
aus: Marie Ursula Riemann-Reyher (1), Adolph von Menzel – Reiseskizzen aus Preußen, München, 1997

Abb.149: Adolph von Menzel, Hochofen mit Rohrleitung (1872),
aus: Riemann-Reyher, Marie Ursula (1), Adolph von Menzel – Reiseskizzen aus Preußen, München, 1997

Abb.150: Adolph von Menzel, Hochofenlandschaft mit brennenden Schloten (1872),
aus: Riemann-Reyher, Marie Ursula (1), Adolph von Menzel – Reiseskizzen aus Preußen, München, 1997

Abb.151: Adolph von Menzel, Tagebau in Königshütte (1872),
aus: Riemann-Reyher, Marie Ursula (1), Adolph von Menzel – Reiseskizzen aus Preußen, München, 1997

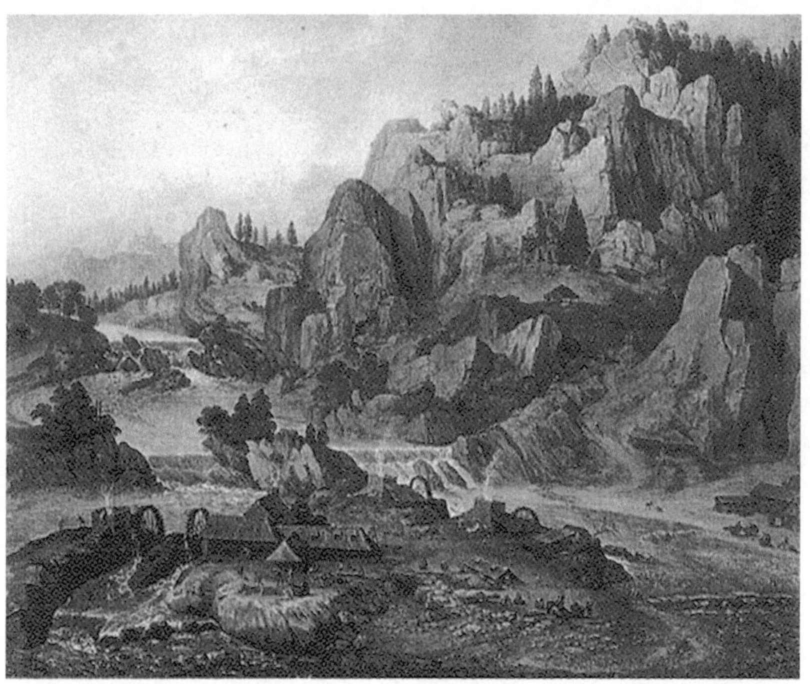

Abb. 1: Lucas van Valckenborch: Gebirgslandschaft mit Berg- und Hüttenwerk
Öl; 77,5 x 94 cm; ca. 1590

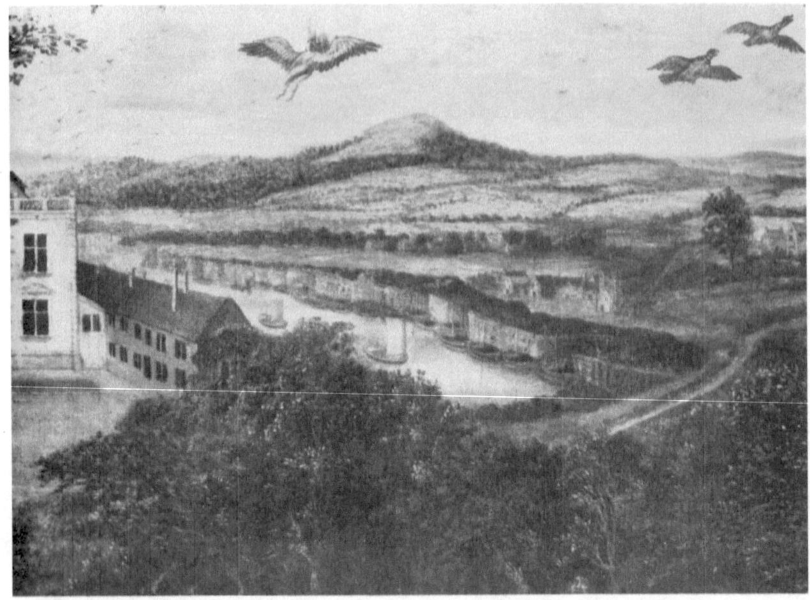

Abb. 2: Harraton Hall und die Kohleverladeplätze am Wear-Fluß – Detail

Öl auf Leinwand; 113,5 x 219,5 cm; 1680; Privatbesitz Viskount Lambton

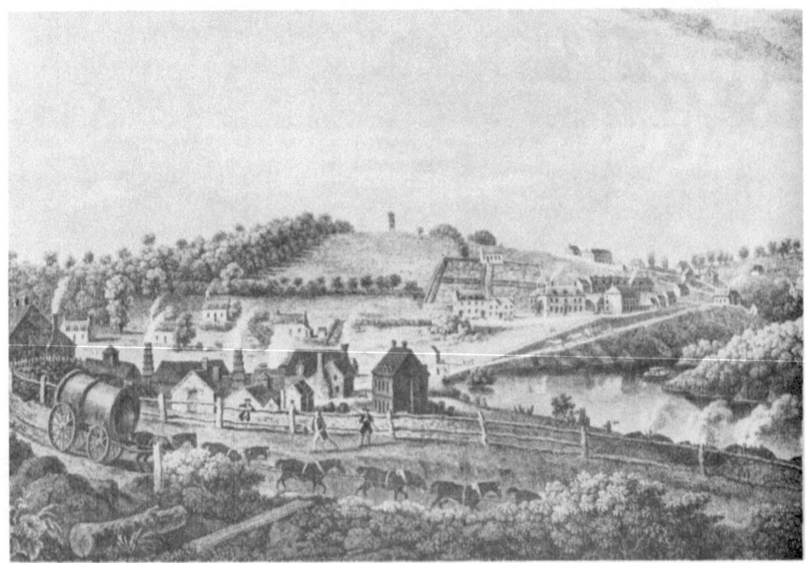

Abb. 3: Francis Vivares: Ansicht der oberen Werke in Coalbrookdale

Linienstich; 36 x 32,7 cm; 1758

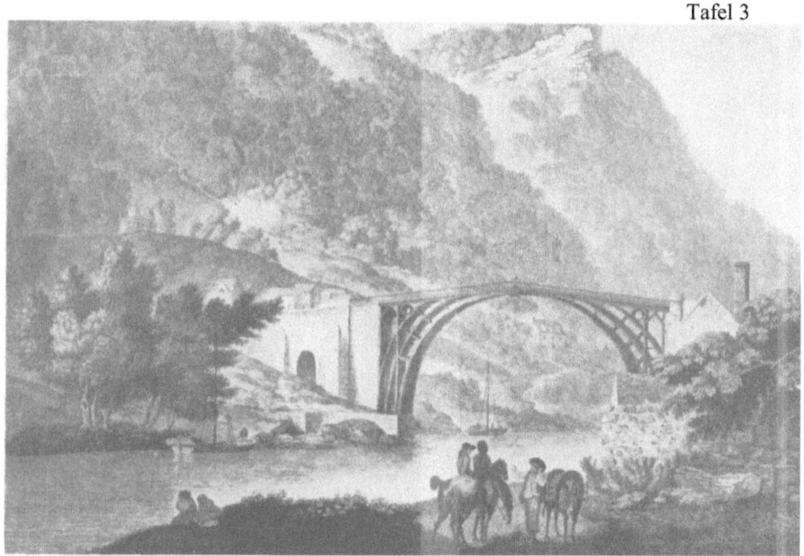

Abb. 4: George Robertson: Brücke in Coalbrookdale (Schönheiten des Tales)
Linienstich; 34,9 x 52,6 cm; 1788

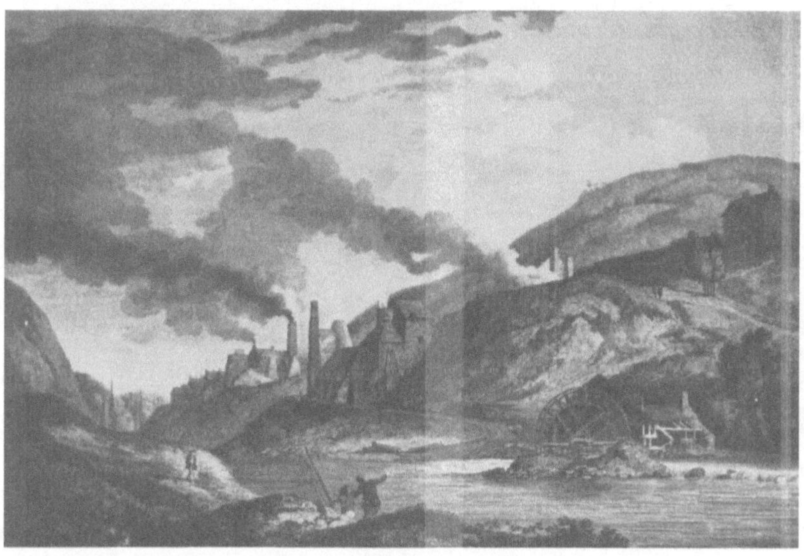

Abb. 5: George Robertson: Eisenhütte (Schrecken des Tales)
Linienstich; 35 x 52 cm; 1788

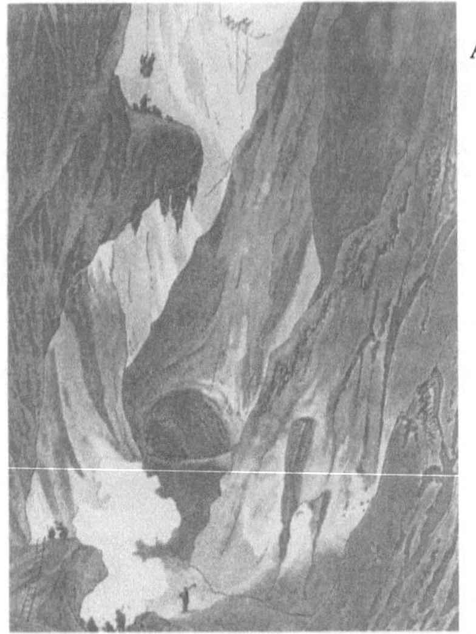

Abb. 6: John Martin:

Das Eisenbergwerk in Dannemora

Aquatinta koloriert; 15,4 x 24,4 cm; 1809

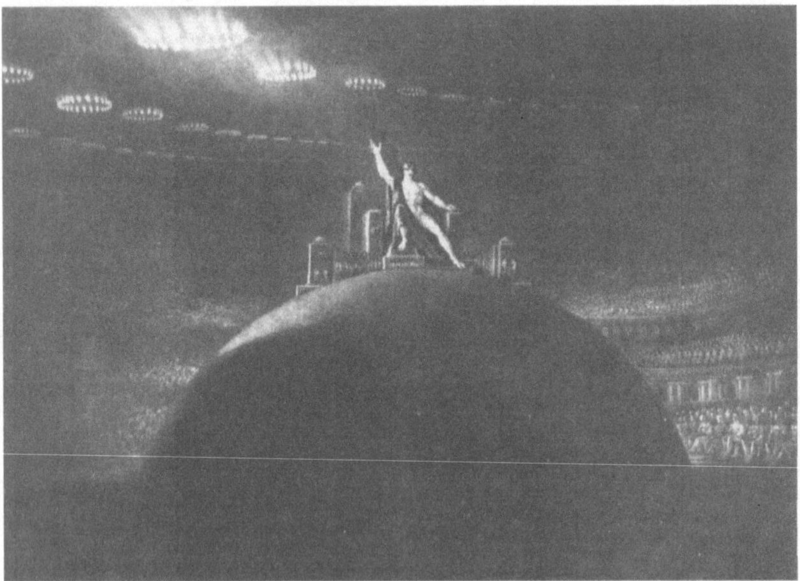

Abb. 7: John Martin: Hoch auf königlichem Throne (aus: Illustrationen zum Verlorenen Paradies)

Schabmanier auf Stahl; 19,3 x 27,7 cm; 1825

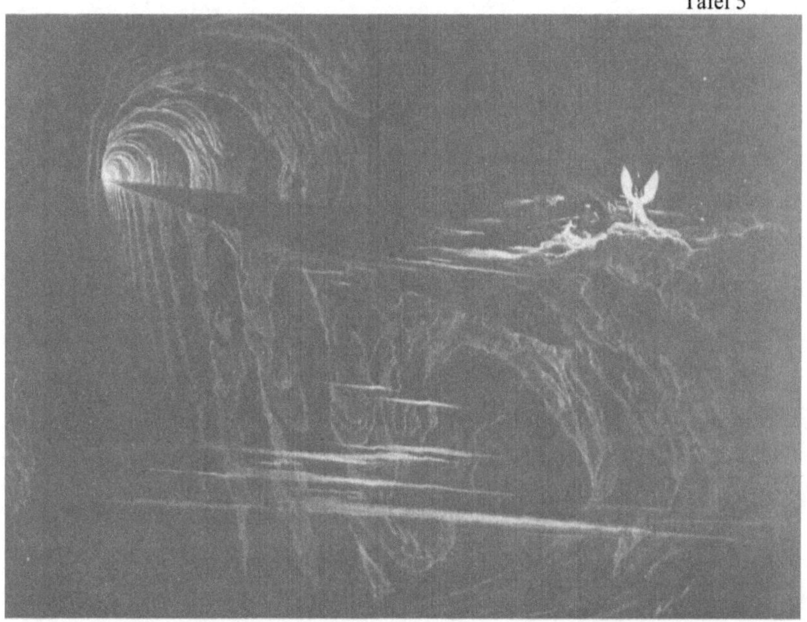

Abb. 8: John Martin: Am Rande des Chaos (aus: Illustrationen zum Verlorenen Paradies) Schabmanier auf Stahl; 26,9 x 19,2 cm; 1826; Kupferstichkabinett des Britischen Museums London

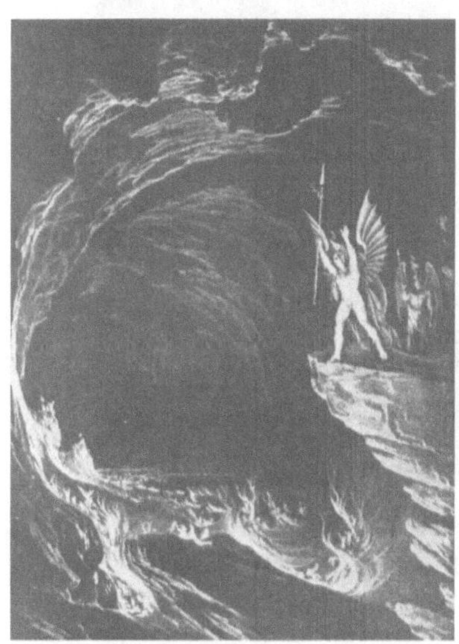

Abb. 9: John Martin: Der Höllenschlund (aus: Illustrationen zum Verlorenen Paradies) Schabmanier auf Stahl; 26,8 x 20,2 cm; 1826

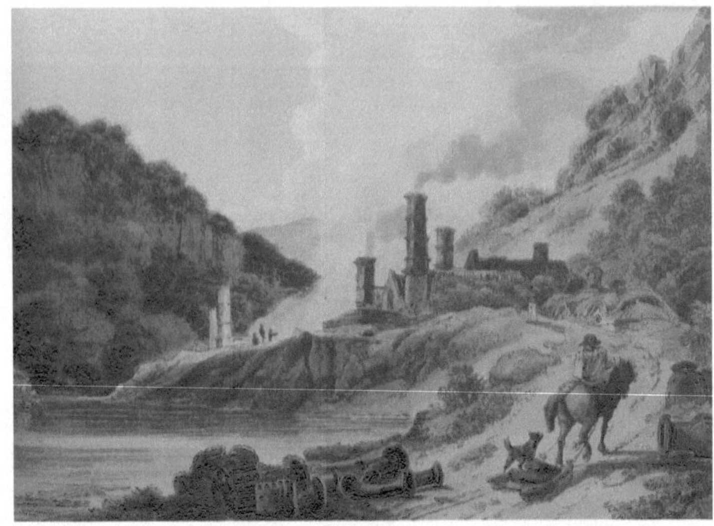

Abb. 10: Philippe Jaques de Loutherbourg: Eisenwerke in Coalbrookdale
Öl auf Leinwand; 67,9 x 106,7 cm; 1805; Science Museum London (London National Museum of Science and Industry)

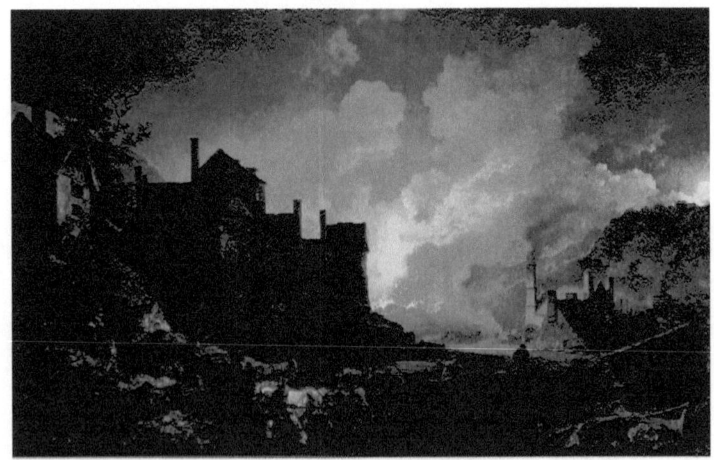

Abb. 11: Philippe Jaques de Loutherbourg: Coalbrookdale in der Nacht
Aquatinta koloriert; 23,2 x 32 cm; 1801; Science Museum London (London National Museum of Science and Industry)

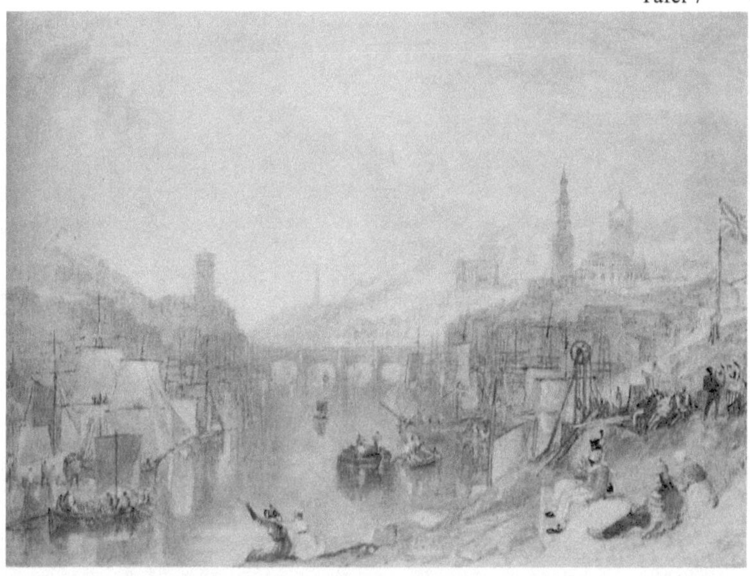

Abb. 12: Joseph Mallord William Turner: New Castle am Tyne

Aquarell; 15,3 x 21,4 cm; 1823; British Museum London

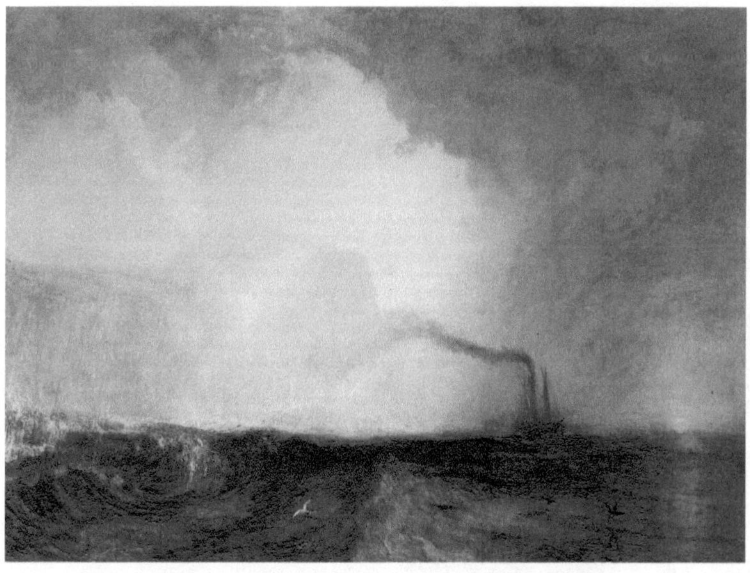

Abb. 13: Joseph Mallord William Turner: Staffa, Fingals-Höhle

Öl auf Leinwand; 91,5 x 122 cm; 1832; Privatbesitz

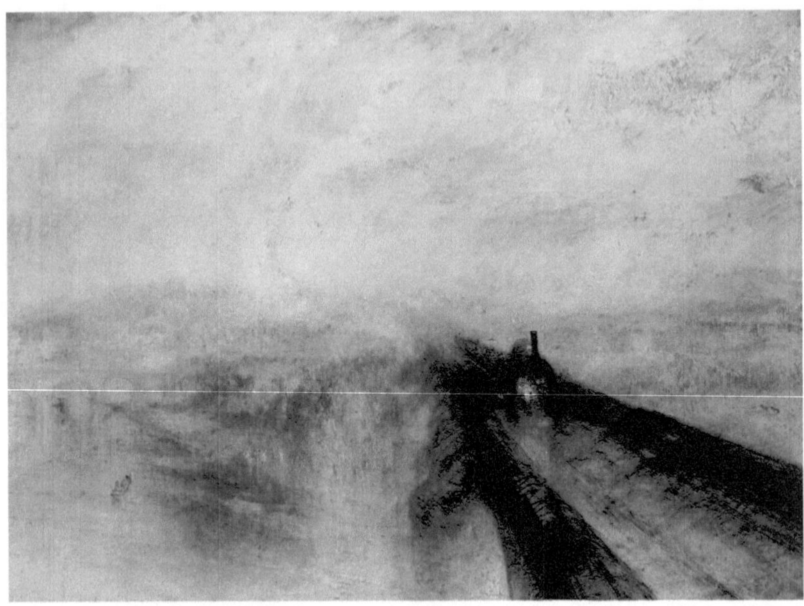

Abb. 14: Joseph Mallord William Turner: Regen, Dampf und Geschwindigkeit – Die große Westeisenbahn

Öl auf Leinwand; 90,8 x 122 cm, 1844; National Gallery London

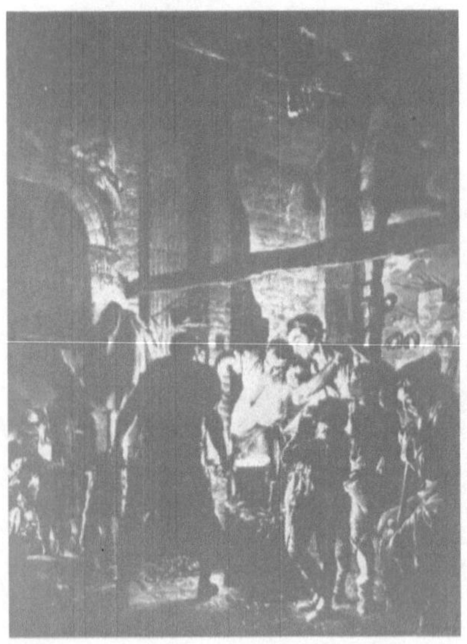

Abb. 15: Joseph Wright of Derby:

Die Schmiedewerkstatt

Schabblatt; 46,9 x 57,8 cm; 1771-72;

Royal College of Surgeons London

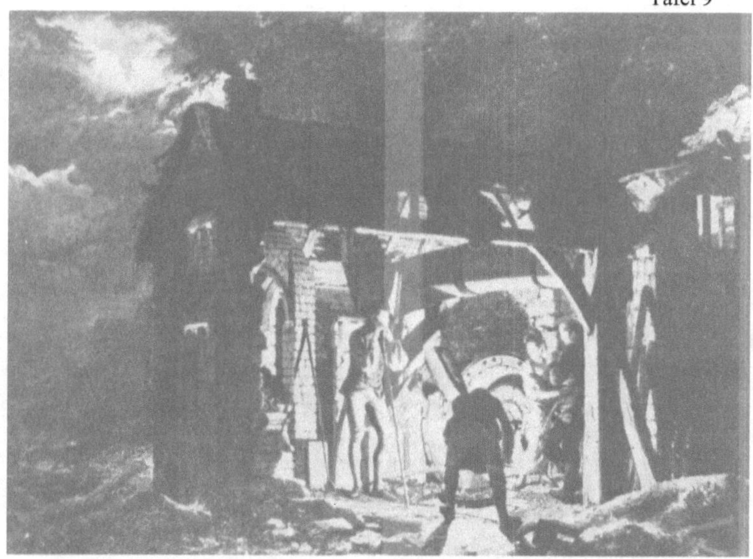

Abb. 16: Joseph Wright of Derby: Eine Eisenhütte

Öl auf Leinwand; 105 x 140 cm; 1773; Ermitage Leningrad

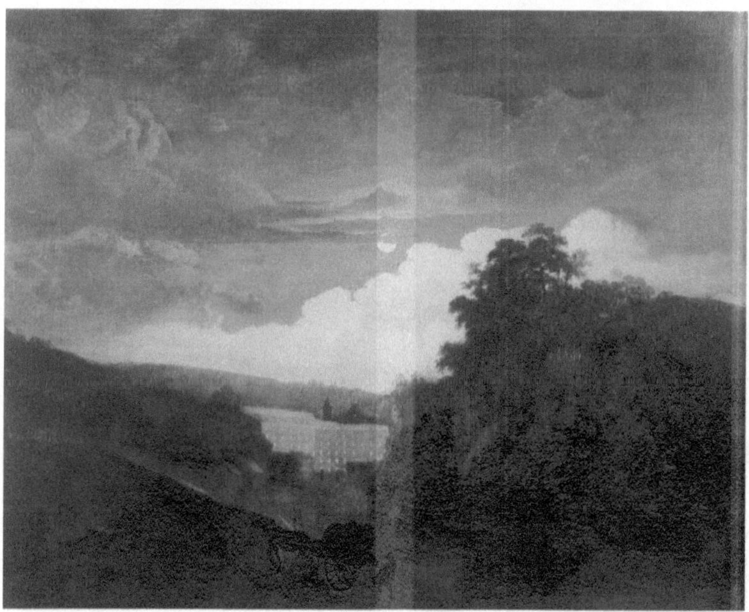

Abb. 17: Joseph Wright of Derby: Arkwrights Baumwollspinnerei

Öl auf Leinwand; 91,4 x 114,2 cm; ca. 1773; Privatbesitz Großbritannien

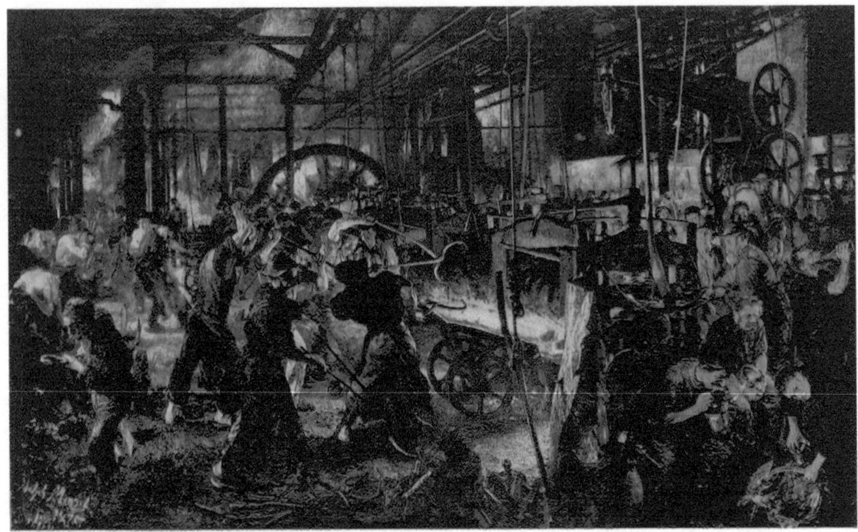

Abb. 18: Adolph von Menzel: Eisenwalzwerk

Öl auf Leinwand; 158 x 254 cm; 1875; Staatliche Museen zu Berlin – Preußischer Kulturbesitz

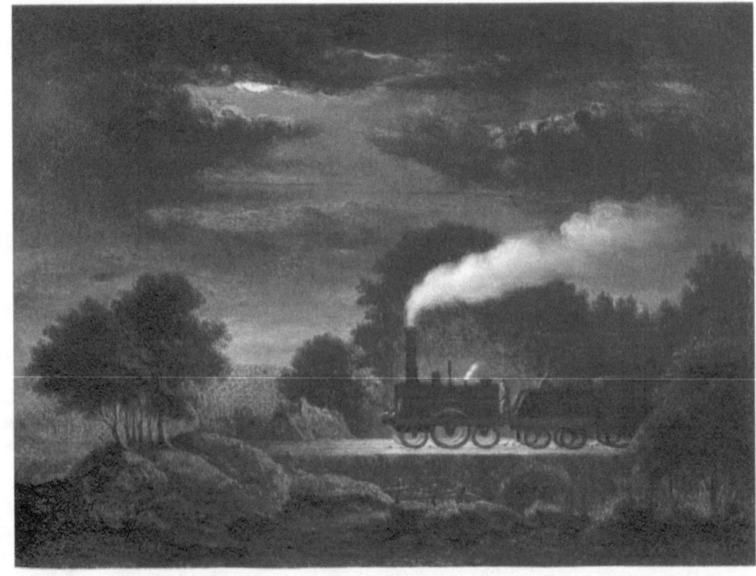

Abb. 19: J. Baumhauer: Eisenbahn bei Nacht (Nächtliche Fahrt der „Adler“)

Öl auf Holz, 26 x 32,5 cm, LETTER-Stiftung Köln

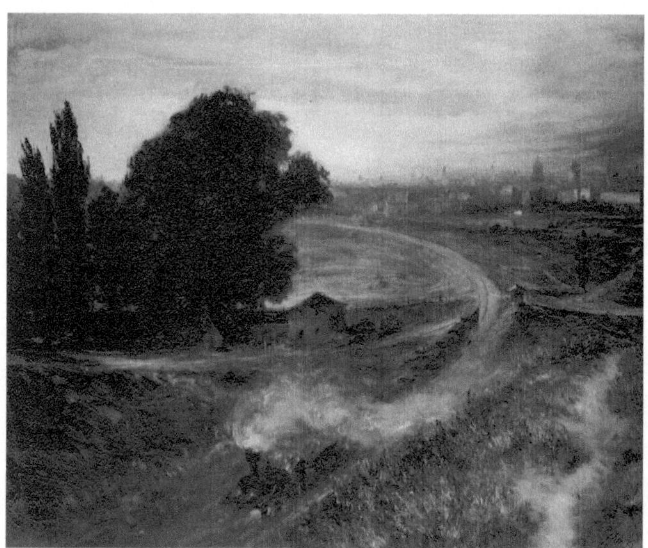

Abb. 20: Adolph von Menzel: Berlin-Potzdamer Eisenbahn

Öl auf Leinwand; 43 x 52 cm; 1847; Nationalgalerie Berlin

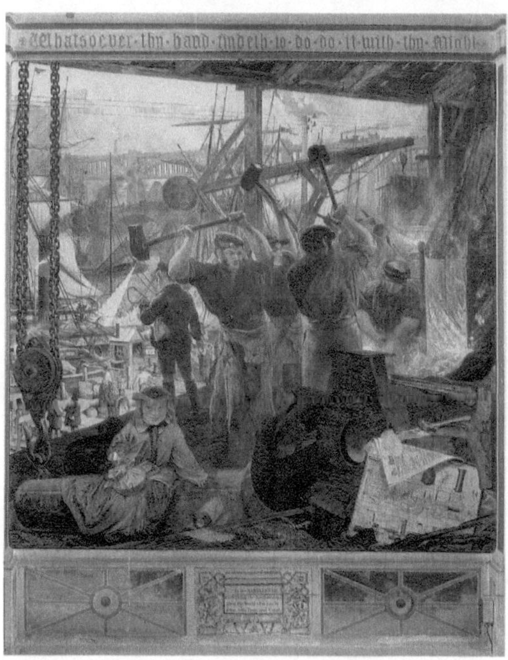

Abb. 21: William Bell Scott: Eisen und Stahl
Öl auf Leinwand; 188 x 188 cm (Hauptmotiv); 1861, Wallington Hall, Northumberland / Großbritannien

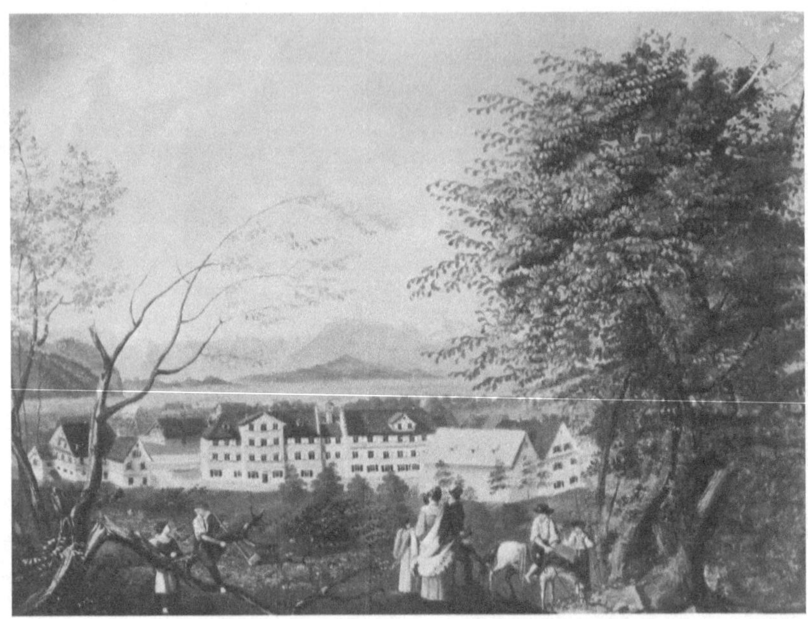

Abb. 22: Johann Kaspar Rick: Spinnerei Juchen der Textilwerke Herrburger und Rhomberg
Öl auf Leinwand; 48 x 63 cm; ca. 1850; Privatbesitz Dornbirn

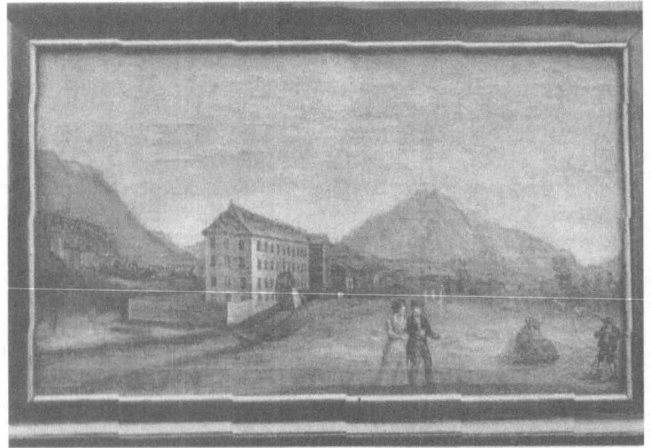

Abb. 23: M. Jehly: Spinnerei Brunnental
Öl auf Leinwand; 1831; Privatbesitz

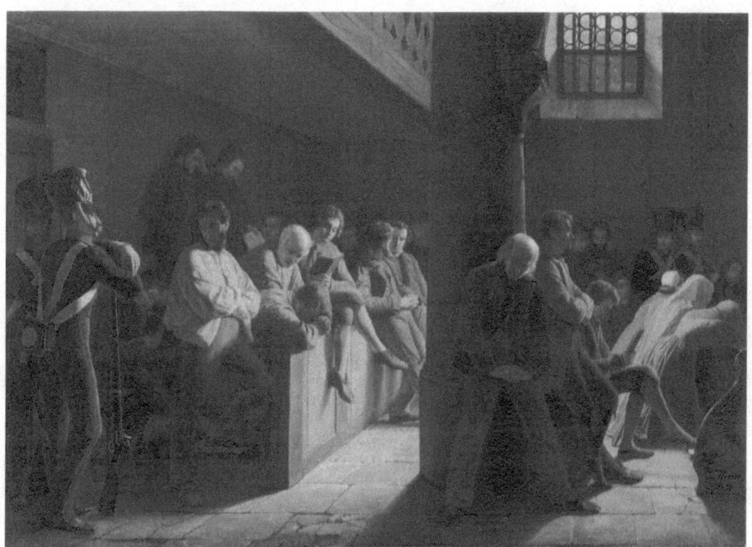

Abb. 24: Wilhelm Joseph Heine: Gottesdienst in der Zuchthauskirche

Öl auf Leinwand; 76,5 x 105,5 cm; 1837; Museum der Bildenden Künste Leipzig

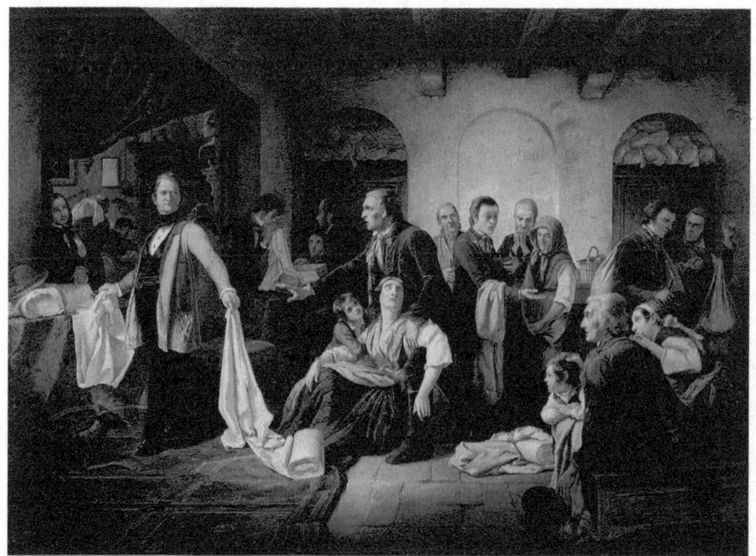

Abb. 25: Karl Wilhelm Hübner: Die schlesischen Weber

Öl auf Leinwand; 119 x 158 cm; 1844; Kunstmuseum Düsseldorf

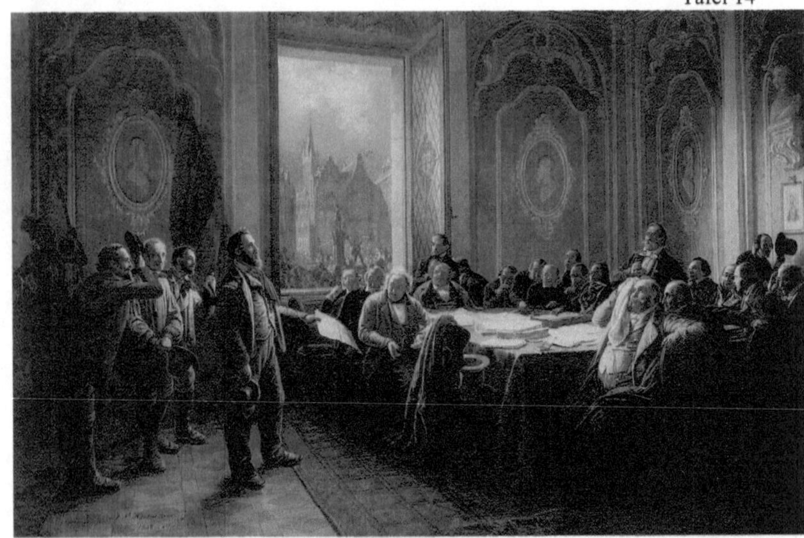

Abb. 26: Johann Peter Hasenclever: Ein Magistrat aus dem Jahre 1848 – Version 2

Öl auf Leinwand; 91 x 133 cm; 1848-49; Bergisches Museum, Schloß Burg an der Wupper/Solingen

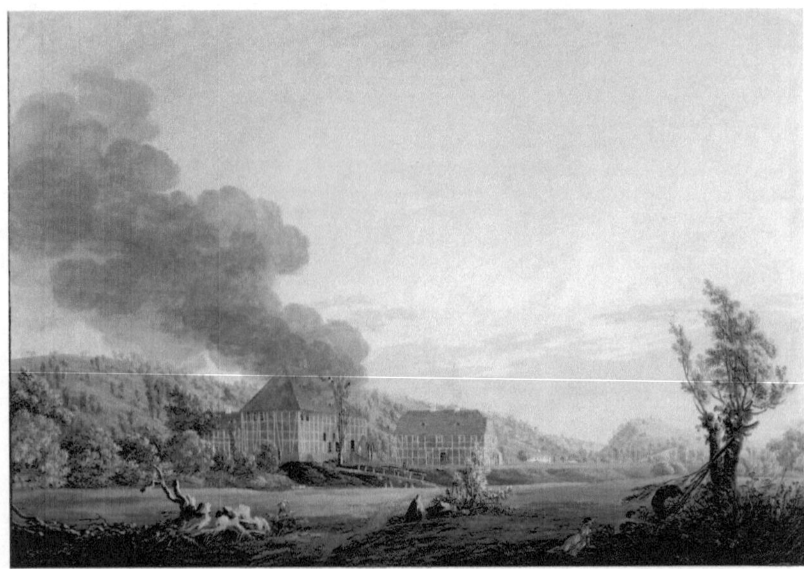

Abb. 27: Caspar David Friedrich: Die Glashütte in Döhlen (Potschappel)

Deckenfarben auf Zeichenkarton; 381 x 538 cm; 1802-03; Galerie Neumüster + Graf München

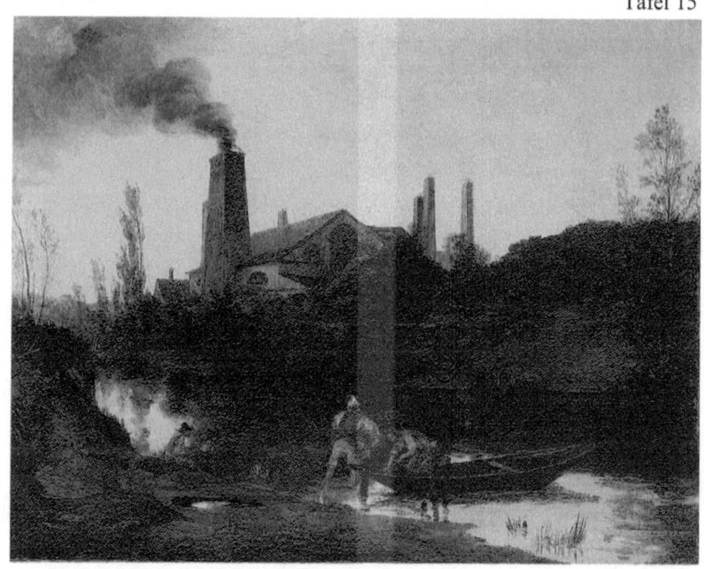

Abb. 28: Carl Blechen: Walzwerk bei Neustadt-Eberswalde

Öl auf Holz; 25,5 x 33 cm; 1834; Staatliche Museen zu Berlin – Preußischer Kulturbesitz, Nationalgalerie

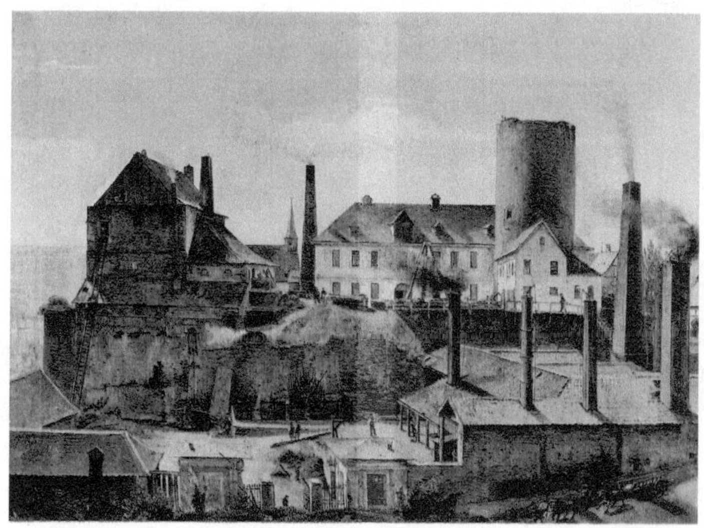

Abb. 29: Alfred Rethel: Harkortsche Fabrik auf Burg Wetter

Öl auf Leinwand; 43,5 x 57,7 cm; 1834; Mannesmann DEMAG AG, Duisburg

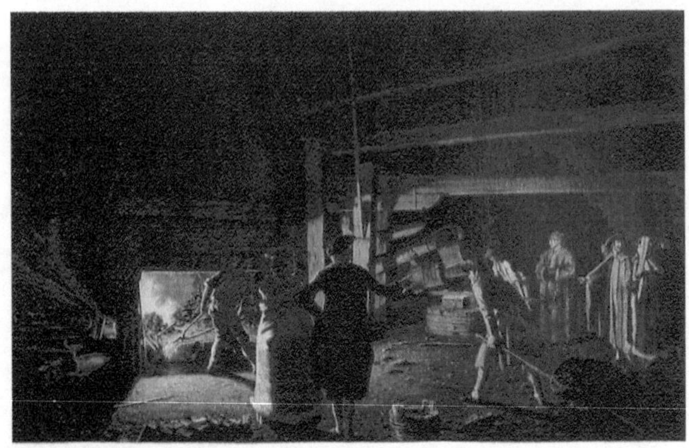

Abb. 30: Pehr Hilleström: Besuch in einem Hammerwerk deutscher Art

Öl auf Leinwand; 82 x 129 cm (Türk)/63 x 77 cm (2. Schöpfung); 1781; Jernkontoret Stockholm

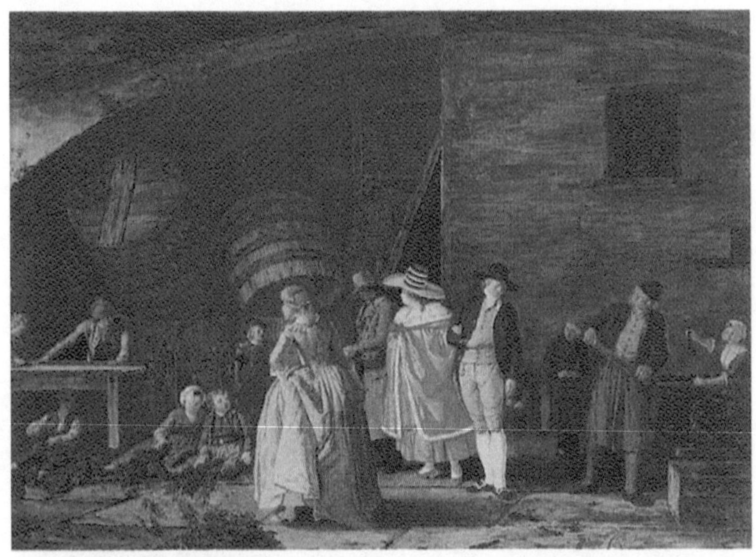

Abb. 31: Léonard Défrance: Besuch in einer Tabakmanufaktur

Öl auf Holz; 48 x 65 cm; ca. 1780; Musée de l´Art Wallon Lüttich

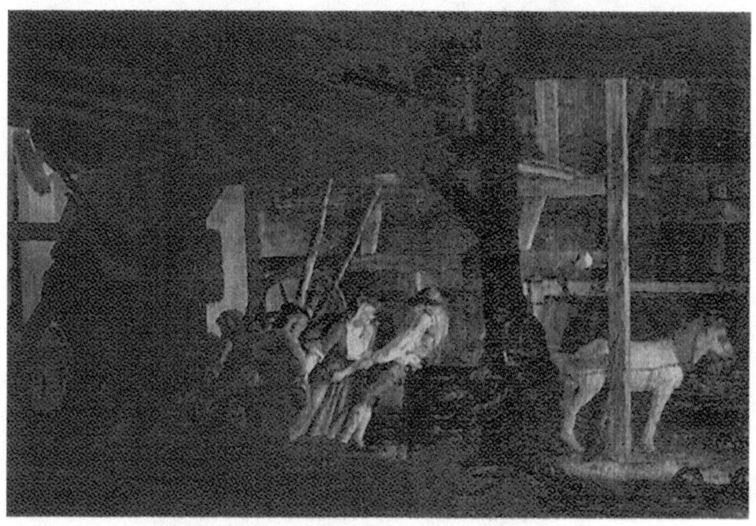

Abb. 32: Léonard Défrance: Die Steinkohlenzeche

Öl auf Holz; 35,5 x 52 cm; 1778; Musée de l'Art Wallon Lüttich

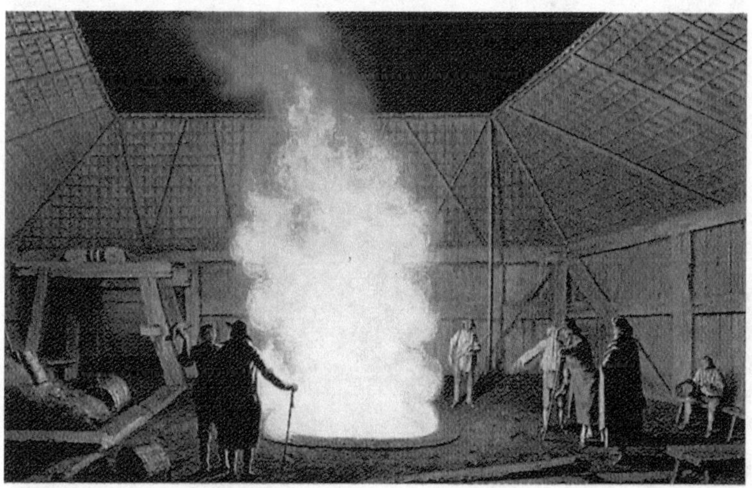

Abb. 33: Pehr Hilleström: Gichtbühne eines Hochofens in Berkinge bei Forsmarks Bruk

Öl; 74 x 117 cm; 1792

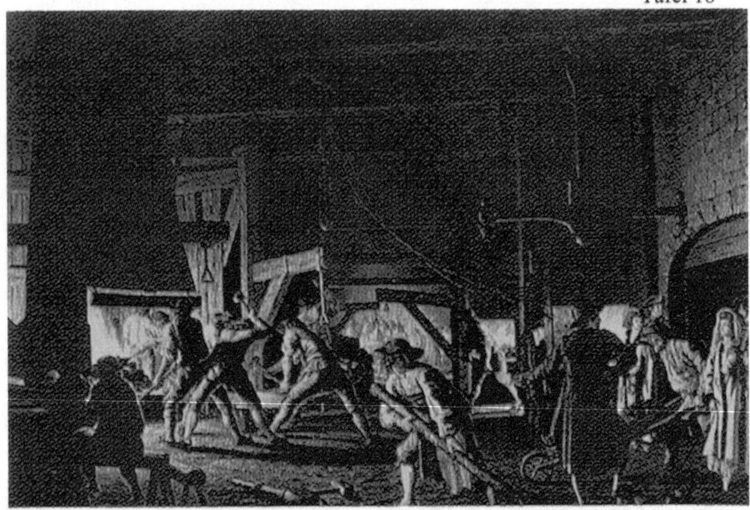

Abb. 34: Pehr Hilleström: Ankerschmiede von Söderfors

Öl; 137 x 185 cm; 1782

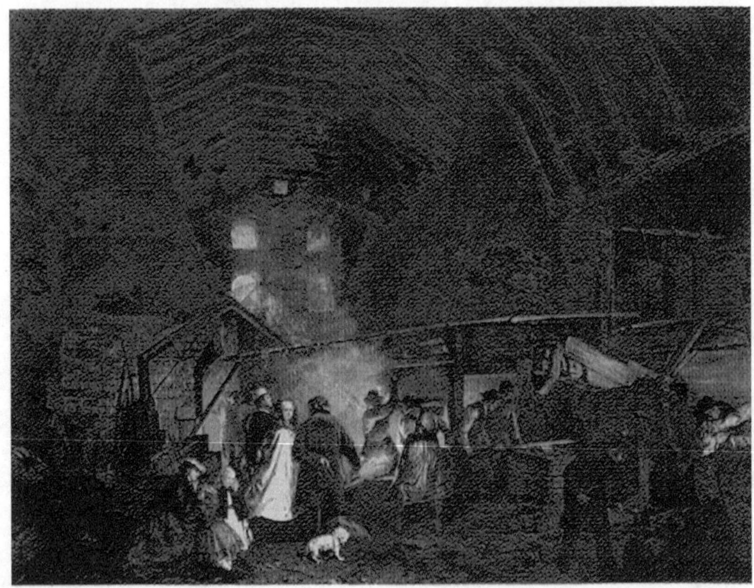

Abb. 35: J.W. Wallander: Herrschaftlicher Besuch in der Stahlstäbeschmiede von Forsmarks Bruk

Öl auf Leinwand; 73 x 93 cm; 1869

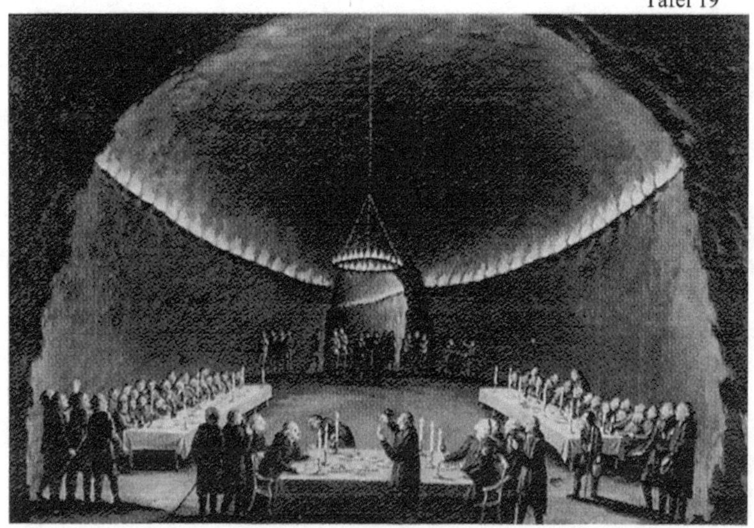

Abb. 36: Pehr Hilleström: Festmahl in der Grube

Öl auf Leinwand; 36 x 56,5 cm; 1788

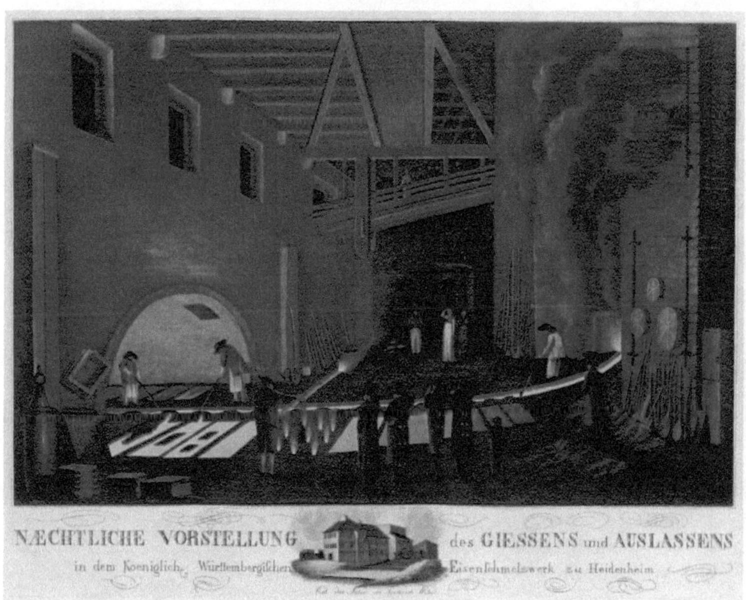

Abb. 37: Friedrich Weber: Kgl.-Württembergische Eisenschmelze zu Heidenheim

Radierung; 35 x 45 cm; 1805; Wüttembergische Staatsgalerie Stuttgart

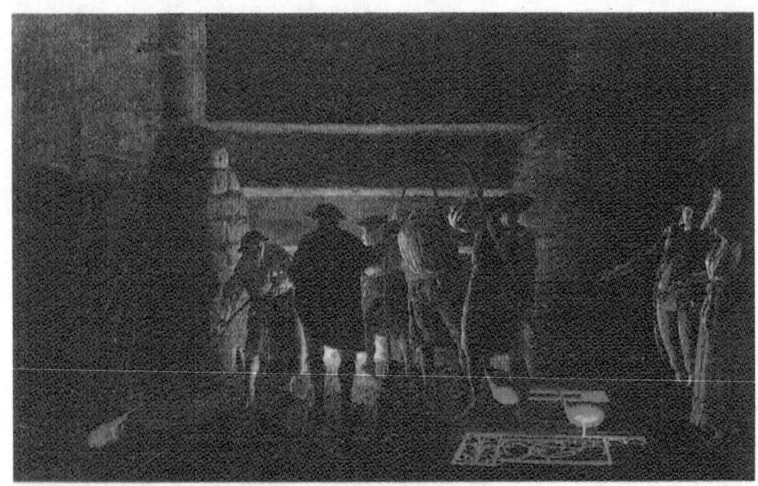

Abb. 38: Léonard Défrance: Interieur einer Gießerei

Öl auf Holz; 36 x 56 cm; ca. 1790; Musée de l'Art Wallon Lüttich

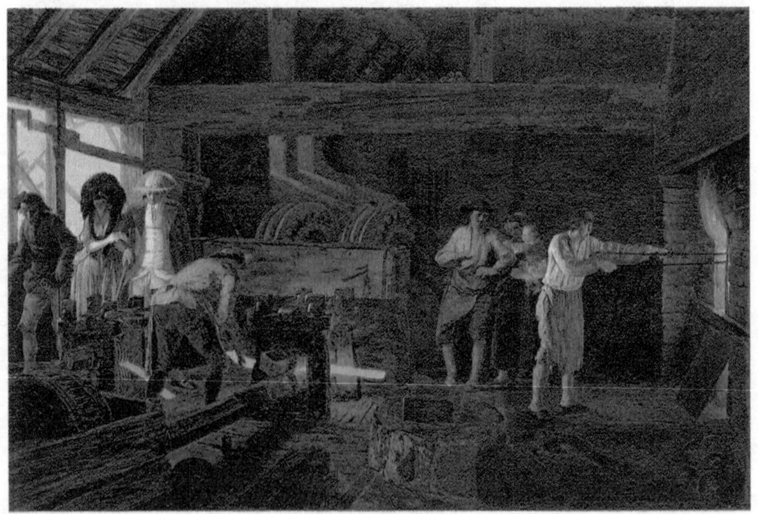

Abb. 39: Léonard Défrance: Interieur eines Hammerwerkes

Öl auf Holz; 36 x 56 cm; ca. 1780; Musée de l'Art Wallon Lüttich

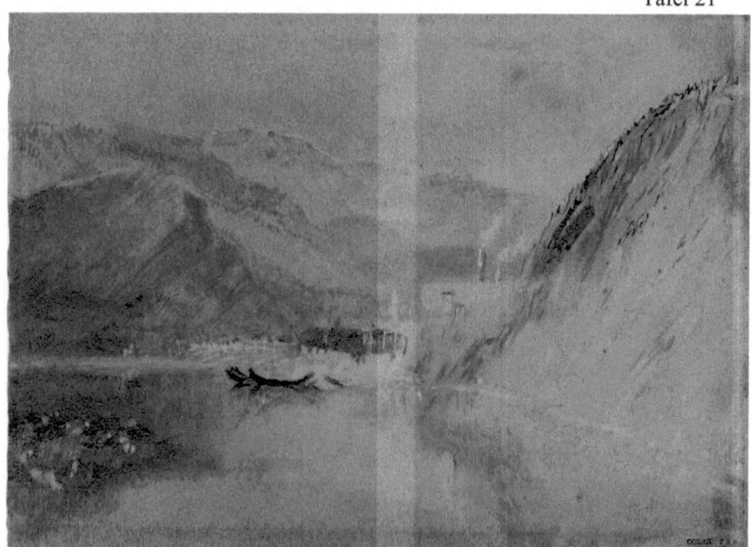

Abb. 40: Joseph Mallord William Turner: Die Eisenhütte von Quint

Deck- und Wasserfarben mit Tuschzeichnungen; 13,9 x 19,1 cm; 1839

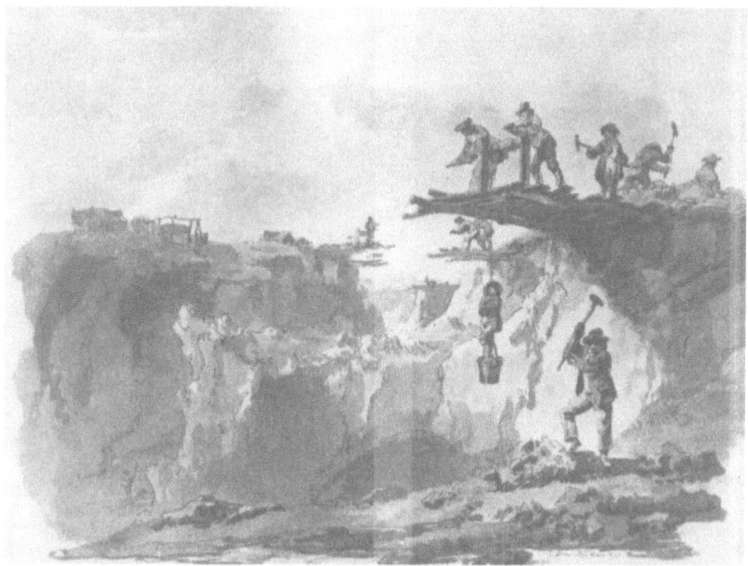

Abb. 41: Julius Cesar Ibbetson: Kupfermine Parys bei Menai

Aquarell; 21,6 x 28,6 cm; 1792, National Museum of Wales

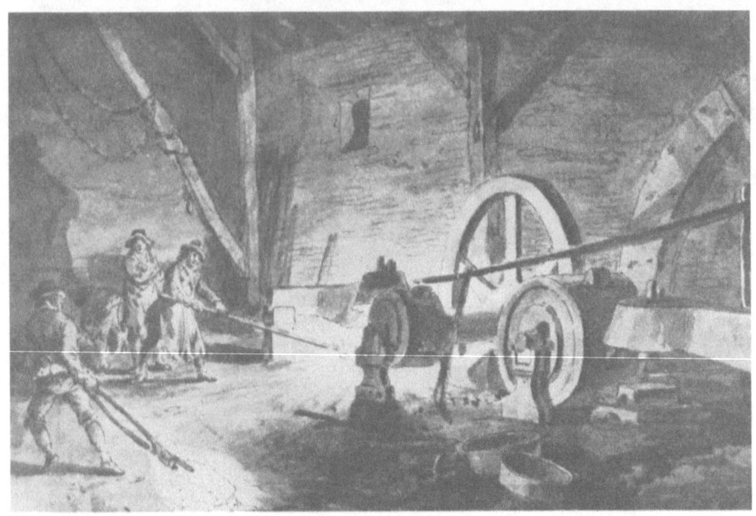

Abb. 42: Julius Cesar Ibbetson: Cyfarthfa-Eisenhütte in Methyr Tydfil
Aquarell; 21,6 x 30 cm; 1795; Cyfarthfa Castle Museum

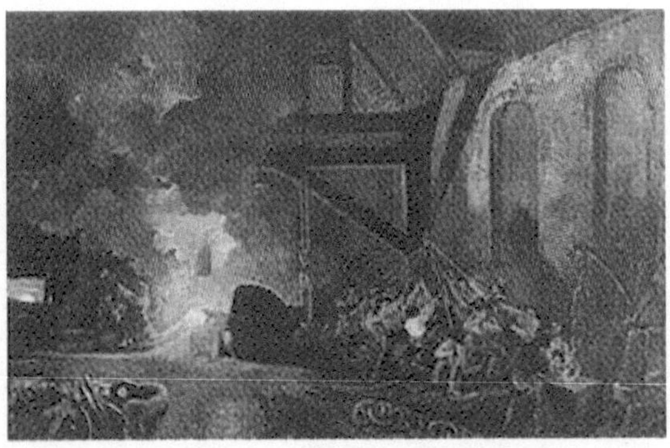

Abb. 43: James William Muller: Ankerschmiede
Öl auf Leinwand; 86,9 x 128,2 cm; ca. 1860

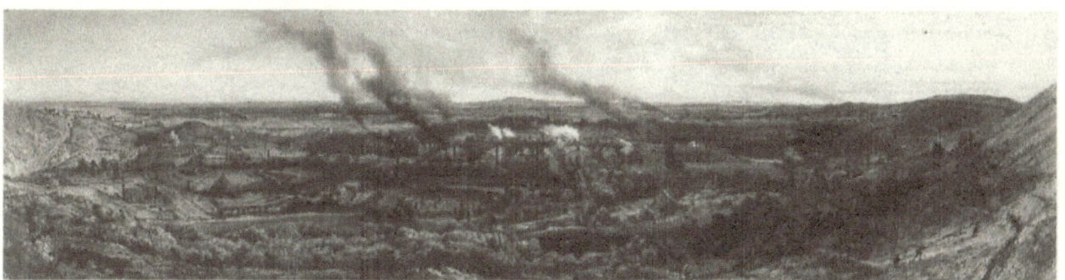

Abb. 44: François Bonhommé: Les Usines du Creusot en 1855

Gouache auf Papier/Holz; 33,5 x 12,59 cm; 1855; Document Ecomusée de la Communauté Urbaine Le Creusot Montceau-Les-Mines/Clicé Daniel Busseuil

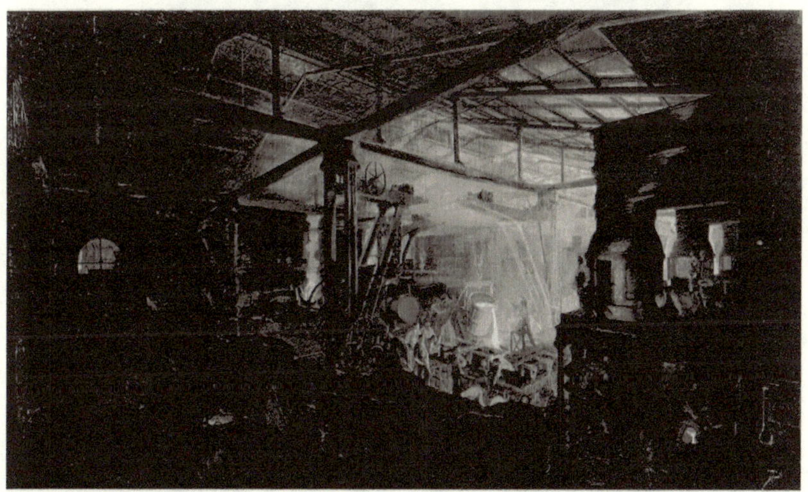

Abb. 45: François Bonhommé: Coulée de fonte au Creusot

Öl auf Leinwand; 125 x 220 cm; 1864; Document Ecomusée de la Communauté Urbaine Le Creusot Montceau-Les-Mines/Clicé Daniel Busseuil

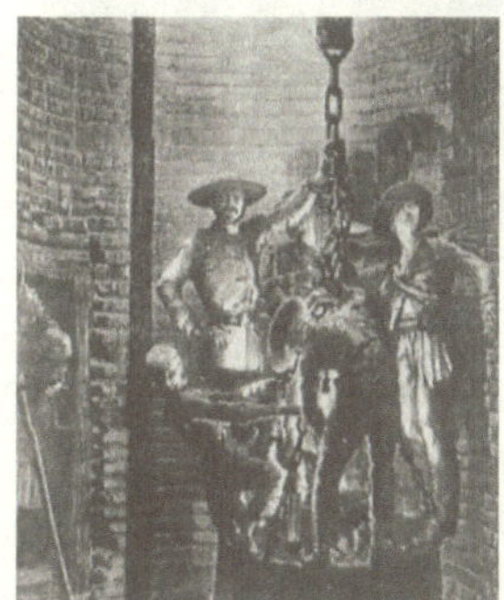

Abb. 46: François Bonhommé:

Einfahrt französischer Bergleute bei Creusot

Lithografie; 62,5 x 47,5 cm; 1854

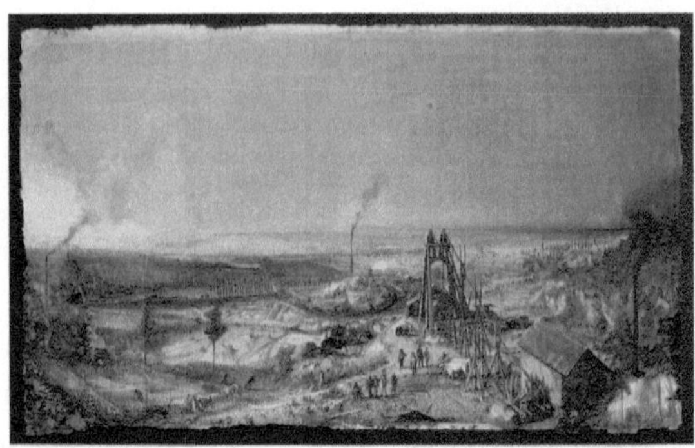

Abb. 47: François Bonhommé: Montchanin

Öl auf Leinwand; 117 x 158 cm; 1860; Document Ecomusée de la Communauté Urbaine Le Creusot Montceau-Les-Mines/Clicé Daniel Busseuil

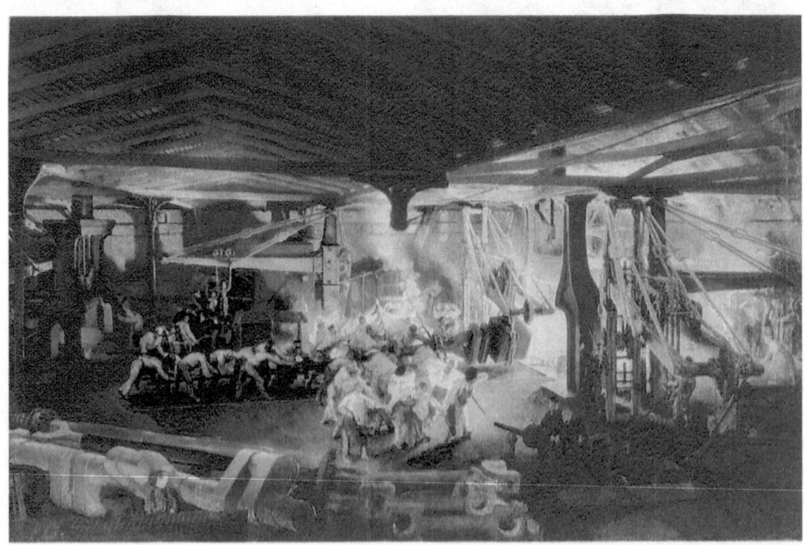

Abb. 48: François Bonhommé: Forgeage au marteau-pilon dans les ateliers d'Indret de l'arbre counde d' une fregate de 600 cv (Schmieden einer Schiffskurbelwelle)

Öl auf Leinwand; 125 x 220 cm; 1865; Document Ecomusée de la Communauté Urbaine Le Creusot Montceau-Les-Mines/Clicé Daniel Busseuil

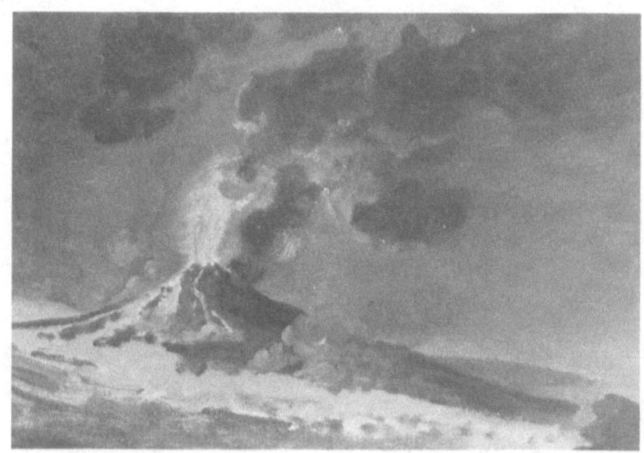

Abb. 49: Joseph Wright of Derby: Ausbruch des Vesuvs

Gouache auf Papier; 32,4 x 46,7 cm; 1774; Derby Museum and Art Gallery

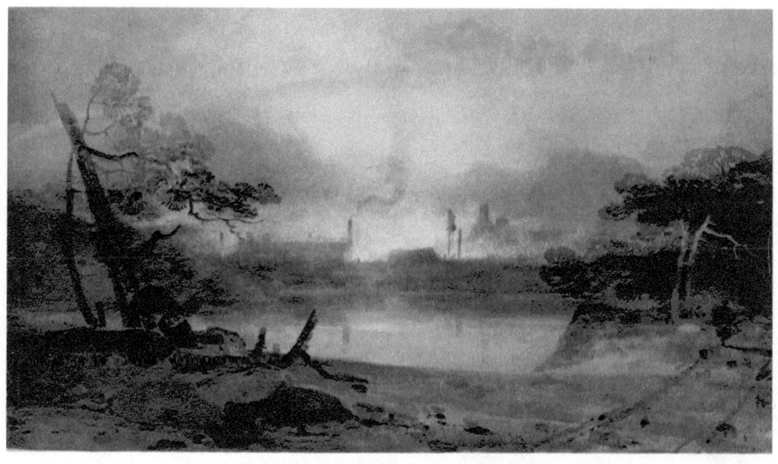

Abb. 50: John Sell Cotman: Hochofen in Bedlam

Aquarell; 26 x 47 cm; 1802

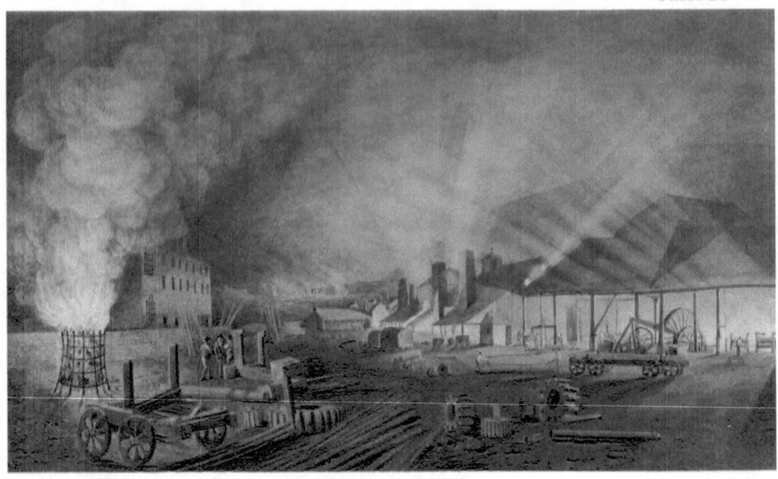

Abb. 51: Thomas Honor: Walzwerk in Merthyr Tydfil

Sepia-Tuschzeichnung; 30 x 48,3 cm (Türk)/28 x 48 cm (2. Schöpfung); 1817; National Museum and Gallery of Wales

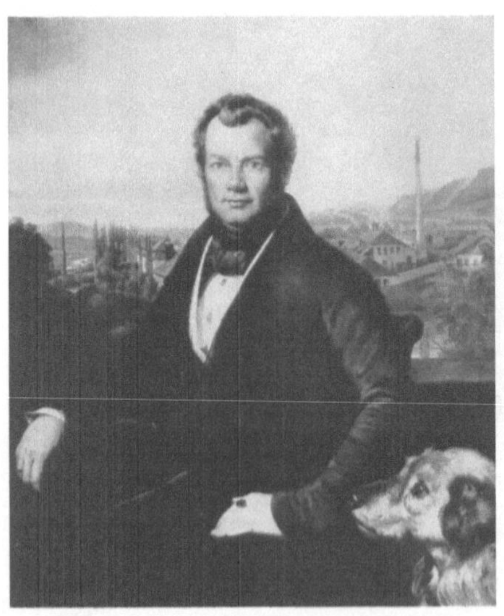

Abb. 52: Louis Krevel:

Heinrich Kraemer vor der Eisenhütte Quint

Öl auf Leinwand; 107 x 90 cm; 1838; Städtisches Museum Trier

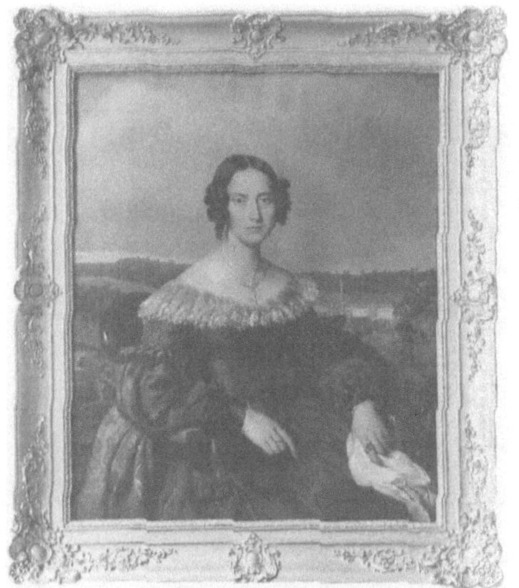

Abb. 53: Louis Krevel:
Henriette Kraemer vor der Eisenhütte Quint
Öl auf Leinwand; 107 x 90 cm; 1838; Rheinisches Landesmuseum Trier

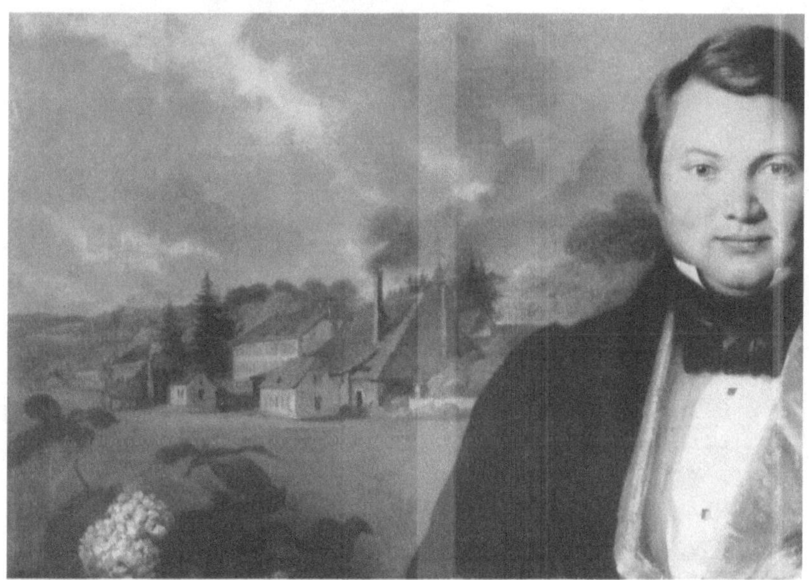

Abb. 54: Louis Krevel: Fritz Kraemer und seine Familie vor der Eisenhütte in St. Ingbert – Ausschnitt
Öl auf Leinwand; 125 x 160 cm; 1838; Privatbesitz Aachen

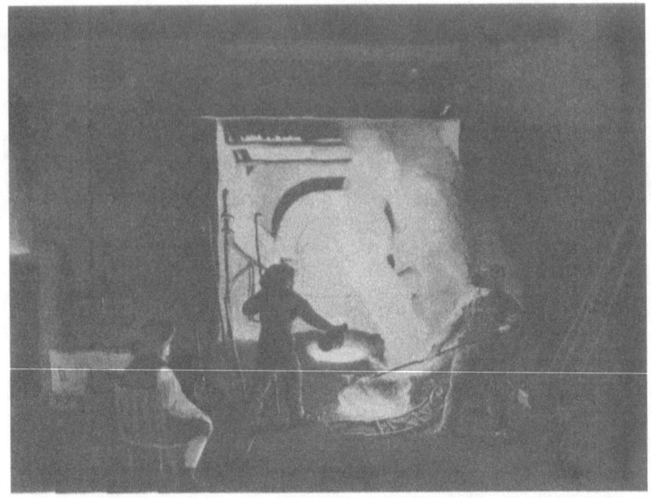

Abb. 55: Ignaz Raffelt: In der Gießerei

Öl auf Leinwand; 36 x 47,5 cm; 1837; Sammlung Georg-Schäfer Schweinfurt

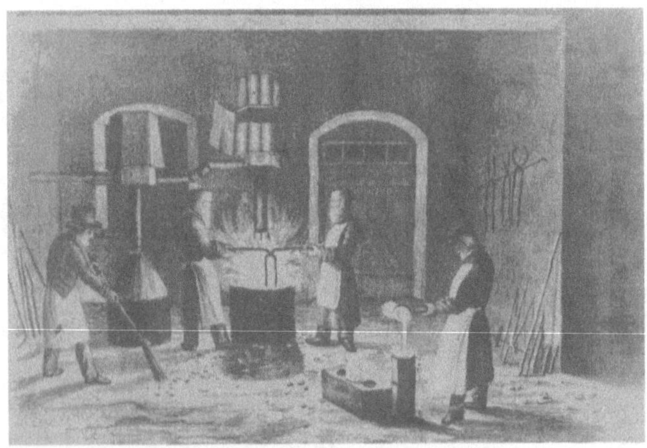

Abb. 56: Ignaz Raffelt: Inneres der Stahlgießerei in Schaffshausen

Lithographie (nach H.J. Beck); 33,4 x 43,2 cm; 1845; G. Fischer AG Schaffshausen

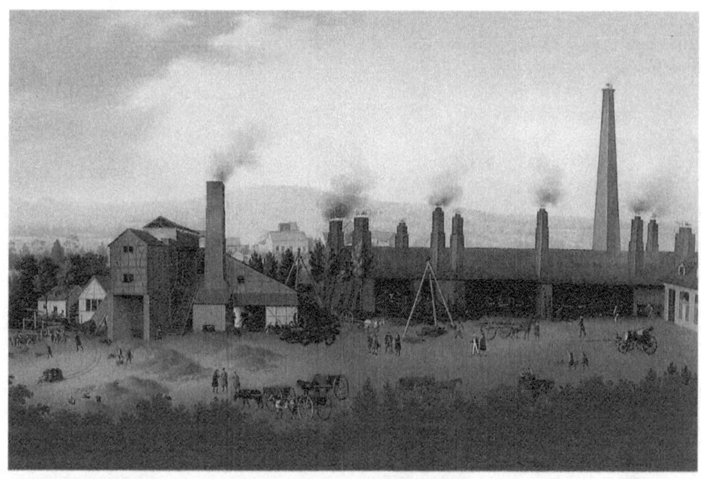

Abb. 57: Carl Schütz: Lendersdorfer Walzwerk bei Düren

Öl auf Leinwand; 77 x 110,5 cm; 1838; Leopold-Hoesch-Museum der Stadt Düren

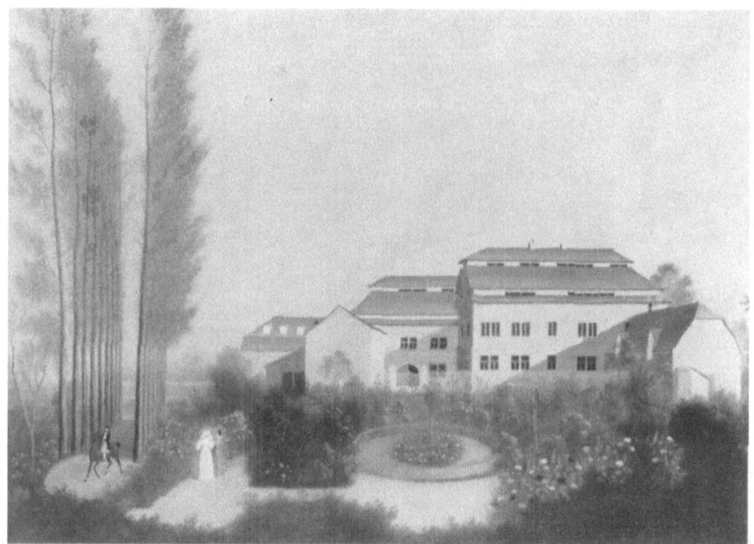

Abb. 58: Carl Schütz: Die Kaisermühle in Düren

Deckfarbenmalerei auf Papier, ca. 20 x 30 cm, ca. 1830; Original vernichtet

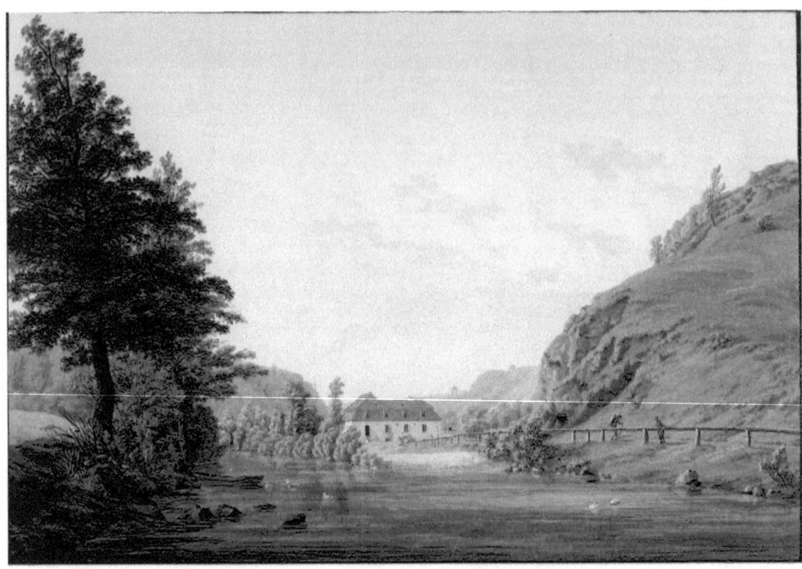

Abb. 59: Caspar David Friedrich: Die Königsmühle im Plauenschen Grund
Deckfarben auf Zeichenkarton; 38,6 x 54,6 cm; 1802-03; Galerie Neumeister + Gräf München

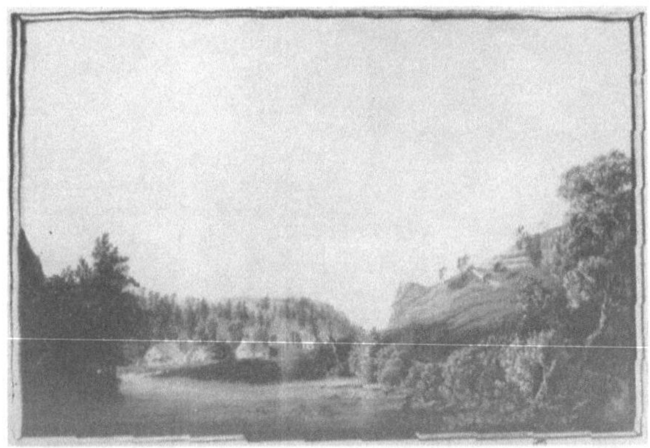

Abb. 60: Caspar David Friedrich: Die Pulvermühle im Plauenschen Grund
Deckfarben auf Zeichenkarton; 38,6 x 54,5 cm; 1802-03; Galerie Neumeister + Gräf München (ehemals Stadtmuseum Dresden)

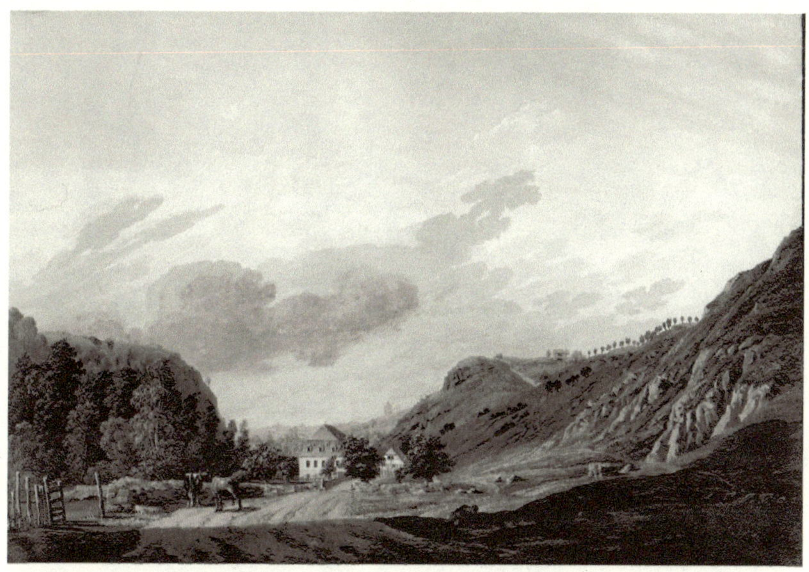

Abb. 61: Caspar David Friedrich: Die Neumühle im Plauenschen Grund
Deckfarben auf Zeichenkarton; 38,6 x 54,5 cm; 1802-03; Galerie Neumeister + Gräf München

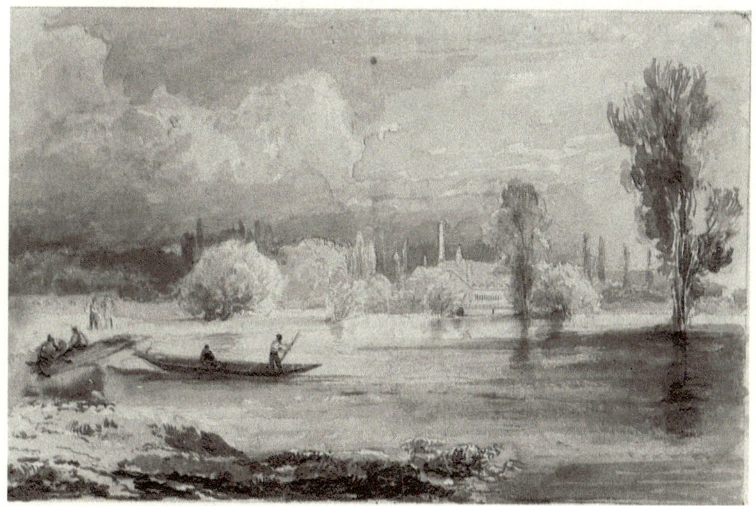

Abb. 62: Carl Blechen: Messingwerk bei Eberswalde – Skizze
Bleistift/Sepia; 22 x 32,6 cm; nach 1830; Staatliche Musæn zu Berlin, Nationalgalerie, Sammlung der Zeichnungen

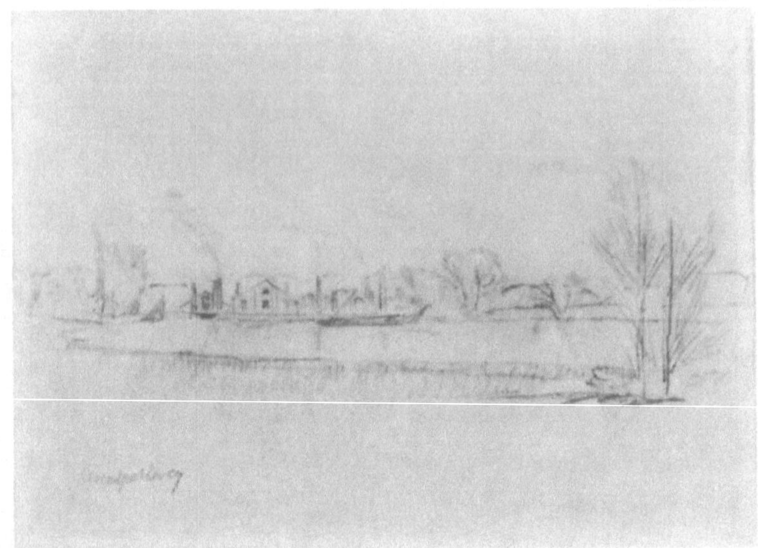

Abb. 63: Carl Blechen: Eisenspalterei bei Eberswalde – Skizze
Bleistiftskizze; 17,6 x 24,2 cm; nach 1830; Staatliche Museen zu Berlin, Nationalgalerie, Sammlung der Zeichnungen

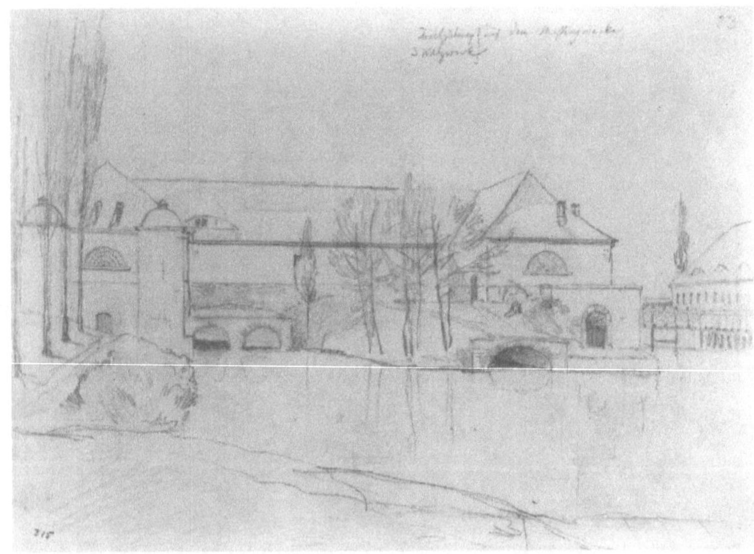

Abb. 64: Carl Blechen: Fabrikanlage am Wasser – Skizze
Bleistiftskizze; 17,7 x 24,2 cm; nach 1830; Staatliche Museen zu Berlin, Nationalgalerie

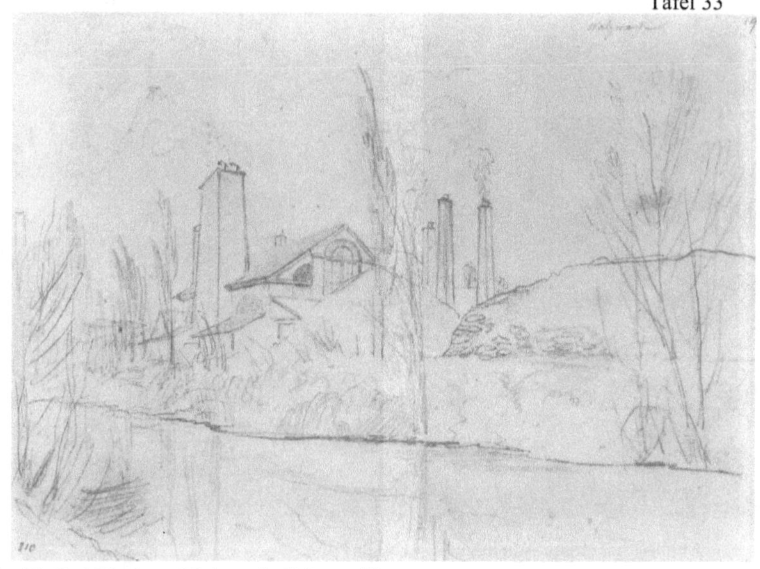

Abb. 65: Carl Blechen: Walzwerk-Skizzen (1)

Bleistiftskizze; 17,7 x 24,2 cm; 1834; Staatliche Museen zu Berlin, Nationalgalerie, Sammlung der Zeichnungen

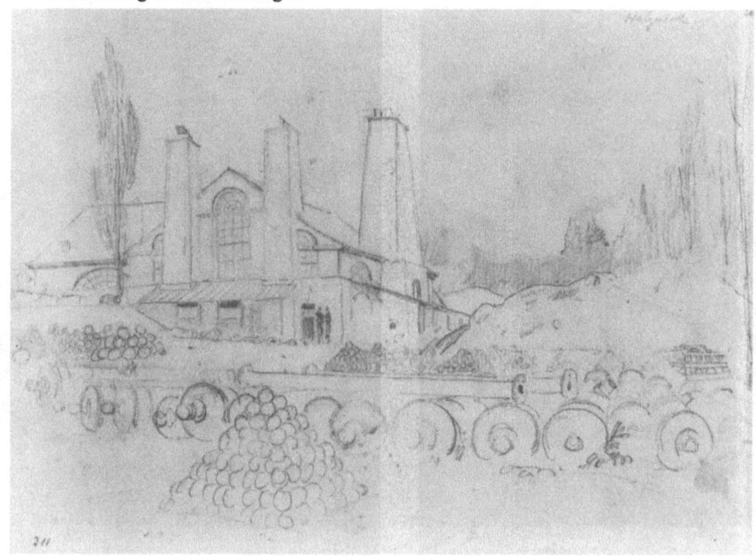

Abb. 66: Carl Blechen: Walzwerk-Skizzen (2)

Bleistiftskizze; 17,6 x 24,2 cm; 1834; Staatliche Museen zu Berlin, Nationalgalerie, Sammlung der Zeichnungen

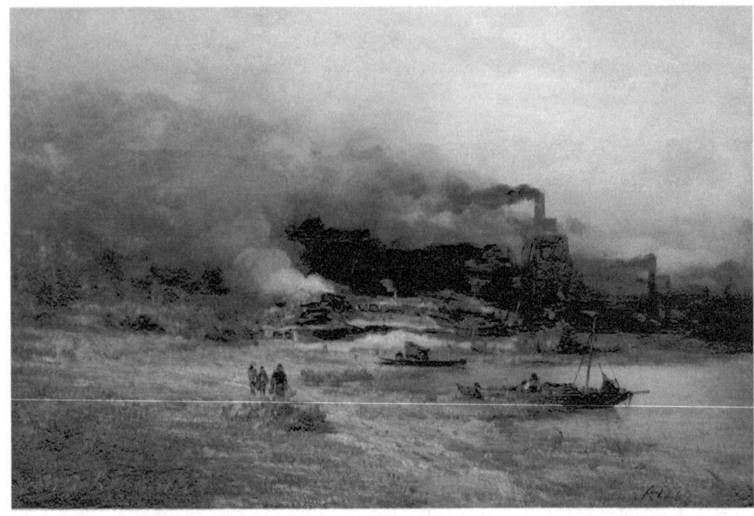

Abb. 67: Andreas Achenbach: Neusser Hütte

Öl auf Holz; 25,5 x 37,4 cm; 1860; Stadtmuseum Düsseldorf

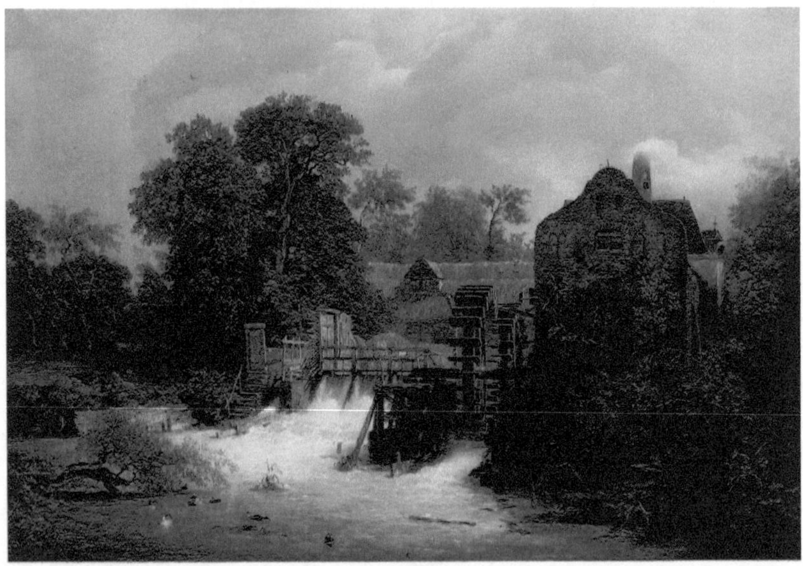

Abb. 68: Andreas Achenbach: Westfälische Mühle

Öl auf Leinwand; 71 x 101,7 cm; 1869; Museum der Bildenden Künste Leipzig

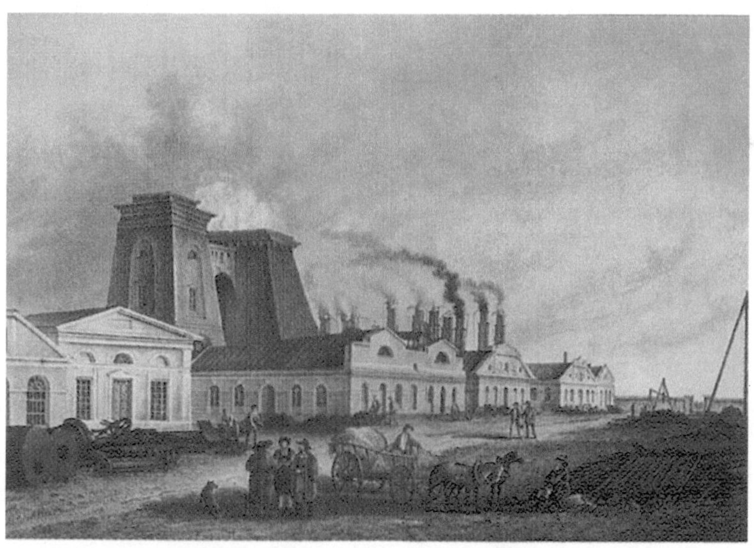

Abb. 69: E.W. Knippel: Hüttenplatz von Henrikow
Lithographie; 20,8 x 30,4 cm; ca. 1850

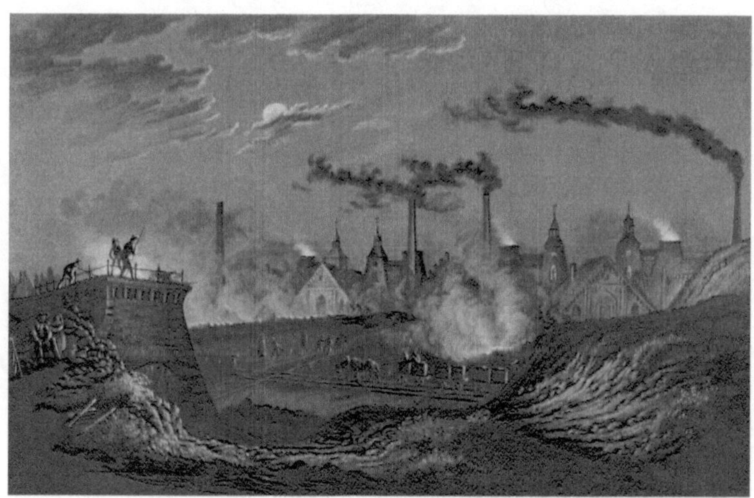

Abb. 70: E.W. Knippel: Coak-Platz zu Königshütte
farbige Lithographie; 27,2 x 42 cm; undatiert

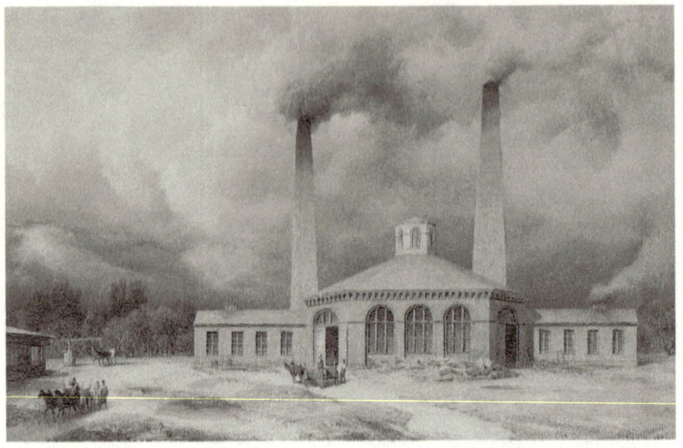

Abb. 71: Eduard Biermann: Borsigsche Werkstatt am Oranienburger Tor 1837

Aquarell; 31 x 47,5 cm; 1847; Deutsches Technikmuseum Berlin

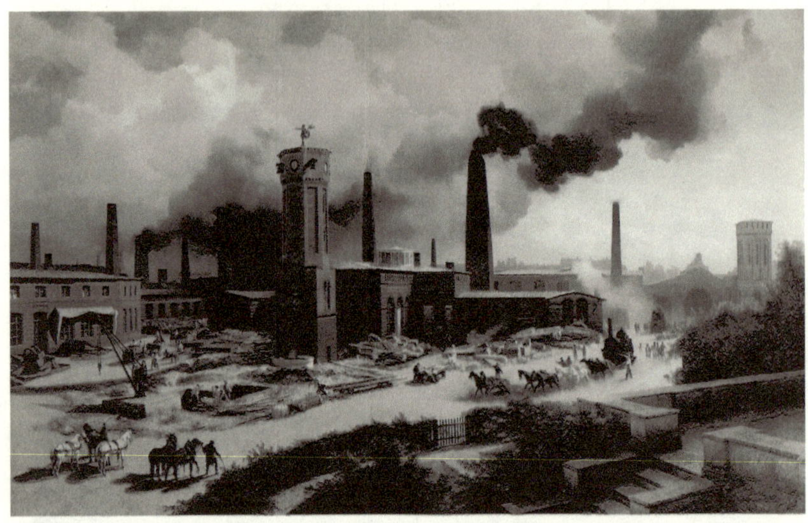

Abb. 72: Eduard Biermann: Borsig's Maschinenbau-Anstalt zu Berlin

Öl auf Leinwand; 110 x 161,5 cm; 1847; Deutsches Technikmuseum Berlin, Dauerleihgabe an die Stiftung Stadtmuseum Berlin

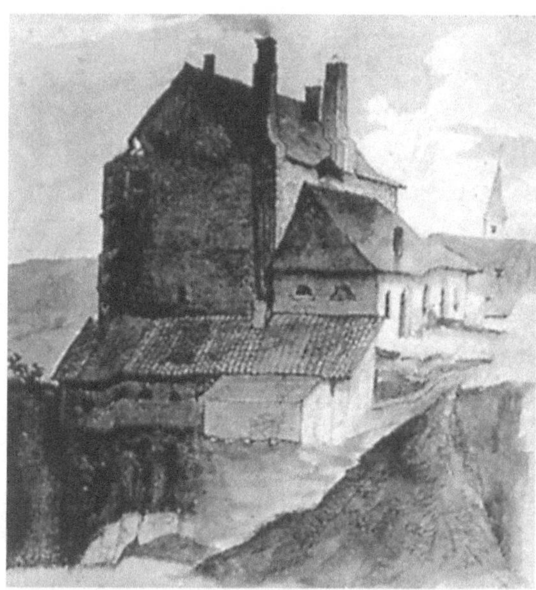

Abb. 73: Alfred Rethel: Harkortsche Fabrik auf Burg Wetter – Vorzeichnung
Aquarell; 1831

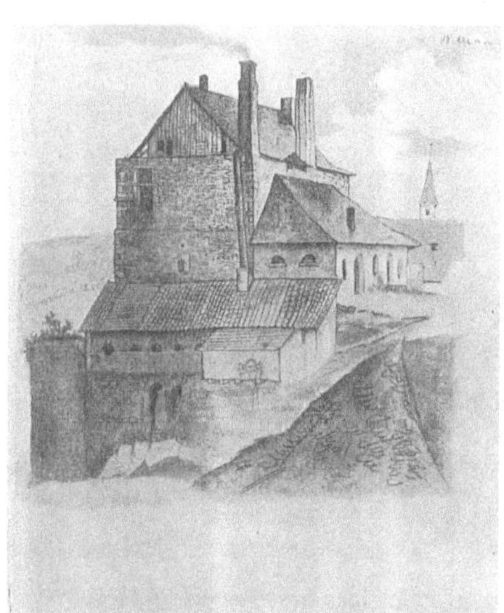

Abb. 74: Alfred Rethel: Burghof auf
Burg Wetter – Skizze
Bleistift; 22,5 x 27 cm; 1831

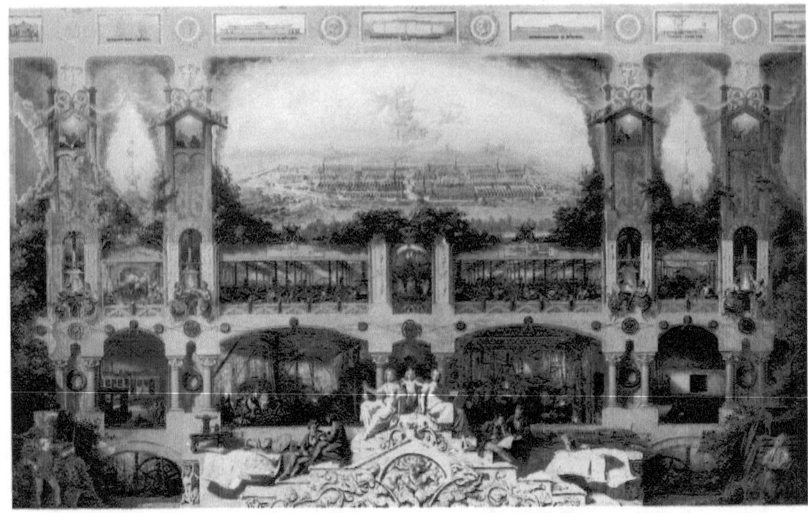

Abb. 75: Eugen Napoleon Neureuther: Maschinenfabrik Klett + Co

Öl auf Karton; 160 x 233 cm; 1858; Man-Archiv Nürnberg

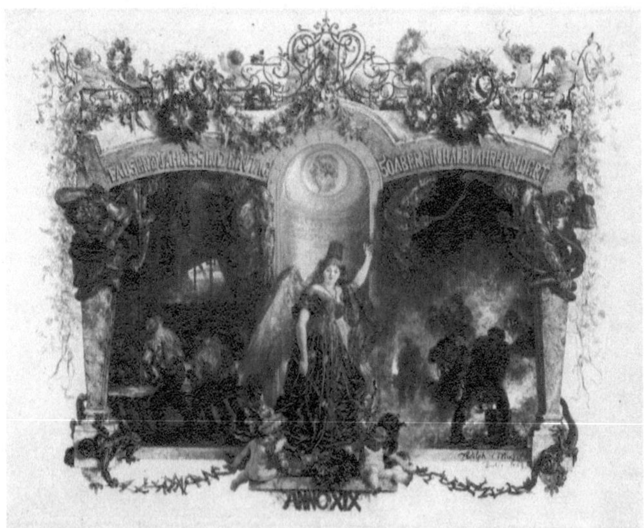

Abb. 76: Adolph von Menzel: Gedenkblatt zum 50-jährigen Bestehen der Firma C. Heckmann

Gouache; 50 x 61 cm; 1869; Staatliche Museen zu Berlin – Preußischer Kulturbesitz, Kupferstichkabinett

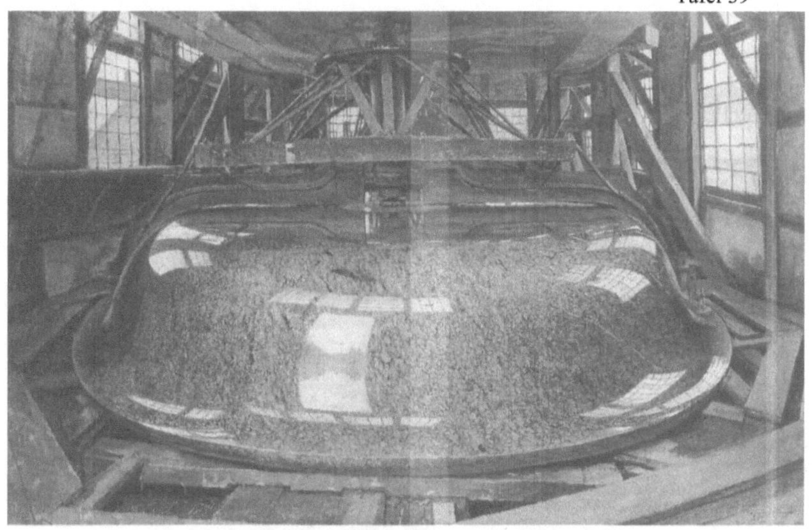

Abb. 77: Johann Erdmann Hummel: Das Schleifen der Granitschale
Öl auf Pappe; 46 x 75 cm; 1831; Staatliche Museen zu Berlin – Preußischer Kulturbesitz, Nationalgalerie

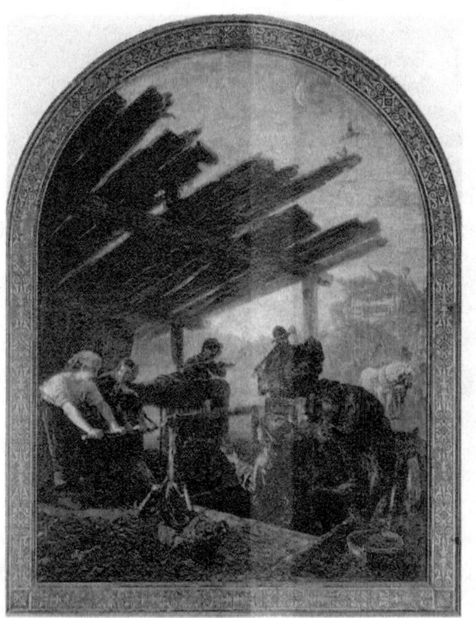

Abb. 78: Paul Meyerheim: Gewinnung des Erzes (Zyklus – Geschichte der Lokomotive)
Öl auf Kupfer; 315 x 230 cm; ca. 1874; Stadtmuseum Berlin

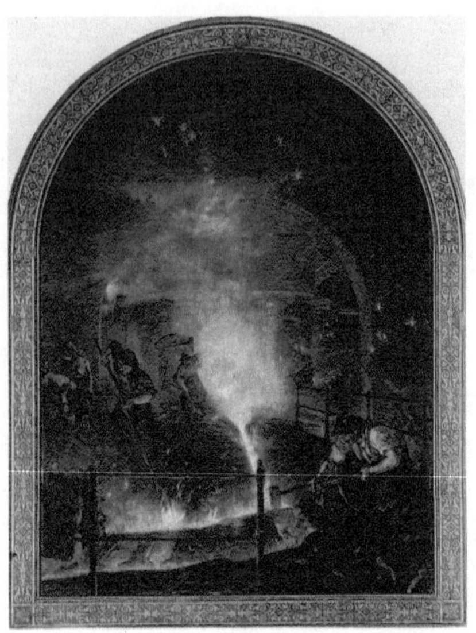

Abb. 79: Paul Meyerheim: Hochofenabstrich (Zyklus – Geschichte der Lokomotive)
Öl auf Kupfer; 315 x 230 cm; 1874; Stadtmuseum Berlin

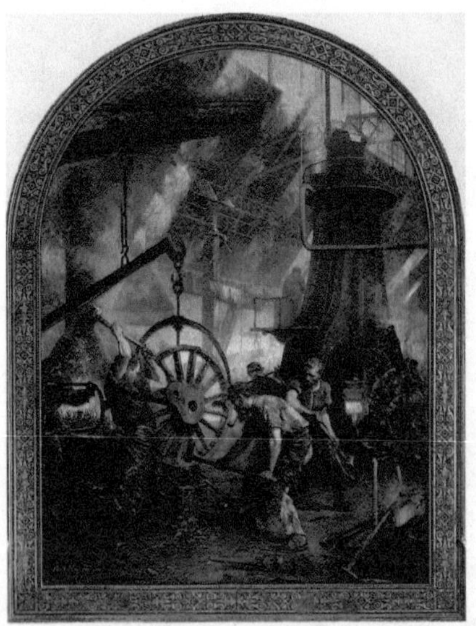

Abb. 80: Paul Meyerheim: Maschinenfabrik (Zyklus – Geschichte der Lokomotive)
Öl auf Kupfer; 315 x 230 cm; 1873; Stadtmuseum Berlin

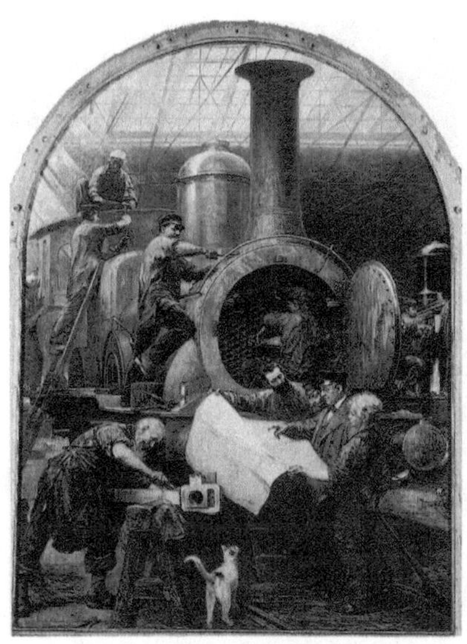

Abb. 81: Paul Meyerheim: Vollendung der Lokomotive (Zyklus – Geschichte der Lokomotive)
Öl auf Kupfer; 356 x 251 cm; 1873; Deutsches Technikmuseum Berlin

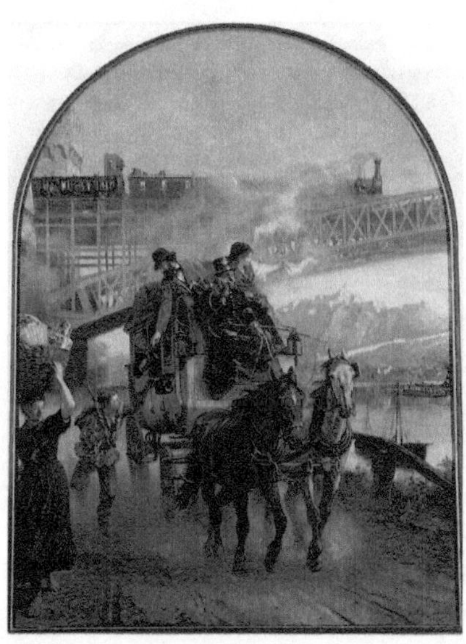

Abb. 82: Paul Meyerheim: Die Postkutsche (auch: Eisenbahnbrücke über den Rhein bei Ehrenbreitstein) (Zyklus – Geschichte der Lokomotive)
Öl auf Kupfer; 356 x 251 cm; 1875; Deutsches Technikmuseum Berlin

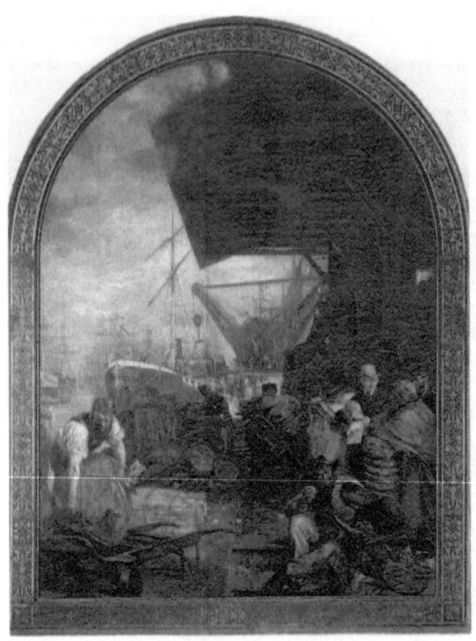

Abb. 83: Paul Meyerheim: Welthandel (Zyklus – Geschichte der Lokomotive)
Öl auf Kupfer; 315 x 230 cm; 1876; Stadtmuseum Berlin

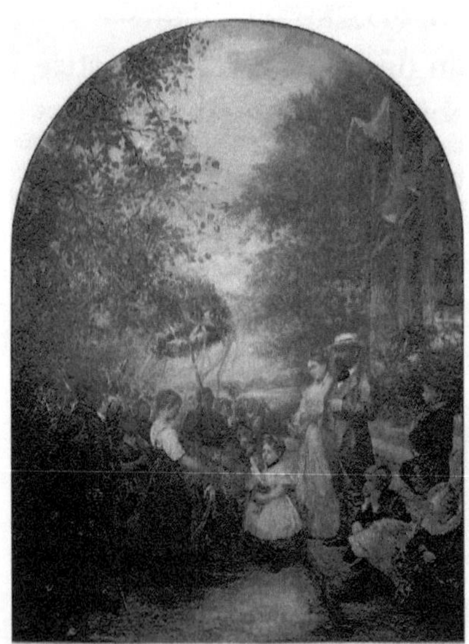

Abb. 84: Paul Meyerheim: Familienbild (auch: Erntefest in Groß Benitz) (Zyklus – Geschichte der Lokomotive)
Öl auf Kupfer; 315 x 230 cm; undatiert; Muzeum Narodowe w Szczecinie Stettin

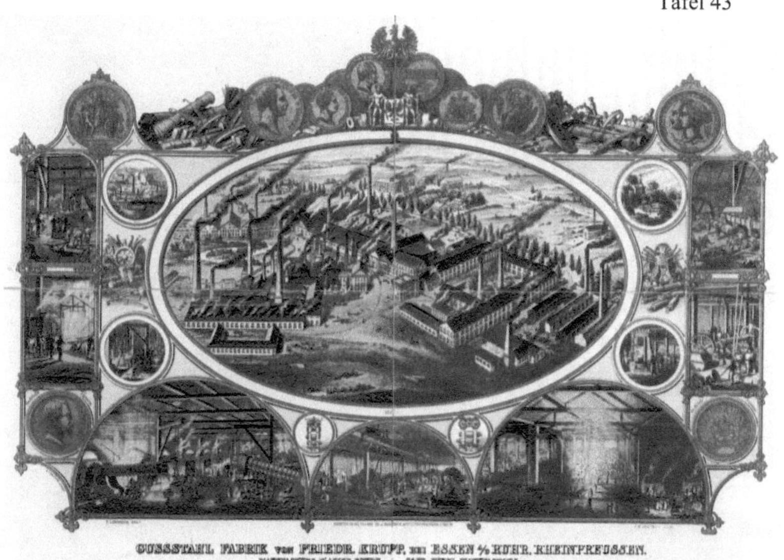

Abb. 85: Krupp-Werbeplakat mit Ansichten der Gußstahlfabriken Essen (1857)

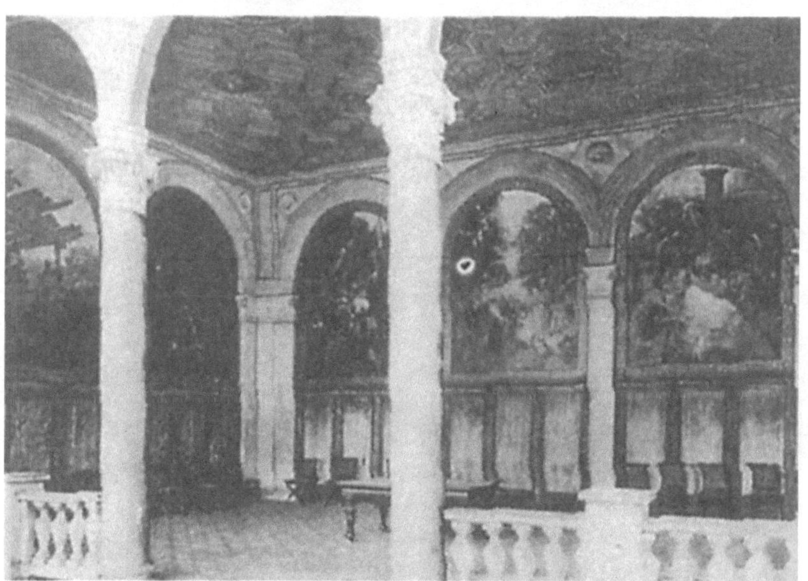

Abb. 86: Borsig - Gartenhalle

Fotografie

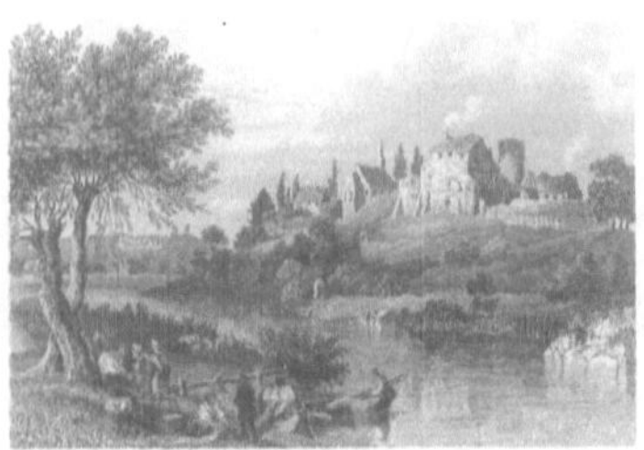

Abb. 87: Carl Schlickum:
Ansicht von Wetter an der Ruhr
Stahlstich; 9,9 x 15,1 cm; 1841;
Westfälisches Landesmuseum
Münster

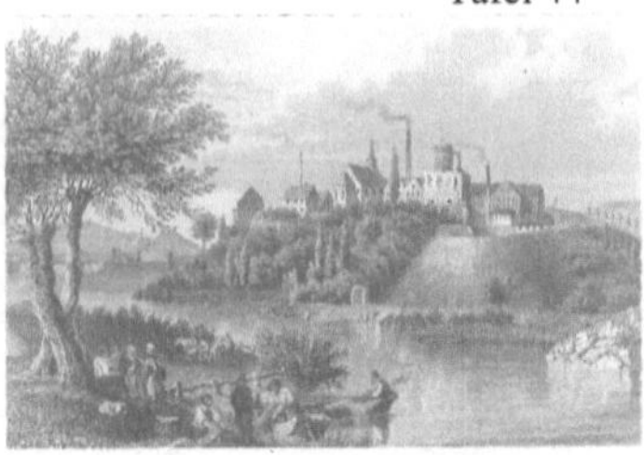

Abb. 88: Carl Schlickum:
Ansicht von Wetter an der Ruhr
Stahlstich; 9,9 x 14,8 cm; 1872;
Heimatmuseum Hattingen

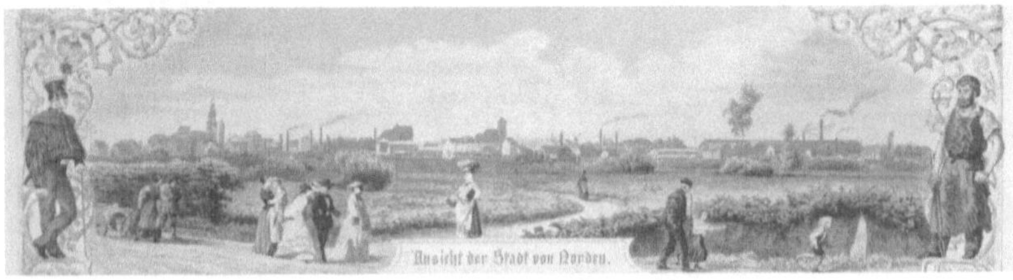

Abb. 89: Wilhelm Ludwig Riefstahl: Ansichten von Dortmund

Stahlstich; 8 x 28,8 cm; 1863

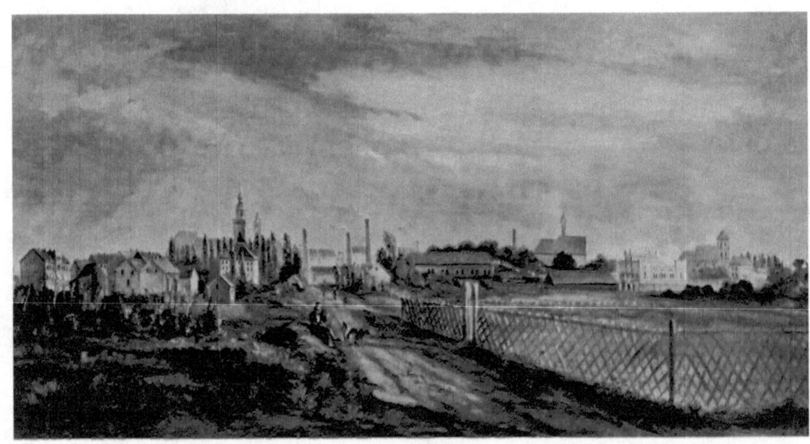

Abb. 90: Christian Zucchi: Dortmund von der Nordseite (1854)

Stahlstich; 36 x 56 cm; 1854

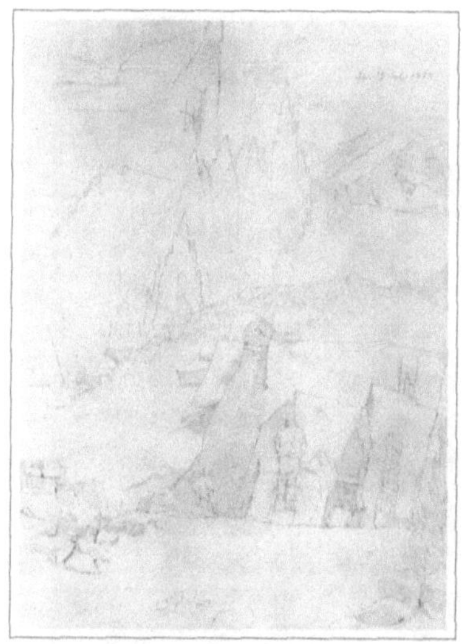

Abb. 91: Caspar David Friedrich: Im Steinbruch
Bleistift; 28,4 x 20,4 cm; 1812;
Staatliche Kunstsammlung Dresden

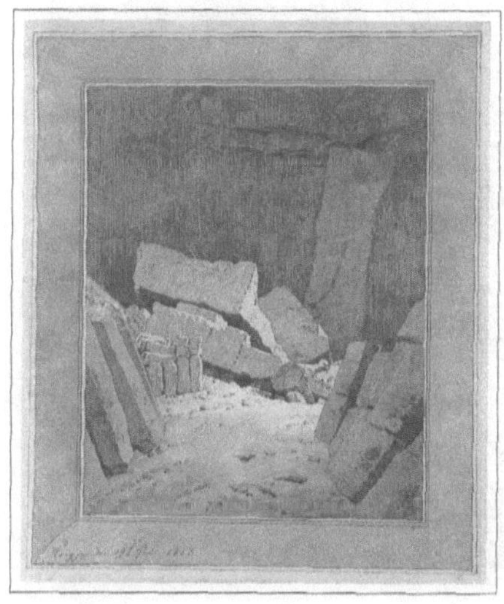

Abb. 92: Caspar David Friedrich: Steinbruch bei Krippen in der Sächsischen Schweiz
Bleistift; 21 x 17,3 cm; 1813; Staatliche Museen zu Berlin

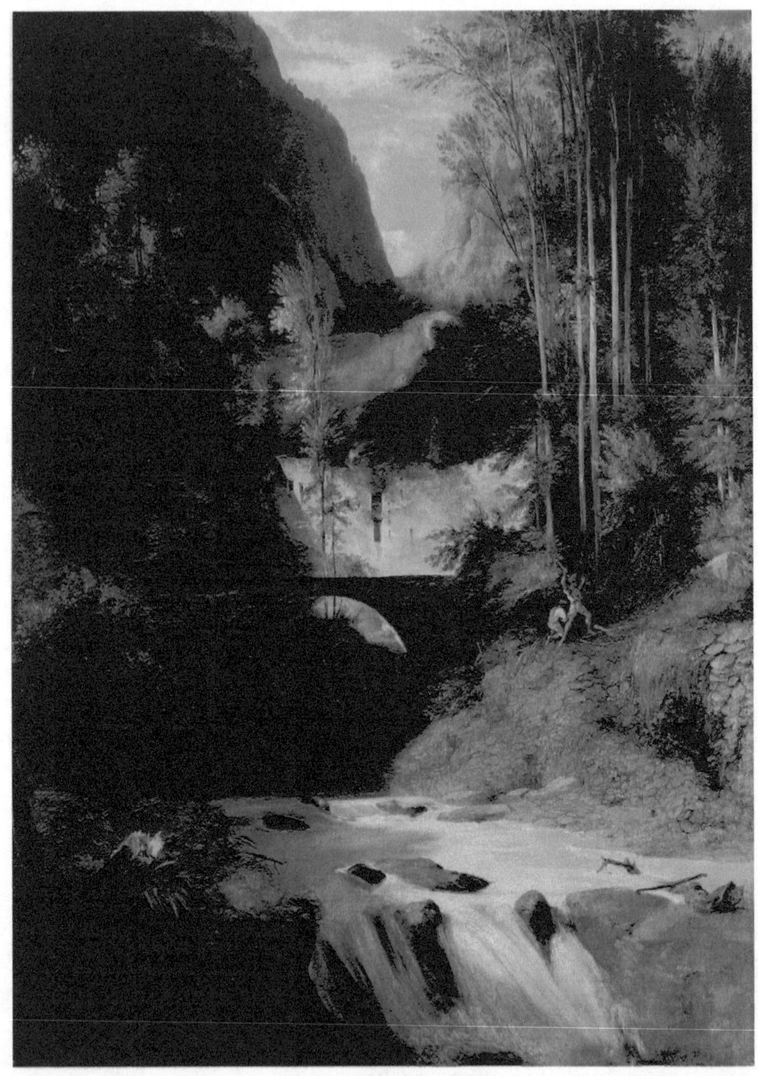

Abb. 93: Carl Blechen: Schlucht von Amalfi

Öl auf Leinwand; 110,3 x 77,5 cm; 1831; Staatliche Museen zu Berlin – Preußischer Kulturbesitz, Nationalgalerie

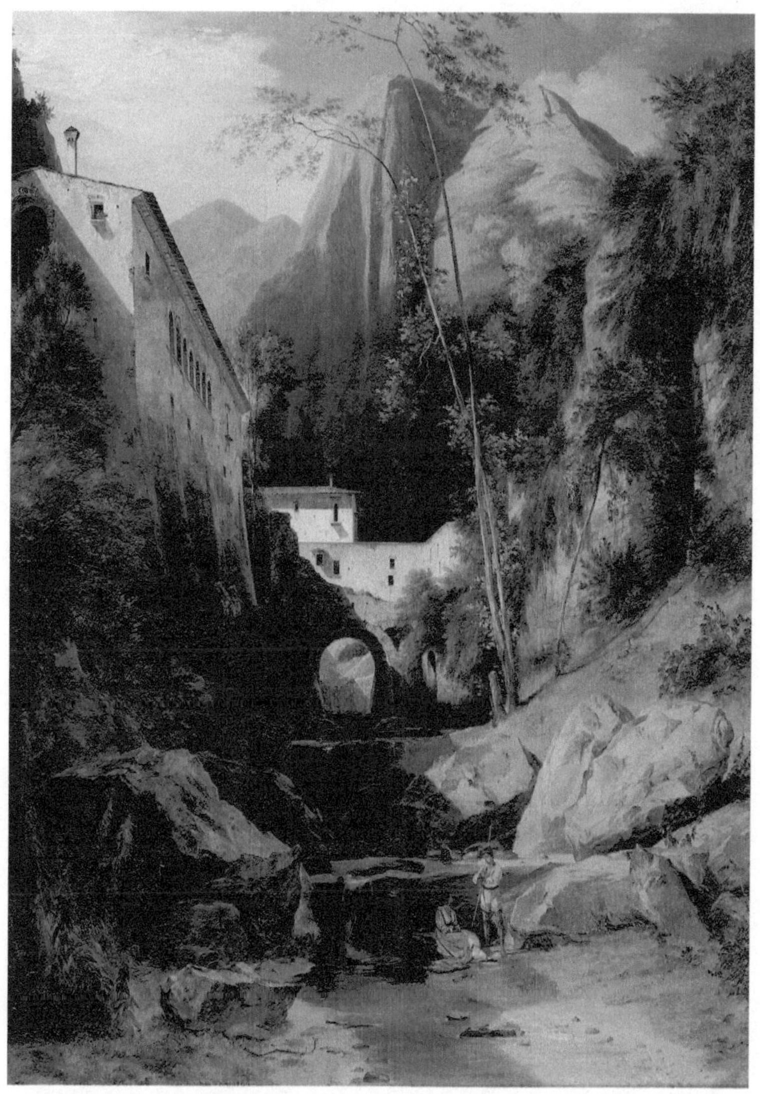

Abb. 94: Carl Blechen: Mühlental von Amalfi

Öl auf Leinwand; 109 x 77,5 cm; 1831; Museum der Bildenden Künste Leipzig

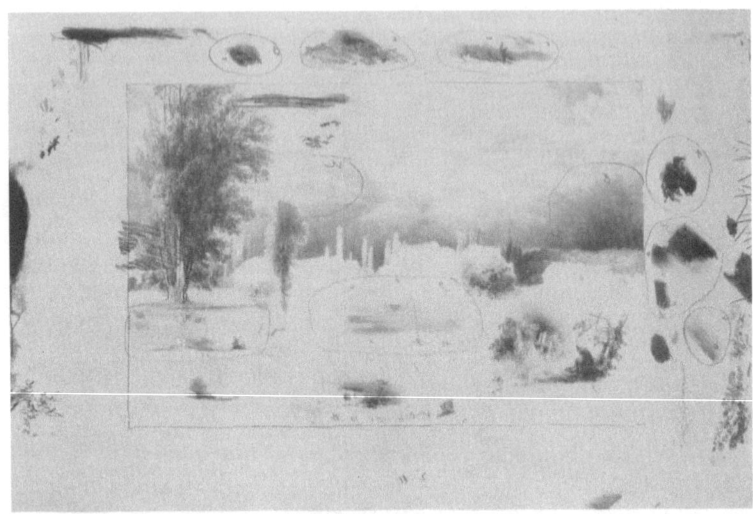

Abb. 95: Carl Blechen: Messingwerk bei Eberswalde

Kreidelithographie; 31 x 46 cm; nach 1830 (unvollendet), graphische Sammlung im Städelschen Museum Frankfurt

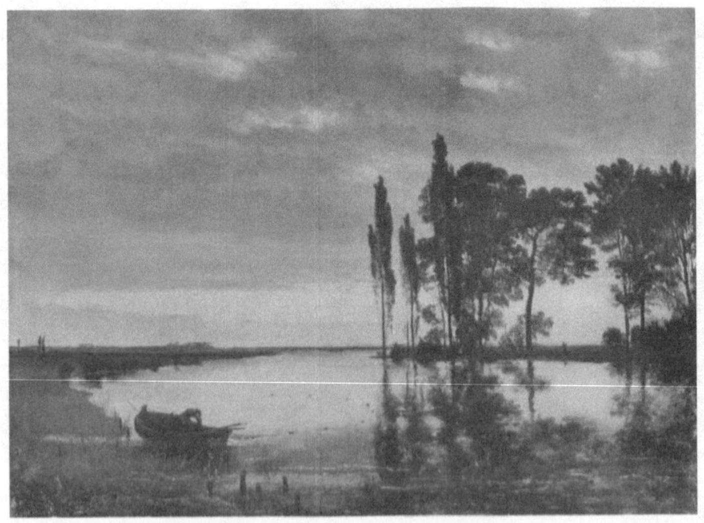

Abb. 96: Carl Blechen: Abend am Flußufer

Öl auf Kupfer; 14,2 x 19,3 cm; Privatbesitz Berlin

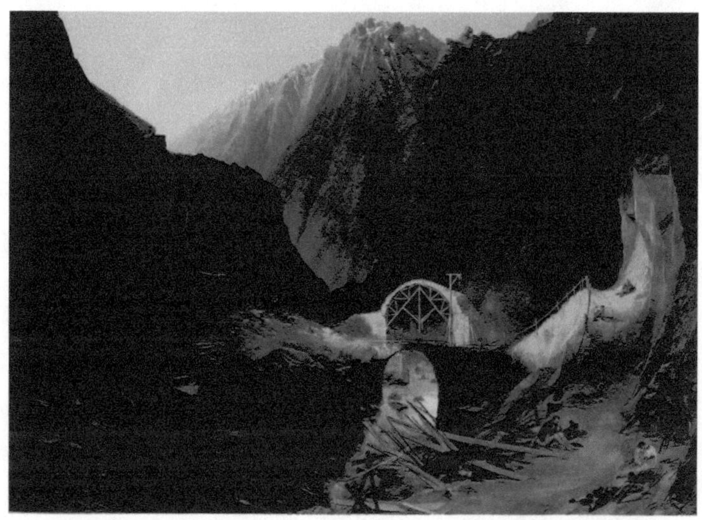

Abb. 97: Carl Blechen: Bau der Teufelsbrücke
Öl auf Leinwand; 77,6 x 104,5 cm, ca. 1833; Bayerische Staatsgemälde Sammlungen / Pinakothek München

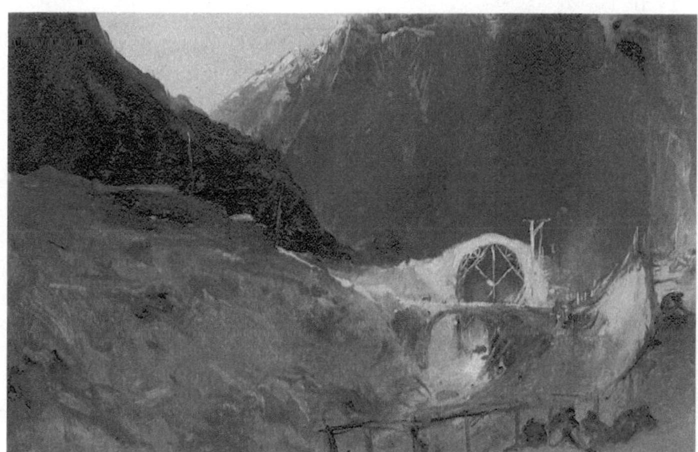

Abb. 98: Carl Blechen: Bau der Teufelsbrücke – Vorstudie
Öl auf Papier und Holz; 15 x 22,5 cm; ca. 1833; Stiftung Oskar Reinhart Winterthur

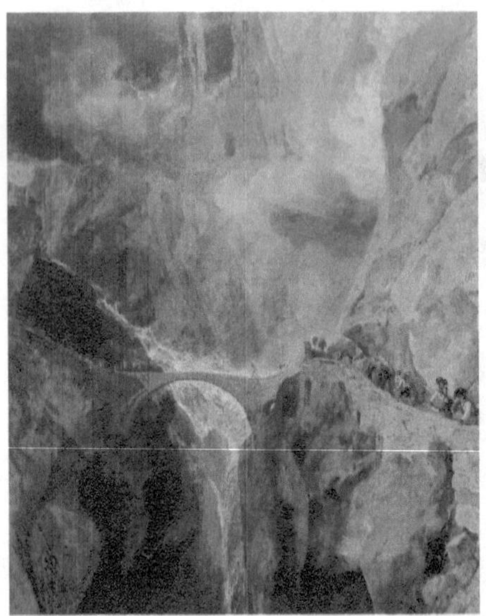

Abb. 99: Joseph Mallord William Turner: Die Teufelsbrücke am St. Gotthard
Aquarell; 47,1 x 31,8 cm; 1803-04; British Museum London

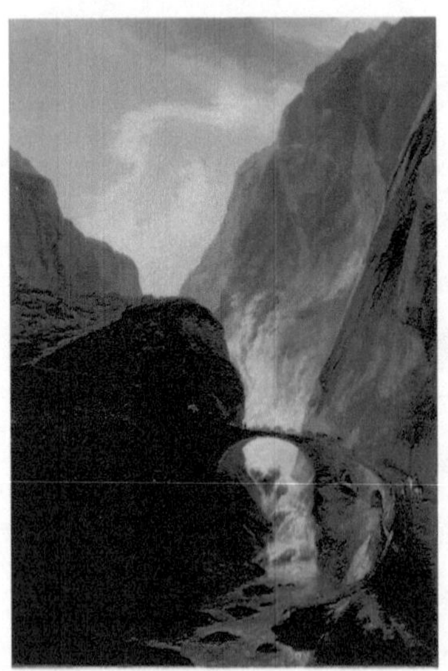

Abb. 100: Caspar Wolf: Teufelsbrücke in der Schöllenen
Öl auf Leinwand; 82 x 54 cm; 1777; Aargauer Kunsthaus Aarau

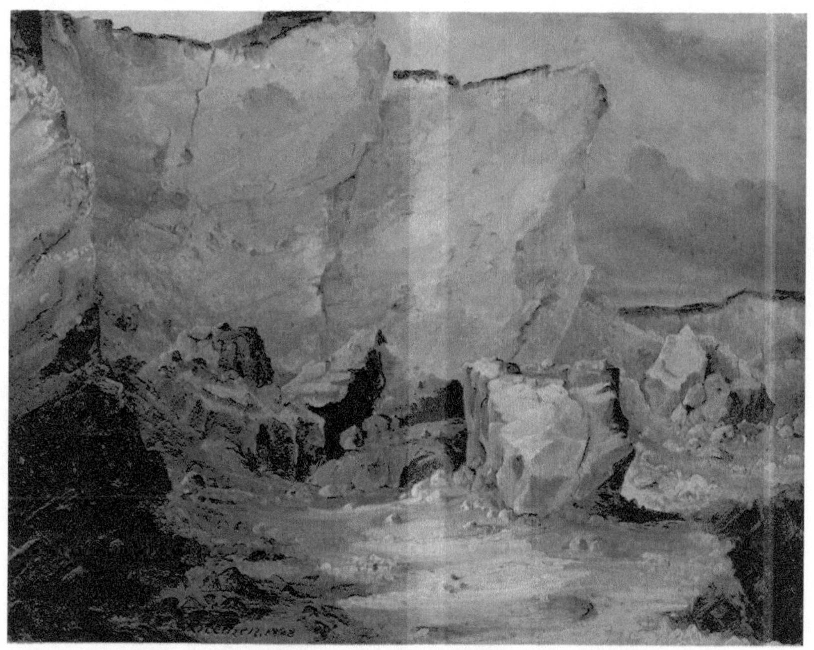

Abb. 101: Carl Blechen: Kalksteinbrüche

Öl auf Leinwand; 27 x 34 cm; 1828; Museum Cottbus, Schloß Branitz

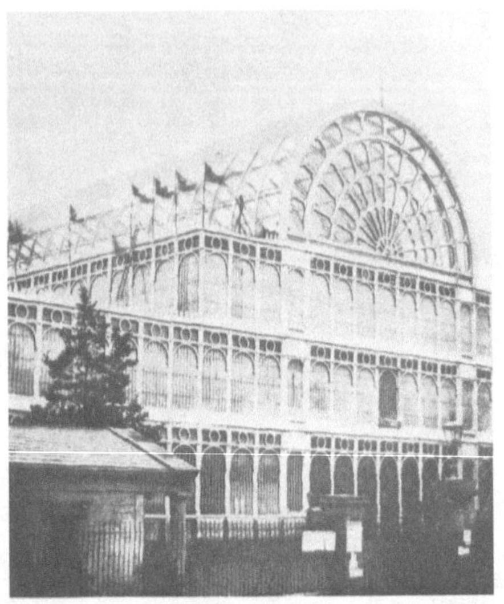

Abb. 102: Kristallpalast – südliches Querschiff von Außen (1851)
Fotografie von Fox Talbot

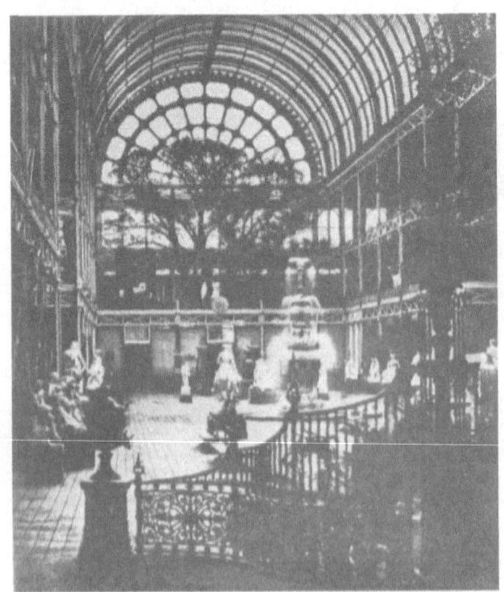

Abb. 103: Kristallpalast – südliches Querschiff (1851)
Fotografie von Fox Talbot

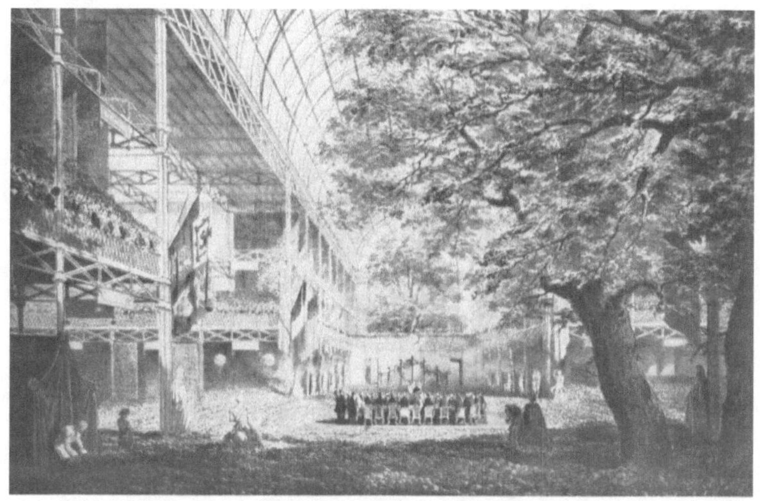

Abb. 104: Kristallpalast – Halle mit Natur (1851)

Weltausstellung, London, 1851

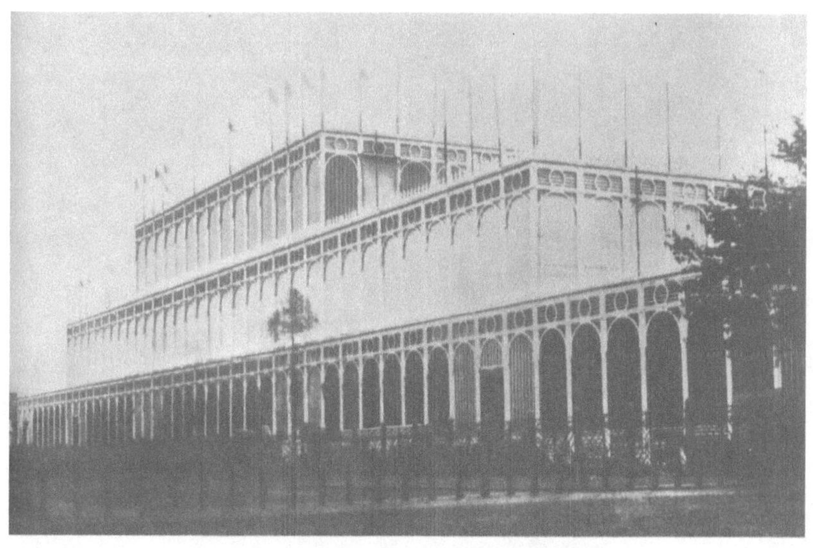

Abb. 105: Kristallpalast – Ostseite (1851)

Fotografie von Fox Talbot

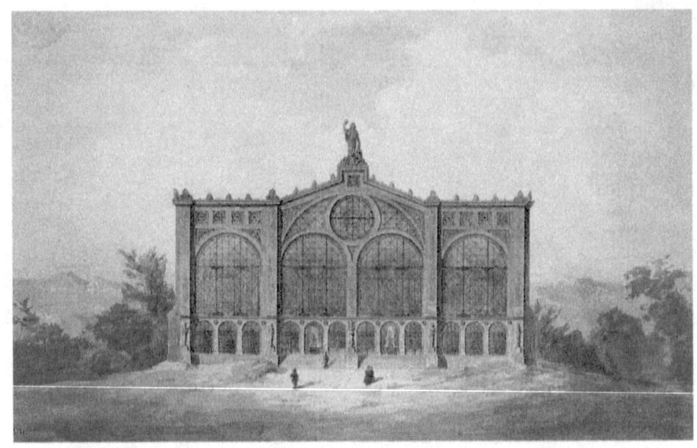

Abb. 106: August Voit: Wintergarten-Entwürfe (1)

Bleistift/Feder aquarelliert; 30 x 48,2 cm; 1848-49; Architekturmuseum der TU München

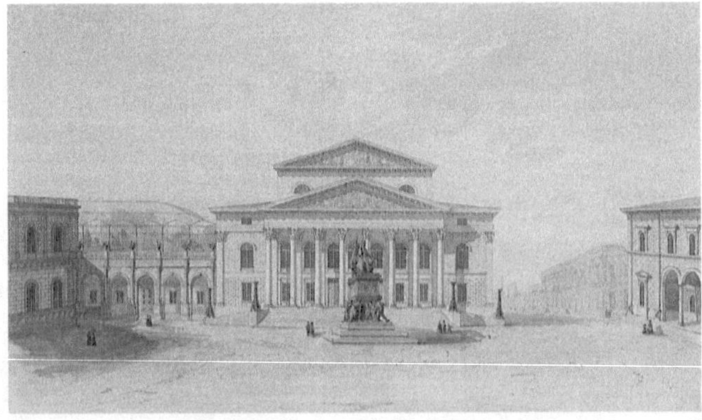

Abb. 107: Franz Jacob Kreuter: Wintergarten-Entwürfe (2)

Feder aquarelliert; 48,3 x 63 cm; 1850; Stadtmuseum München

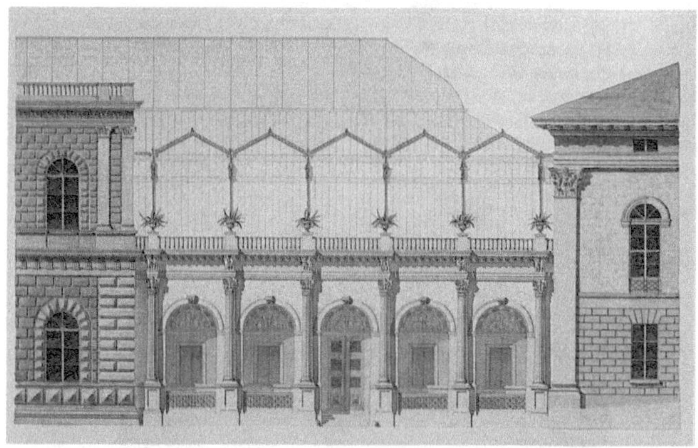

Abb. 108: Franz Jacob Kreuter: Wintergarten-Entwürfe (2) – Aufriß

Feder aquarelliert; 48,8 x 64,9 cm; 1850; Stadtmuseum München

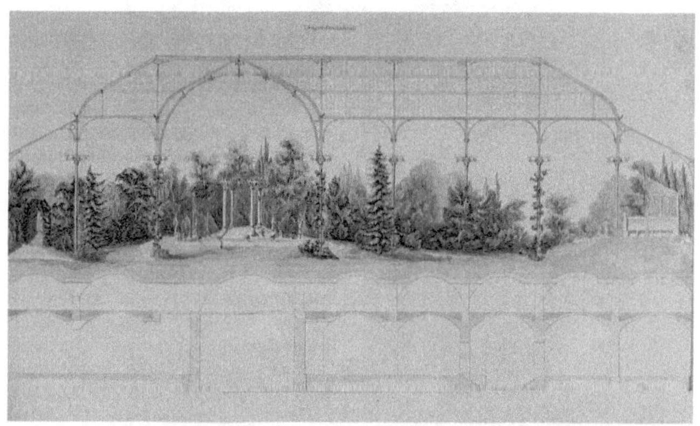

Abb. 109: Franz Jacob Kreuter: Wintergarten-Entwürfe (2) – Schnitt

Feder aquarelliert; 48,8 x 64,9 cm; 1850; Stadtmuseum München

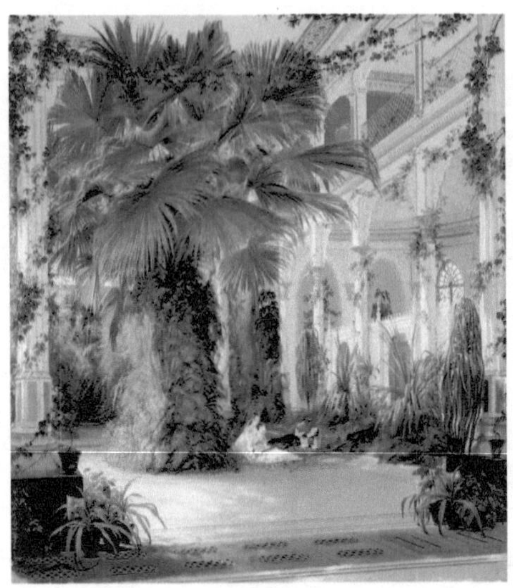

Abb. 110: Carl Blechen: Innere des Palmenhauses (1)

Öl auf Leinwand; 78 x 54 cm; 1832-34; Staatliche Schlösser und Gärten Potsdam-Sanssouci

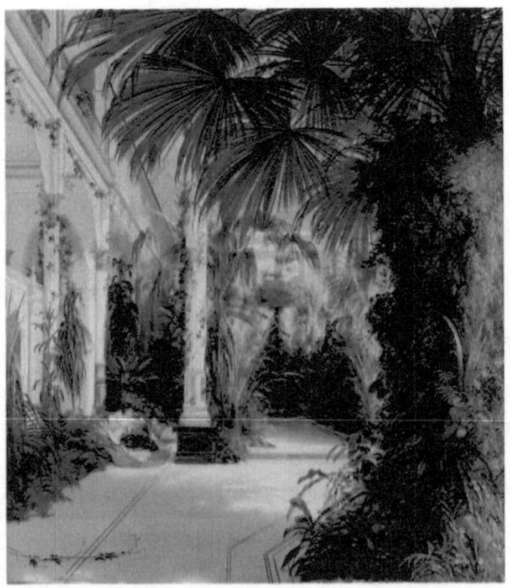

Abb. 111: Carl Blechen: Innere des Palmenhauses (2) (1832-34)

Öl auf Leinwand; 74 x 65 cm; 1832-34; Staatliche Schlösser und Gärten, Potsdam-Sanssouci

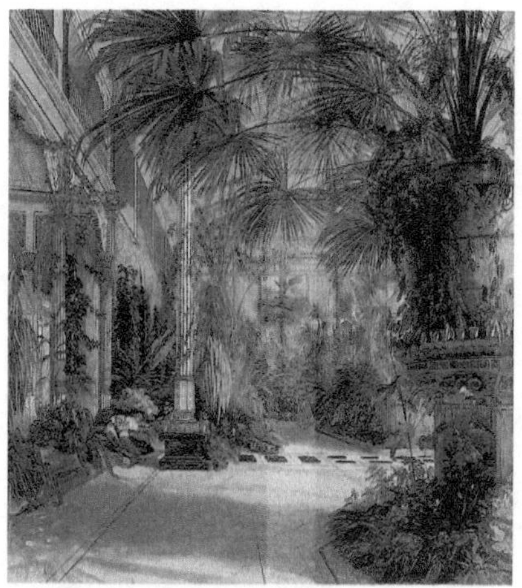

Abb. 112: Carl Blechen: Innere des Palmenhauses (3)

Öl auf Papier und Leinwand; 64 x 56 cm; 1832-34; Staatliche Museen zu Berlin – Preußischer Kulturbesitz, Nationalgalerie

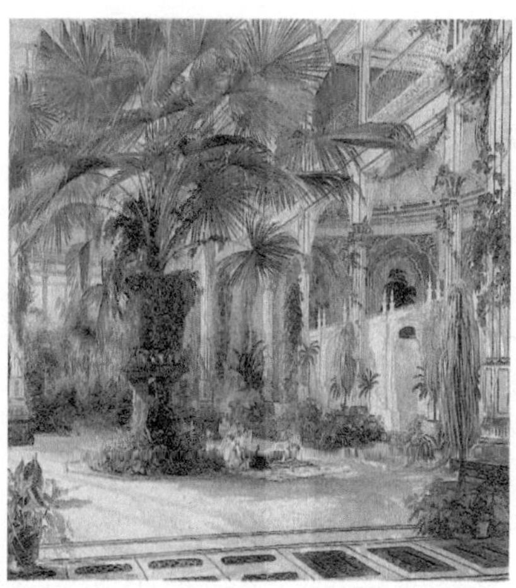

Abb. 113: Carl Blechen: Innere des Palmenhauses (4) (1832-34)

Öl auf Papier und Leinwand; 64 x 56 cm; 1832-34; Kunsthalle Hamburg

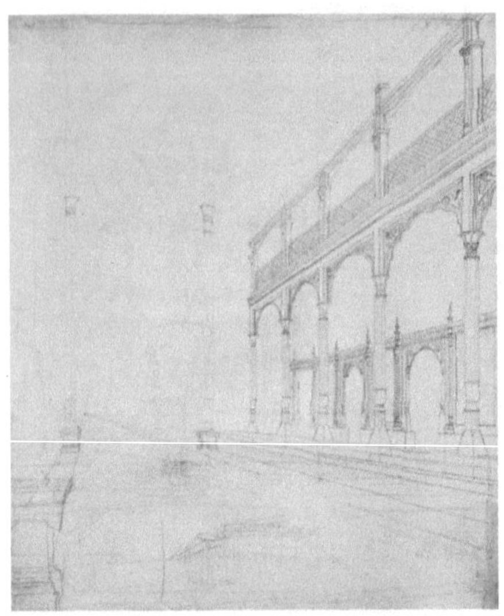

Abb. 114: Carl Blechen: Architekturskizze (Palmenhaus)
Bleistift- und Federskizze; 68 x 55,5 cm

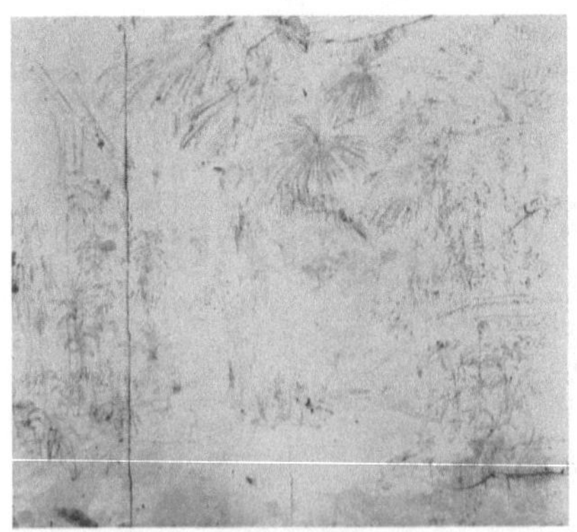

Abb. 115: Carl Blechen: Pflanzenskizzen (1) (Palmenhaus)
Bleistiftskizze; 52,8 x 57,6 cm

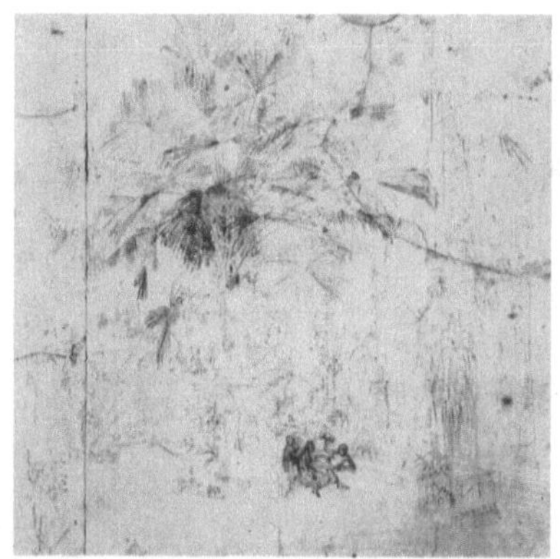

Abb. 116: Carl Blechen: Pflanzenskizzen (2) (Palmenhaus)
Bleistiftskizze; 50,5 x 49,7 cm

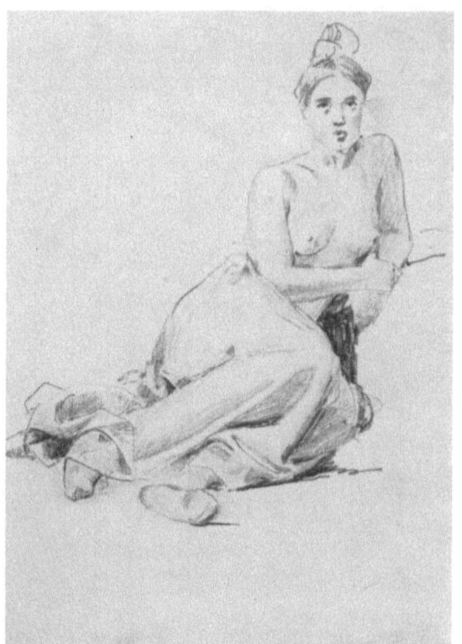

Abb. 117: Carl Blechen: Frauenskizzen (1) (Palmenhaus)
Bleistiftskizze; 17,1 x 16,8 cm

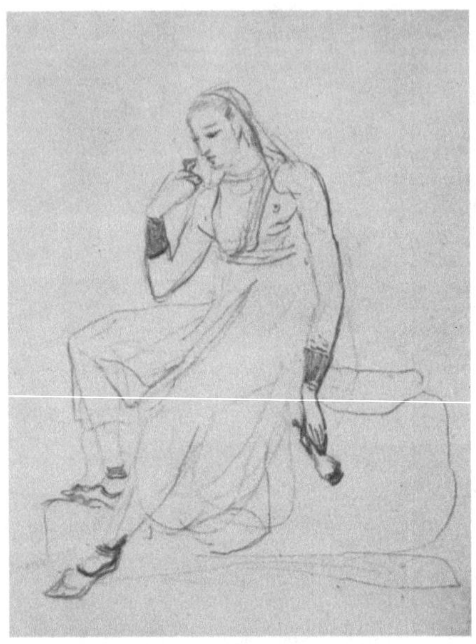

Abb. 118: Carl Blechen: Frauenskizzen (2) (Palmenhaus)
Bleistiftskizze; 34,1 x 22,1 cm

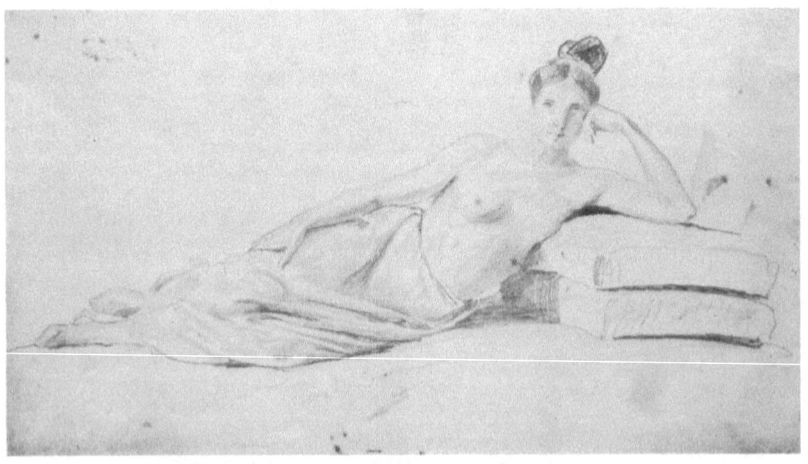

Abb. 119: Carl Blechen: Frauenskizzen (3) (Palmenhaus)
Bleistiftskizze; 20 x 33,6 cm

Tafel 61

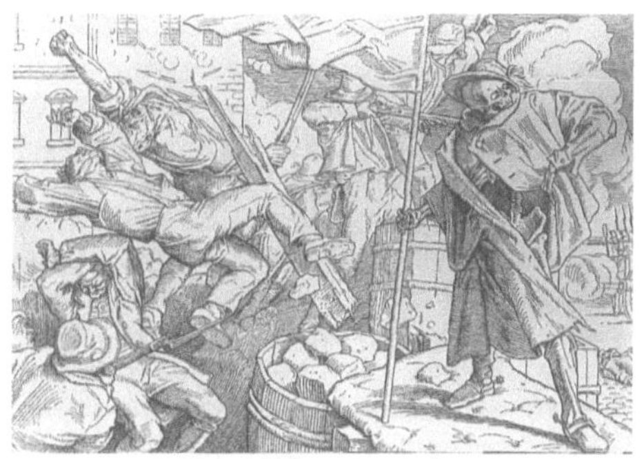

Abb. 120: Alfred Rethel: Der Tod auf der Barrikade (Holzschnittzyklus – Auch ein Totentanz) 1849; Archiv für Kunst und Geschichte Berlin

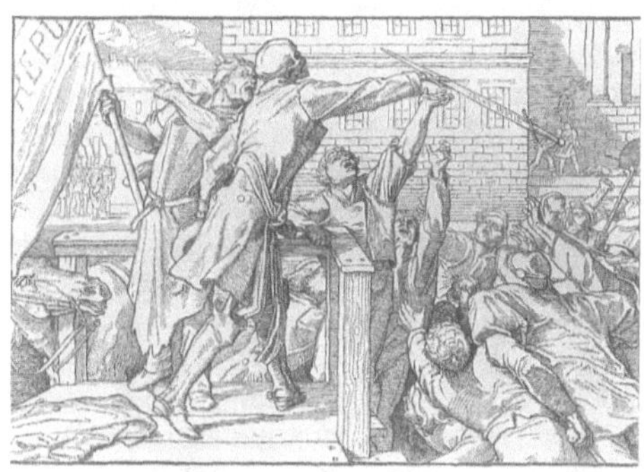

Abb. 121: Alfred Rethel: Der Tod als Volksredner (Holzschnittzyklus – Auch ein Totentanz) 1849; Archiv für Kunst und Geschichte Berlin

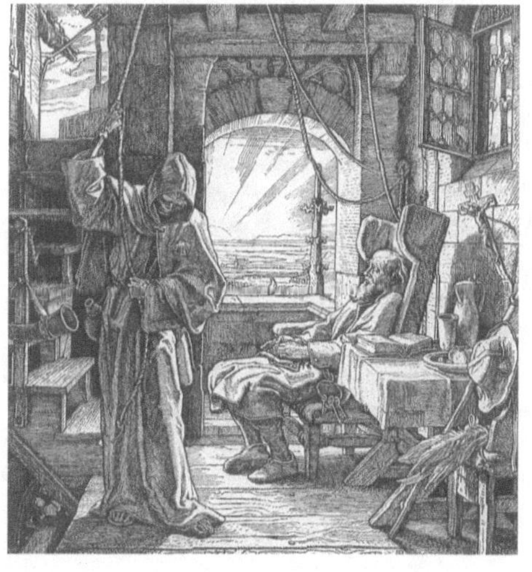

Abb. 122: Alfred Rethel: Der Tod als Freund (Holzschnittzyklus – Auch ein Totentanz) 1851; Archiv für Kunst und Geschichte Berlin

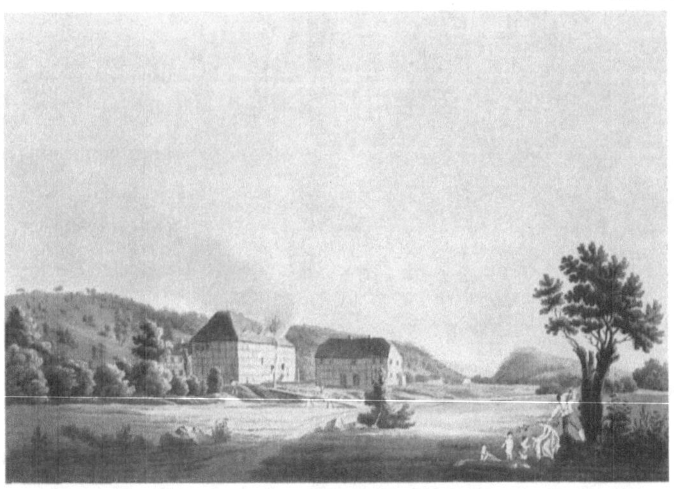

Abb. 123: Johann Friedrich Franz Bruder: Radierung nach Friedrichs Glashütte in Döhlen
Radierung; Kupferstich-Kabinett Dresden

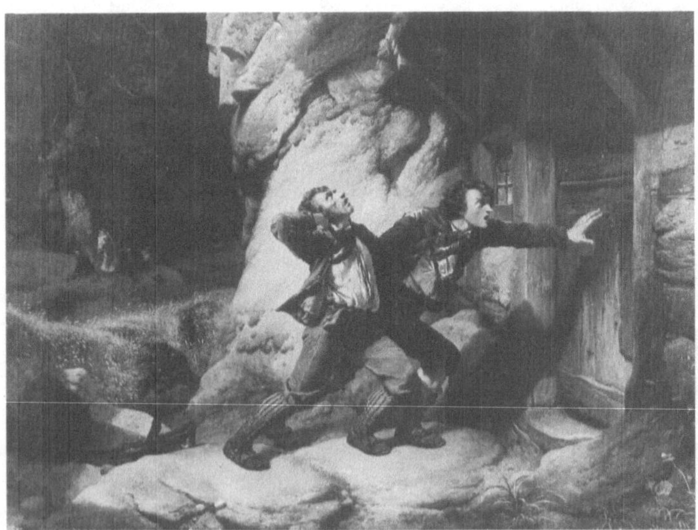

Abb. 124: Karl Wilhelm Hübner: Jagdrecht
Öl auf Leinwand; 95 x 135,5 cm; 1846; Privatbesitz

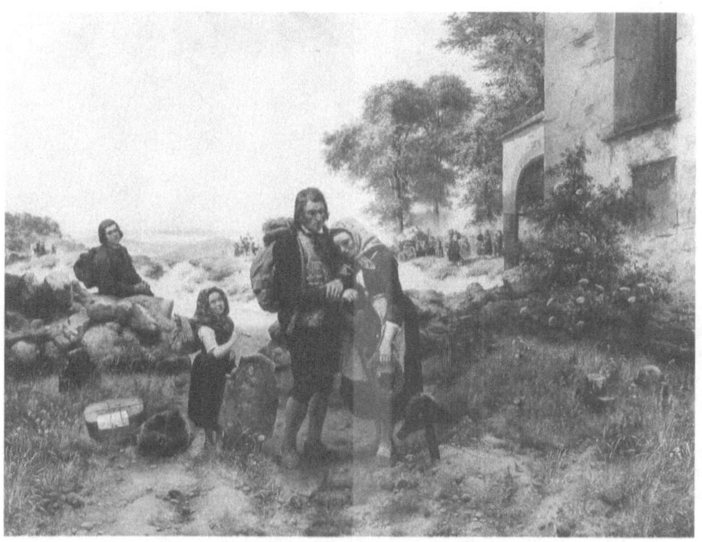

Abb. 125: Karl Wilhelm Hübner: Abschied der Auswanderer

Öl auf Leinwand; 127 x 163,5 cm; 1846; Nationalgalerie Oslo

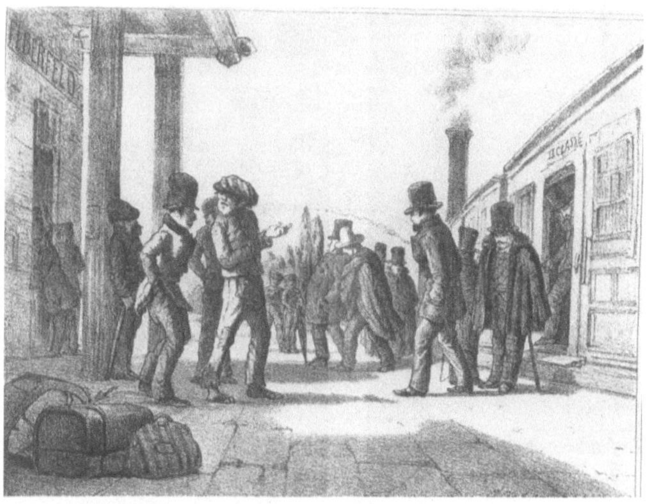

Abb. 126: Andreas Achenbach: Düsseldorfer Demokraten (Karikatur)

Lithographie; 1848; Kunst-Akademie Düsseldorf

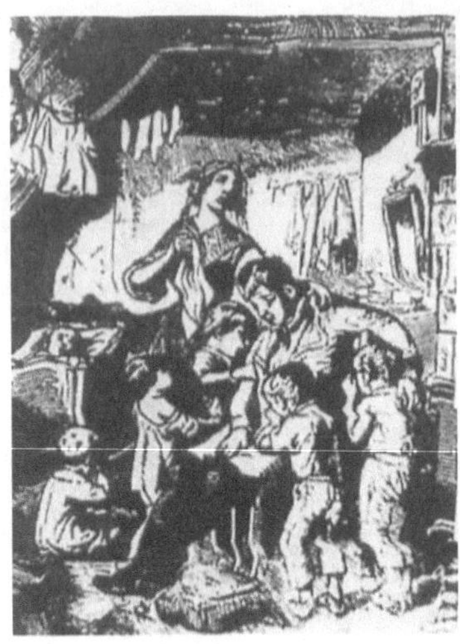

Abb. 127: Theodor Hosemann: Proletarierwohnung
Lithographie; ca. 1842

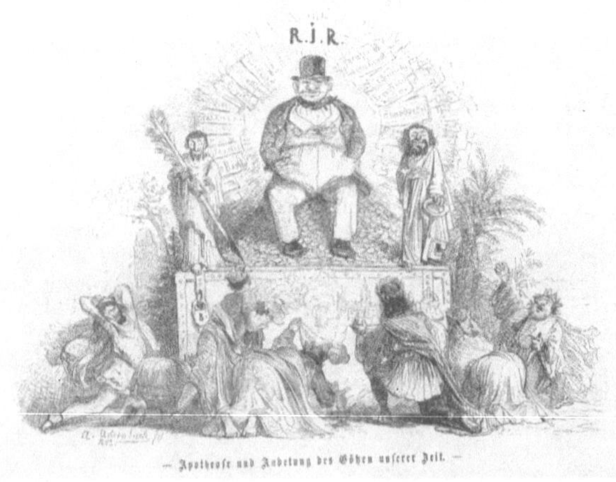

Abb. 128: Andreas Achenbach: Apotheose und Ausbeutung des Götzen unserer Zeit (Karikatur)
Lihtographie; 1848; Düsseldorfer Monatshefte

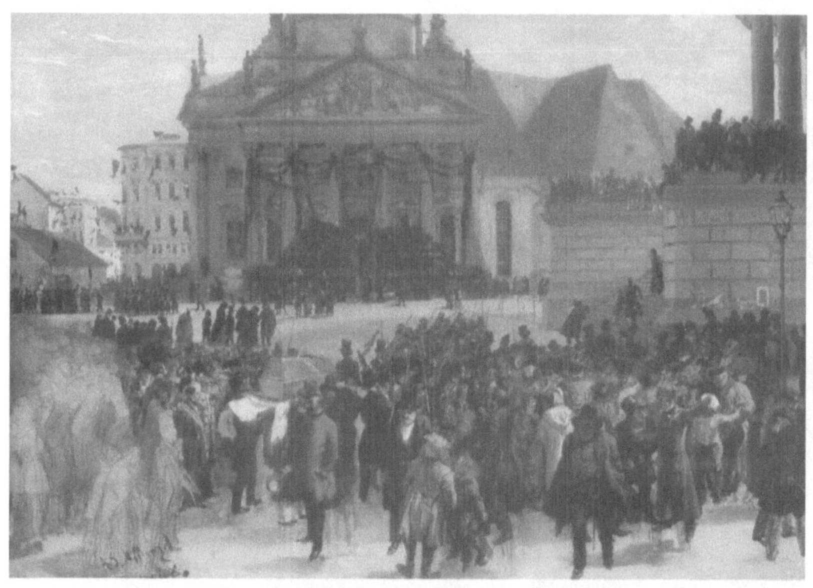

Abb. 129: Adolph von Menzel: Aufbahrung der Märzgefallenen
Öl auf Leinwand; 45 x 63 cm; 1848, Kunsthalle Hamburg

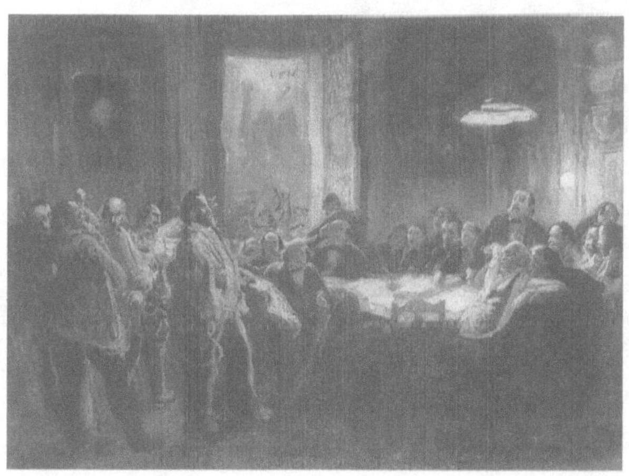

Abb. 130: Johann Peter Hasenclever: Ein Magistrat aus dem Jahre 1848 – Version 1
Öl auf Leinwand; 47 x 63 cm; 1848-49; Westfälisches Landesmuseum für Kunst und Kulturgeschichte Münster

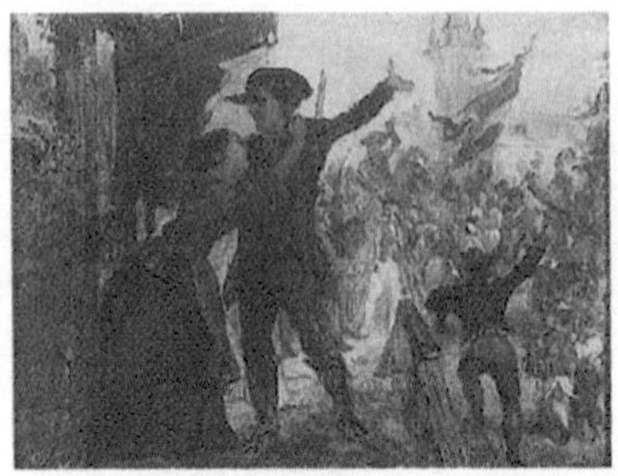

Abb. 131: Johann Peter Hasenclever:
Der Abschied des Bürgerwehrmannes
Ölskizze; 20,4 x 25,3; 1848; Bergisches Museum/Schloß an der Wupper Solingen

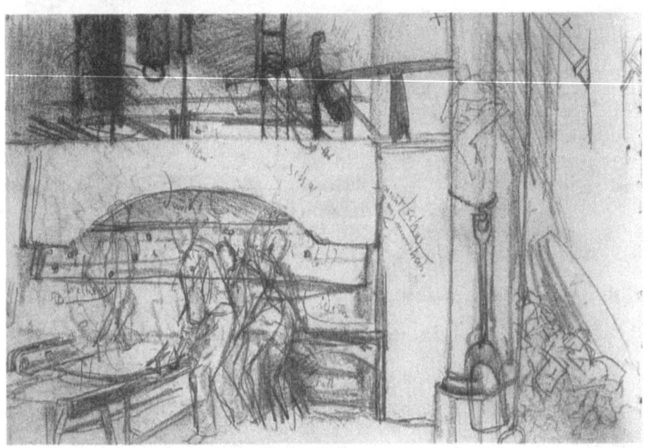

Abb. 132: Adolph von Menzel: Arbeiter in der Heckmannschen Fabrik - Studie zum Gedenkblatt zum 50-jährigen Bestehen der Firma C. Heckmann
Bleistift; 1869-71; Staatliche Museen zu Berlin – Preußischer Kulturbesitz, Kupferstichkabinett, Skizzenbuch 14

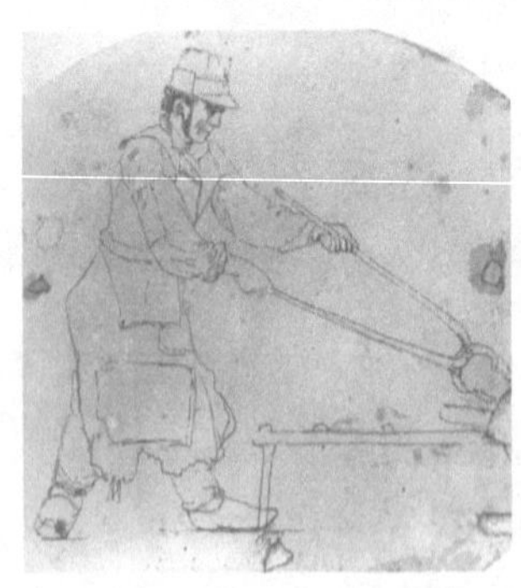

Abb. 133: Francois Bonhommé: Fourchambault – Un lamineur
Feder und braune Tinte, 13,2 x 12 cm; 1839-40; Musée de l'Histoire du Fer Jarville, Fonds Auscher

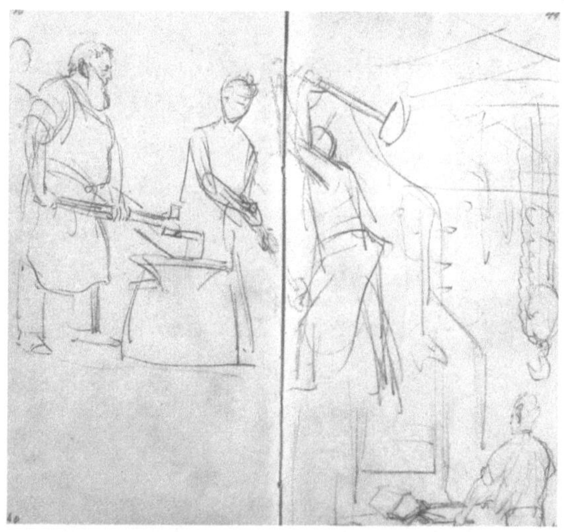

Abb. 134: Adolph von Menzel: Arbeiter am Dampfhammer – Arbeiterstudie (Skizzenbuch 14)
Bleistift; 1855; Staatliche Museen zu Berlin – Preußischer Kulturbesitz, Kupferstichkabinett

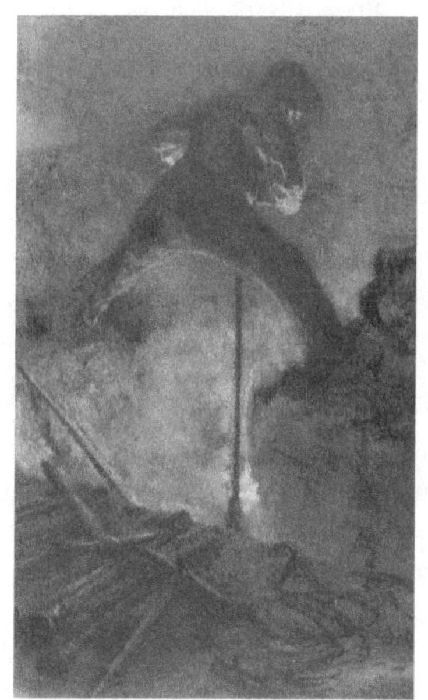

Abb. 135: Adolph von Menzel: Glasbläser
Farbige Kreide; 25 x 14,9 cm; ca. 1848; Sammlung Georg-Schäfer Schweinfurt

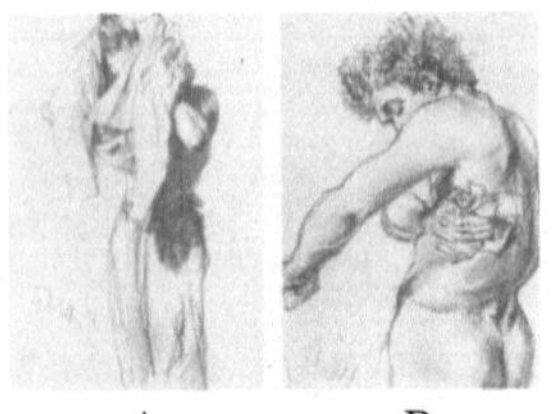

A B

Abb. 136: Adolph von Menzel: Studien zum Eisenwalzwerk – Waschende und anziehende Arbeiter
a) Bleistift; 37,9 x 24,9 cm; 1875; Nationalgalerie Berlin
b) Bleistift; 20,8 x 13 cm; 1875; Nationalgalerie Berlin

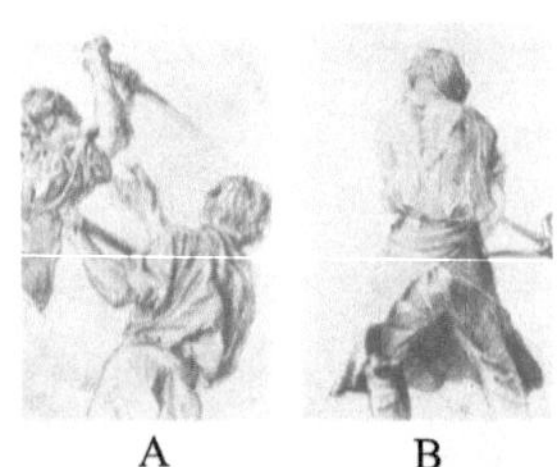

A B

Abb. 137: Adolph von Menzel: Studien zum Eisenwalzwerk – Arbeiter bei der Arbeit (1)
a) Bleistift; 39,8 x 25,9 cm; 1875; Nationalgalerie Berlin
b) Bleistift; 39,9 x 25,9 cm; 1875; Nationalgalerie Berlin

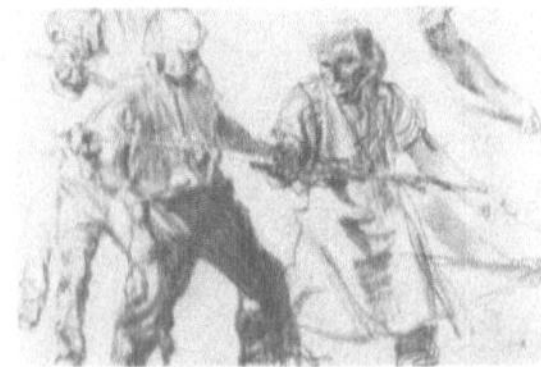

Abb. 138: Adolph von Menzel: Studie zum Eisenwalzwerk – Arbeiter bei der Arbeit (2)
Bleistift; 26 x 40 cm; 1875; Nationalgalerie Berlin

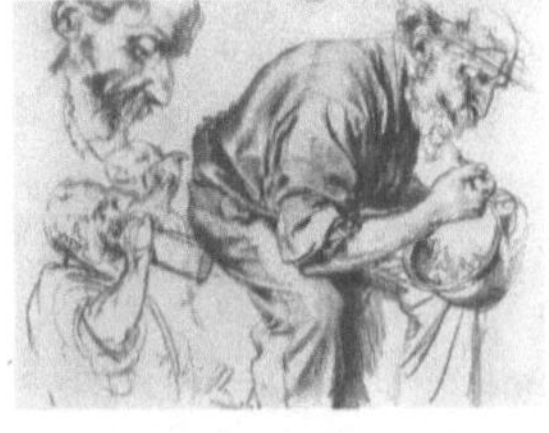

Abb. 139: Adolph von Menzel: Studie zum Eisenwalzwerk – Essende und trinkende Arbeiter
Bleistift; 24,5 x 32,5 cm; 1875; Nationalgalerie Berlin

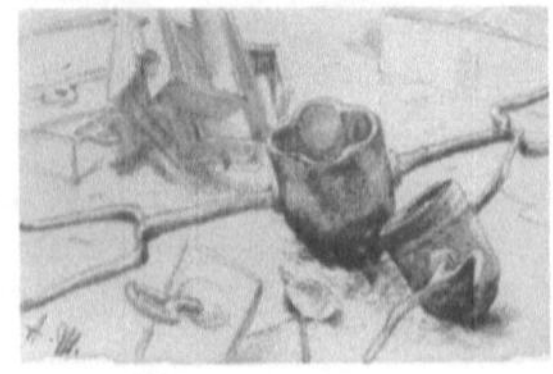

Abb. 140: Adolph von Menzel: Studie zum Eisenwalzwerk – Arbeitsgeräte (Gußkelle)
Bleistift; 13 x 20,8 cm; 1872-1874;
Staatliche Museen zu Berlin – Preußischer Kulturbesitz, Kupferstichkabinett

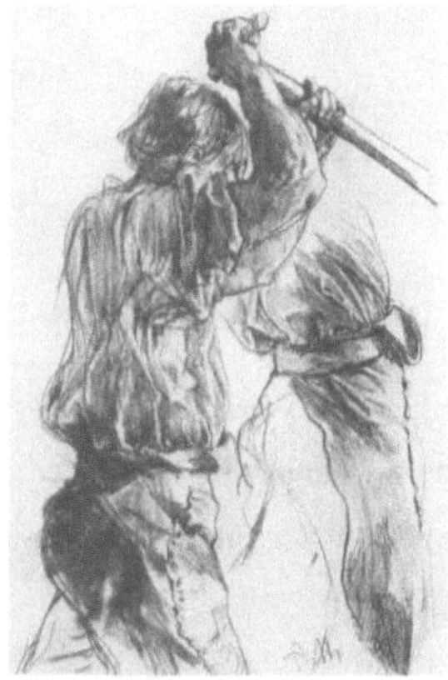

Abb. 141: Adolph von Menzel: Studie zum Eisenwalzwerk – Arbeiterstudie
Bleistift; 40 x 26,2 cm; 1875; Nationalmuseum Berlin

A

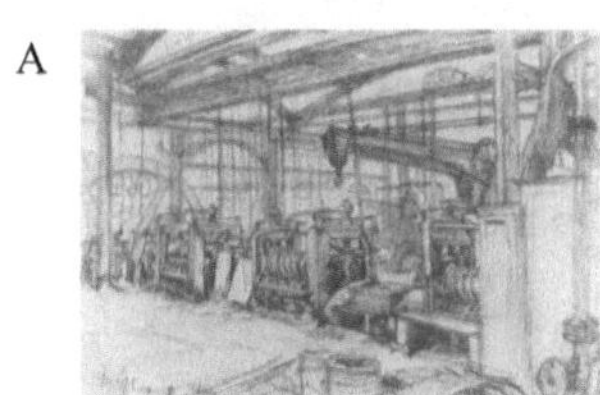

B

C

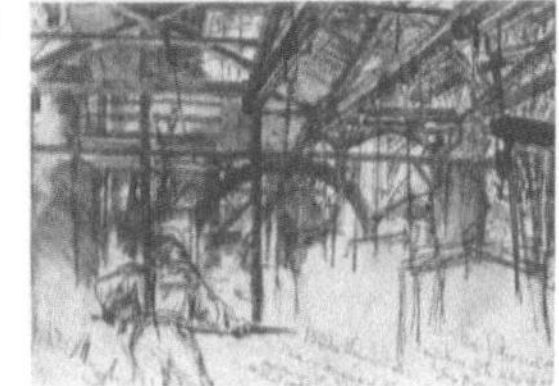

Abb. 142: Adolph von Menzel: Studien zum Eisenwalzwerk –
Innenraum des Walzwerkes (1875)
a) Blick in ein Eisenwalzwerk; 22,3 x 30,4 cm
b) Schmiede; 12,9 x 20,2 cm
c) Arbeiter in Eisenwalzwerk; 24 x 30 cm;
Nationalgalerie Berlin

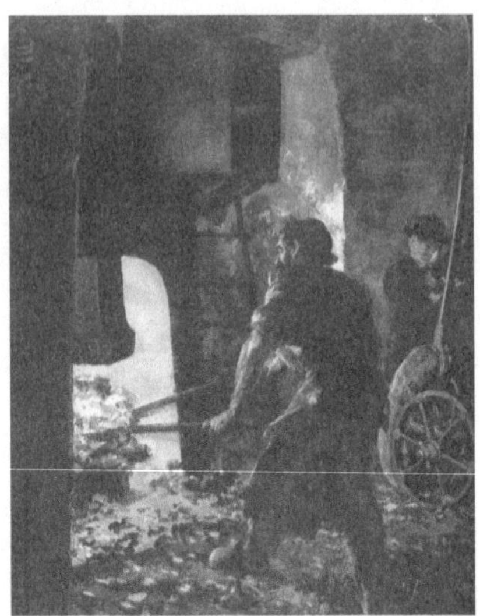

Abb. 143: Adolph von Menzel:
Selbstbildnis im Walzwerk
Gouache auf Papier; 16,1 x 12,3 cm;
1872; Museum der Bildenden Künste
Leipzig

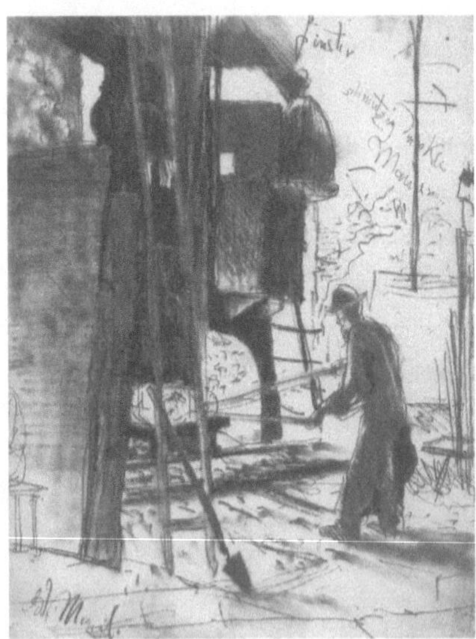

Abb. 144: Adolph von Menzel: Dampfhammer mit Eisenmeister
Zimmermannsbleistift, Spuren von Deckweiß oder weißer Kreide, auf grauem, glattem Papier; 30,5 x 22,3 cm; 1872; Sammlung Georg-Schäfer Schweinfurt

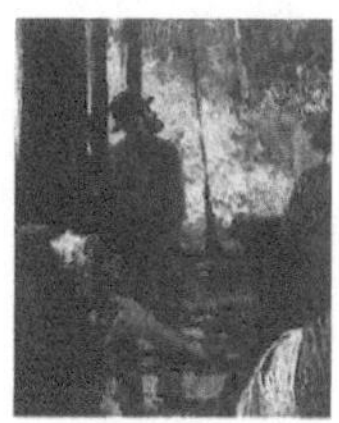

Abb. 145: Adolph von Menzel:
Eisenwalzwerk (1875) –
Detail: Der Dirigent

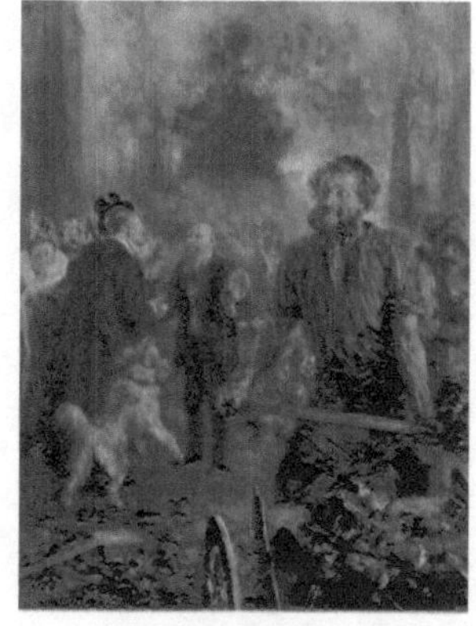

Abb. 146: Adolph von Menzel Besuch im Eisenwerk (1900)
Aquarell und Gouache; 26,6 x 19,8 cm; 1900;
Staatliche Museen zu Berlin – Preußischer Kulturbesitz,
Kupferstichkabinett

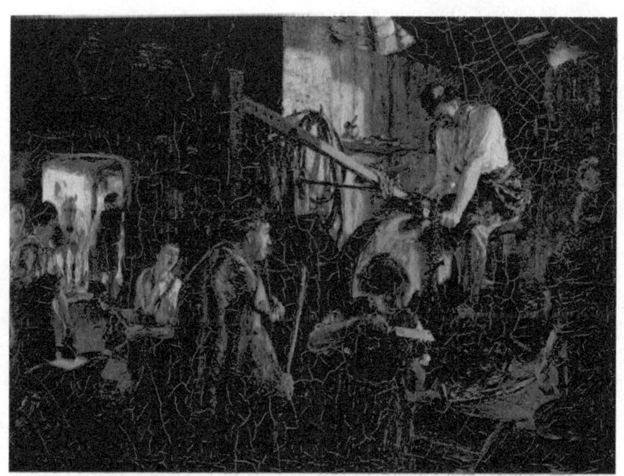

Abb. 147: Adolph von Menzel: Die Schmiede
Öl auf Leinwand; 31,4 x 41,5 cm; 1872; Kunsthalle Hamburg

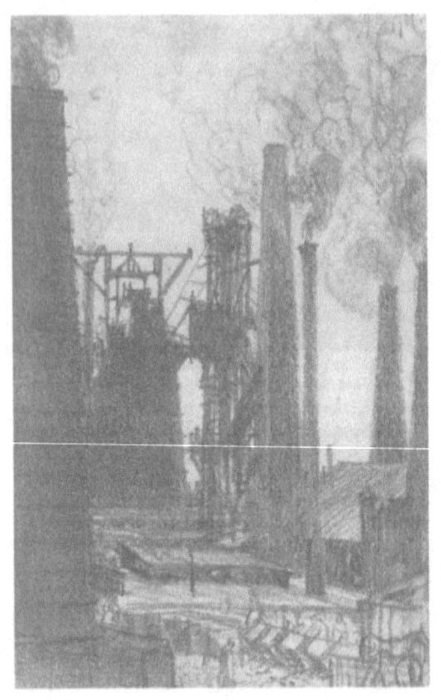

Abb. 148: Adolph von Menzel: Hochofen in Königshütte
Bleistiftskizzen; 19 x 12,1 cm; ca. 1872; Staatliche Museen zu Berlin – Preußischer Kulturbesitz, Sammlung der Zeichnungen des Kupferstichkabinetts

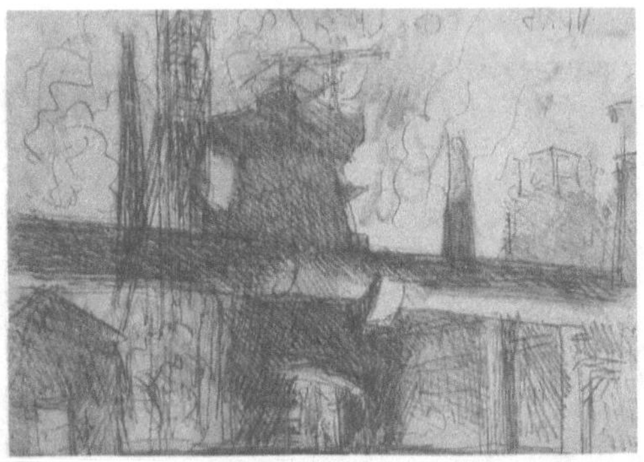

Abb. 149: Adolph von Menzel: Hochofen mit Rohrleitung
Bleistiftskizzen; 22,3 x 30,4 cm; 1872; Staatliche Museen zu Berlin – Preußischer Kulturbesitz, Sammlung der Zeichnungen des Kupferstichkabinetts

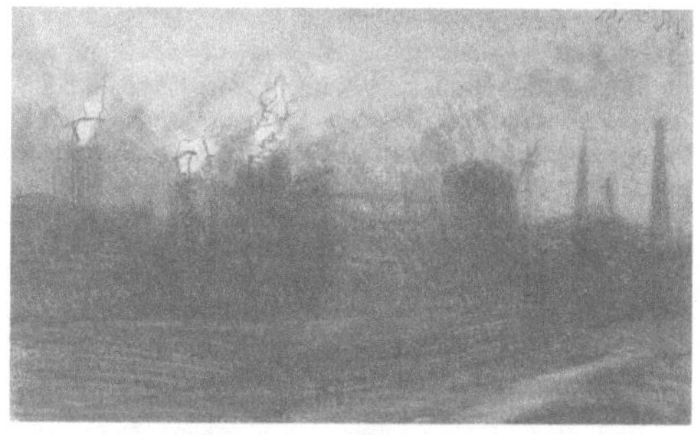

Abb. 150: Adolph von Menzel: Hochofenlandschaft mit brennenden Schloten (1872)
Bleistiftskizzen; 12,2 x 19,1 cm; Staatliche Museen zu Berlin – Preußischer Kulturbesitz, Sammlung der Zeichnungen des Kupferstichkabinetts

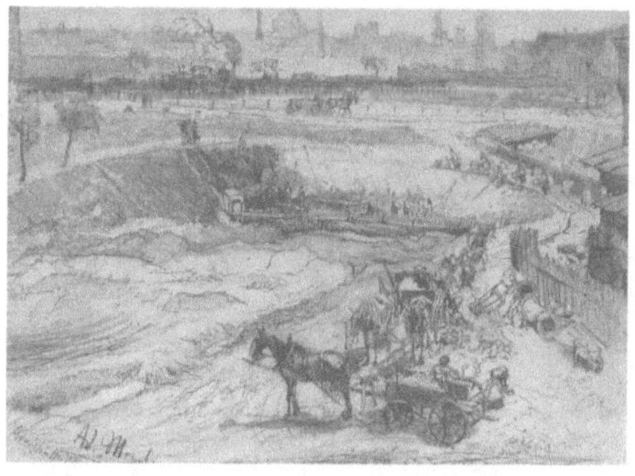

Abb. 151: Adolph von Menzel: Tagebau in Königshütte
Bleistiftskizzen; 22,1 x 30,4 cm; 1872; Staatliche Museen zu Berlin – Preußischer Kulturbesitz, Sammlung der Zeichnungen des Kupferstichkabinetts

www.ingramcontent.com/pod-product-compliance
Lightning Source LLC
La Vergne TN
LVHW091138080826
845145LV00008B/2194

* 9 7 8 3 8 2 8 8 8 7 2 7 5 *